ビジュアル版

株・投資信託・iDeCo・NISAがわかる

今さら聞けない
投資の超基本

ファイナンシャルプランナー・
子どもの環境・経済教育研究室代表
泉 美智子 著

ファイナンシャルプランナー
奥村彰太郎 監修

朝日新聞出版

はじめに

以前、大学に勤めていたとき、私の講義を受けた学生（当時3年生）が株式投資に興味を持ち、少しの資金を元手に実際に株式を購入しました。「教科書的な知識だけでは実感が湧かなかった。経済の動きや世界情勢などを肌で知る手立てとして、銘柄や株価を知った……。社会を見る目が変わって、すごく楽しい！」と言っていたことを今思い出しています。

自分の大切なお金を扱うわけですから、投資はもちろん楽しいだけではありません。今となっては、この学生の投資の成果は私にはわかりません。ただ、あのときの笑顔は明確に思い浮かべることができるのです。

私は「子どもの経済教育」を専門としています。この本の企画をいただいたときに「投資の専門家はたくさんいらっしゃるし、私に書けるかな」と迷いました。でも、投資の超基本ということで読者を想像してみたら、この学生のように「興味はあるけど買い方がわからない」「本を読んでみたけど難しい」「セミナーには参加したけれどやはり一歩踏み出せない」などと感じている人が多いと気づきました。そんな迷いを持っている人に向けて「投資の超基本」ならば、お役に立てるのではないかと書かせていただく決心をしました。

例えば、「口座開設っていうけれどなかなかうまくいかない」という問い合わせが多いと知り、開設の手順を案内しています。また、ライフプランとお金の考え方はできる限り多様な事例を紹介し、まずは自分自身のお金について考えていただこうと考えました。実際に、証券会社などにしつこく問い合わせ、「お客様の相談センターではどんな相談が多いのか」など伺ったりしながら進めました。

本書が完成するまでには多くの方に助けていただきました。監修を引き受けてくださった、投資経験も豊富で講演も数多くされておられる奥村彰太郎さんには的確な指示をいただきました。家計相談業務歴25年の実績を持ち、相談者にわかりやすく伝えるセンスは抜群で予約が絶えないファイナンシャル・プランナーの須藤臣さんからも読者目線で多くの助言をいただきました。

「お金はよき召使、あしき主人」というペルシャの諺があります。どのようにお金を使うかは、どう生きていくのかと同じではないでしょうか。まずは目をそらさずにお金と向き合うこと、それが第一歩だと思うのです。この本は必ずしも投資で利益を上げることだけを目的としていません。読んでくれた方々が投資の超基本を身につけ、少しでもご自分らしい生き方について考えてくれれば――。そんな願いを込めて書き上げました。

泉美智子

Index

Chapter 3 iDeCo・NISA

Index

Chapter 6 投資信託

Chapter 7 FX・金・不動産…

※2021年2月時点の情報です。

※投資は個人の考えや判断に基づいて行っていただきます。当社ではいかなる責任も負いません。

投資のこと、ちゃんと知りたい

はじめまして、投資

何から
始めたらいいかが
すっきりわかります

投資が初めてなら、非課税の口座で厳選された金融商品を運用するのがおすすめです

ライフプランに
うまく取り込めます

人生にかかる三大資金や資産寿命の延ばし方も解説しています

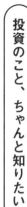

投資を始めると
自分にも社会にも
役立ちそうだ
TOU
SHI

$
TAX
FEE
RISK

リスクやかかる
税金、手数料も
しっかりわかります

何に課税されるのか、リスクとは何かからしっかり解説しています

投資の
シミュレーションが
見られます

iDeCoやNISAで運用した例を挙げています

お金儲けだけじゃない
投資の役割がわかります

投資は社会に役立ちます

本書1冊で
身近な投資商品のことが
さくっとわかります

株式、債券、投資信託ほかの運用の仕組みや始め方を解説しています

これ1冊でわかる！

投資を始めるきっかけいろいろ

相続、老後、出資、優待、買い物

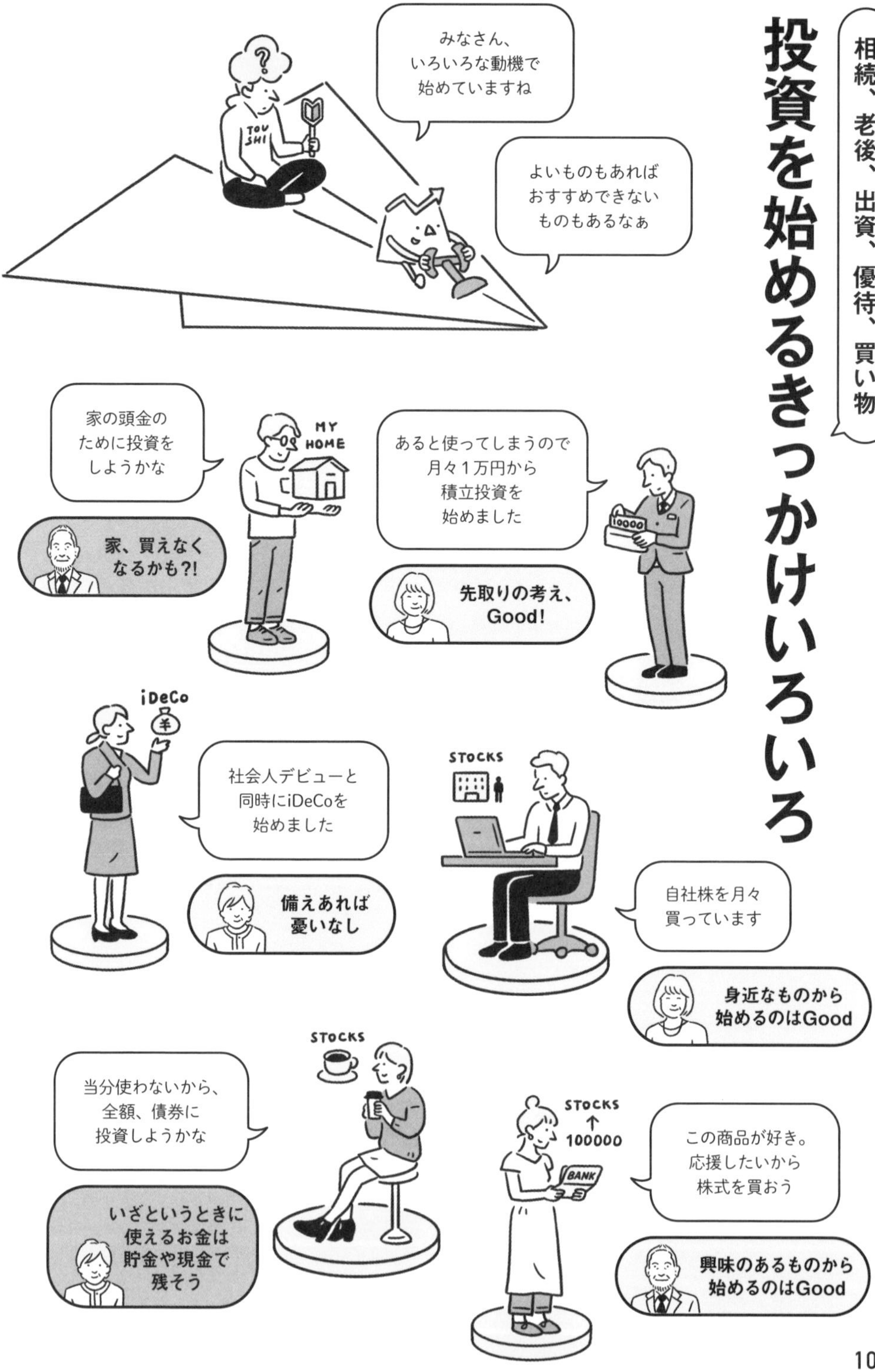
みなさん、
いろいろな動機で
始めていますね
TOU SHI
よいものもあれば
おすすめできない
ものもあるなぁ
家の頭金の
ために投資を
しようかな
MY HOME
家、買えなく
なるかも?!
あると使ってしまうので
月々1万円から
積立投資を
始めました
10000
先取りの考え、
Good!
iDeCo
社会人デビューと
同時にiDeCoを
始めました
備えあれば
憂いなし
STOCKS
自社株を月々
買っています
身近なものから
始めるのはGood
STOCKS
当分使わないから、
全額、債券に
投資しようかな
いざというときに
使えるお金は
貯金や現金で
残そう
STOCKS
↑
100000
BANK
この商品が好き。
応援したいから
株式を買おう
興味のあるものから
始めるのはGood

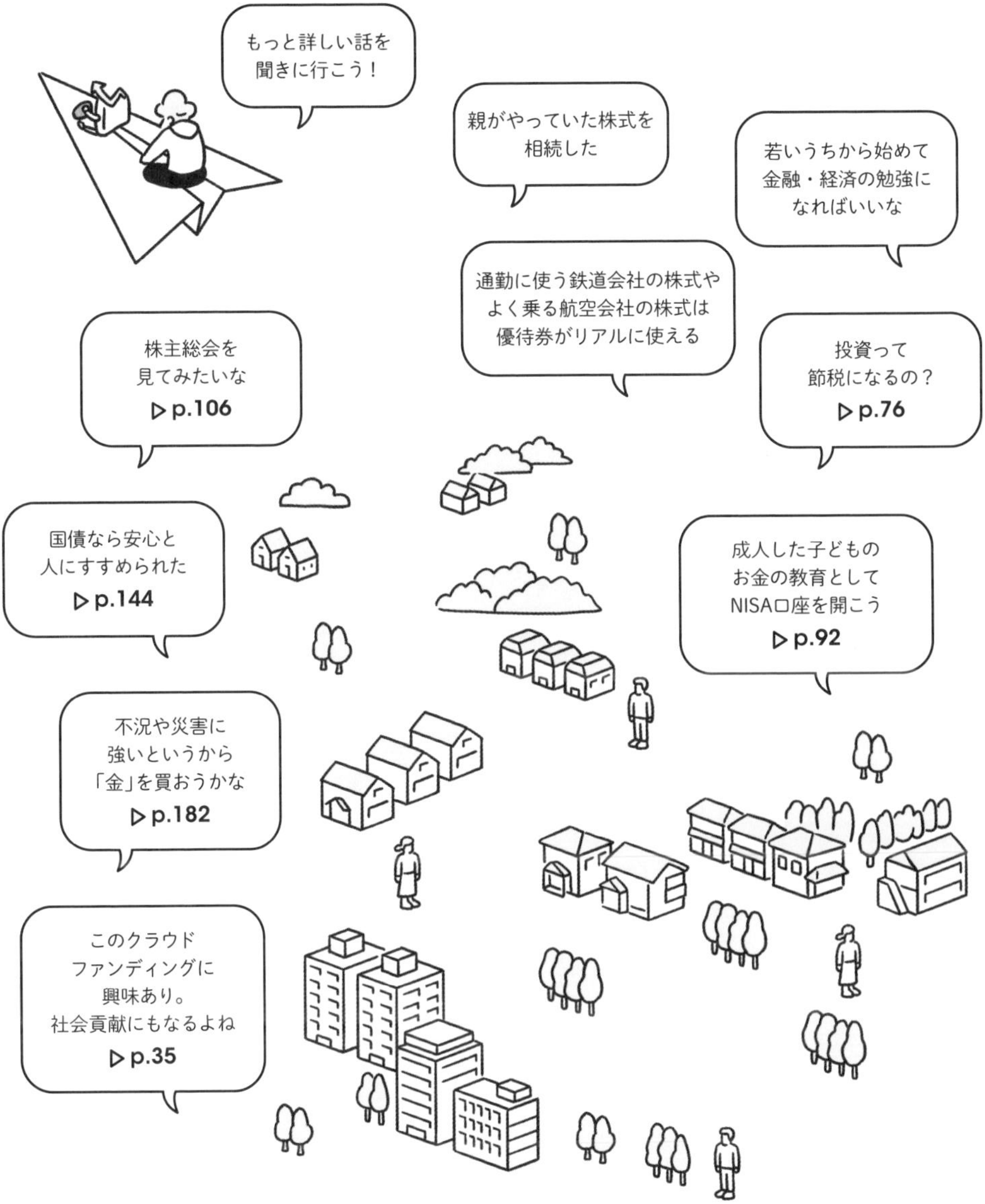
もっと詳しい話を聞きに行こう！
親がやっていた株式を相続した
若いうちから始めて金融・経済の勉強になればいいな
通勤に使う鉄道会社の株式やよく乗る航空会社の株式は優待券がリアルに使える
株主総会を見てみたいな ▷ p.106
投資って節税になるの？ ▷ p.76
国債なら安心と人にすすめられた ▷ p.144
成人した子どものお金の教育としてNISA口座を開こう ▷ p.92
不況や災害に強いというから「金」を買おうかな ▷ p.182
このクラウドファンディングに興味あり。社会貢献にもなるよね ▷ p.35

本書のスタッフ

投資はいろいろな考え方、向き合い方があります。
本書でも3名の有識者の考えを盛り込んでいます。

奥村先生

本書の監修者。投資歴35年。マネー情報誌の発行に携わり、現在は研修講師として活動中。

泉先生

本書の執筆者。投資歴7年。お金に関する講演、セミナーを行うほか、子どもへのエシカル教育にも力を注ぐ。

須藤先生

本書の執筆協力者。投資歴17年。FPとしてライフプランや投資に関するアドバイスセミナーも多数こなす。

投資を始める！

ステップ1・2・3

何が
いるのかな
TOU
SHI

ステップ1

まず、これをそろえる

□ **マイナンバーカード**
※通知カード、マイナンバーが記載された住民票の写しでもOK

どちらか

□ **写真付き本人確認書類1種**
※運転免許証、運転経歴証明書、住民基本台帳カード、
日本国パスポート、在留カードなど

□ **写真なし本人確認書類2種**
※健康保険証、住民票、印鑑登録証明書など

□ **銀行口座**
※証券会社と連携しているところだと便利

金融機関に
よっては印鑑も

ステップ2

口座を開き入金する

店舗のある証券会社

通いやすい場所に店舗を構えていれば、窓口で相談しながら口座を作ったり商品を選んだりすることができる。

ネット証券会社

パソコンやスマホから口座開設の申請ができる。必要書類を撮影して送れるので、とても手軽だ。

その他金融機関

なじみの銀行や郵便局、信用金庫でも取り扱っている商品はある。相談できる人がいるなら話を聞いてみるのもよい。

株式を買ってみるなら、身近なメーカーの株式や応援したい企業の株式がいいかな
コツコツ派だから積立投資を始めてみようかな
TOUSHI

ステップ3

商品を選ぶ

START!

運用を楽しむ

リタイア後もゆとりのある生活をしたい

コツコツ積み立てて車を買おう

お金が増えたら旅行に行きたい

増えたお金でさらに興味のある会社の株式を買いたい

株主優待が楽しみ

経済や社会のことが身近になった

社会貢献ができるようでうれしい

教えてください！ 投資あれこれ①

投資を始めたきっかけは何でしたか？

奥村先生

30代半ば、株式投資をしている会社の先輩から話を聞き投資に興味を持ち、株式投資を始めました。最初は30万円程度からでしたが、利益が出るようになり投資額が増えていった頃、ブラックマンデーに遭遇、株価が大幅に下がり、投資の怖さを初めて体験しました。その経験から投資は慎重にという教訓を得たように思います。おかげでバブル相場には乗らず大怪我をしなかったので、現在でも投資を続けて30数年になります。

泉先生

株式投資を始めたきっかけは、経済・金融の仕組みや働きを理解することを目的としたコンテスト形式の株式学習プログラムに女子学生が参加したいとエントリーシートを持ってきたので指導教員として参加したことです。株式日記をつけ日々いろんなことに気づいて生き生きしていく様子に刺激を受けた私はバーチャルではなく実際に株式を購入したくなった、というのがきっかけ。なので株式投資歴は7年くらいかな。

須藤先生

株式を初めて購入したのは、よく利用していた地元企業が上場したときでした。売却益を期待してではなく、純粋に応援ですね。株主優待をもらったり、少しだけ配当金も受け取り株主気分に浸っていたのですが、株価が下がったときには「持ち続けていいのか」と不安がよぎったものでした。投資に値動きはつきものです。自身のリスク許容度をしっかり自覚することが大切です（その後、この企業は全国規模に大きく成長しています）。

Chapter 1

ライフプランと投資

投資を始めるにあたって
必要なお金について見ていきましょう。
資産寿命の延ばし方にも触れます。

1

今とこれからの人生を考える

投資の前にライフデザインとお金

早いうちから将来設計をイメージしよう

近年、投資型金融商品の非課税制度が充実してきているのは、自分でしっかり資産形成を行うことが示唆されているからです。投資も身近な資産形成の1つとしてとらえ、そのために適切な知識や情報を得ることがますます求められています。

　老後資金のみならず、それより先にやってくる教育資金や住宅資金、車購入など、将来必要となる金額と時期に合わせて、自分で金融商品を選択し運用していく必要があります。「あのときああしていれば…」とならないためにも、日々の生活の充実だけではなく長期的な将来設計をイメージして、マネープランをしっかり考えてみましょう。

さまざまな角度から人生を思い描く

人それぞれ暮らし方や働き方、家族のあり方、価値観、抱く夢も多様化しています。長い旅にたとえられる人生。ライフステージの分かれ道や曲がり角を、自分や家族が安心して通過できるように、人生のこれからを思い描いてみましょう。

どんな仕事をする？
家を買う？
賃貸？ 相続？
勤める？ 独立する？
フリーランス？
どこに住む？
リタイアはいつ？
副業で収入を増やす？
共働きする？
1人の収入？
子どもを育てる？
何人？
ワークライフバランスは？
何にお金をかける？
したいこと、譲れないことは何？
親の介護？
TOU
SHI

人生でかかるお金のシミュレーション

長期間のお金の動きを見るためのイメージ図です。

結婚や出産、子育て、住宅取得、再就職、定年退職、親の介護などライフステージはさまざまあり、人生のイベントごとにお金も動きます。長い人生をシミュレーションすることで、夢や希望を実現できる可能性や問題点、改善策を見いだすことができるでしょう。

50代夫婦と子世帯

本人 ……50歳会社員
妻 ………50歳パート勤務
第一子 ····19歳
第二子 ····17歳

収入合計　支出合計　貯蓄残高

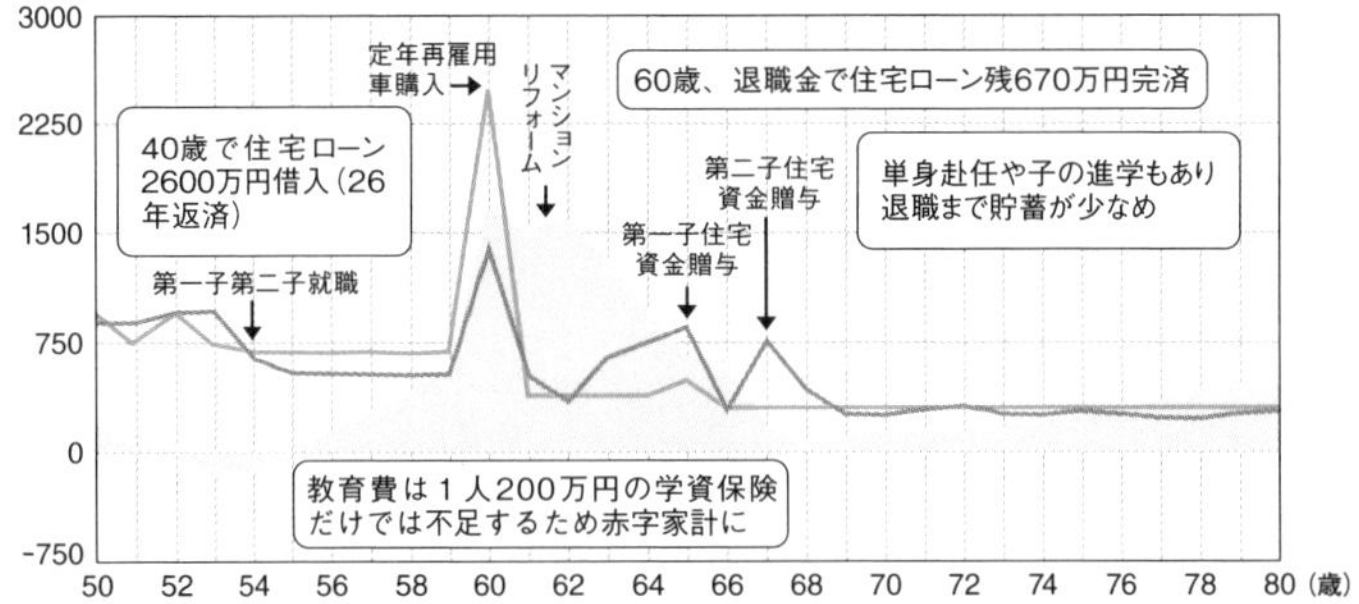

ADVICE

- 退職から10年で貯蓄が10分の1に減少するので、子への住宅資金贈与は余裕がなければしない
- 家計の収支改善ができたら退職金運用のためにも「NISA口座」の開設をしておく

離婚した母子世帯

本人 ……43歳公務員
子ども ……16歳

収入合計　支出合計　貯蓄残高

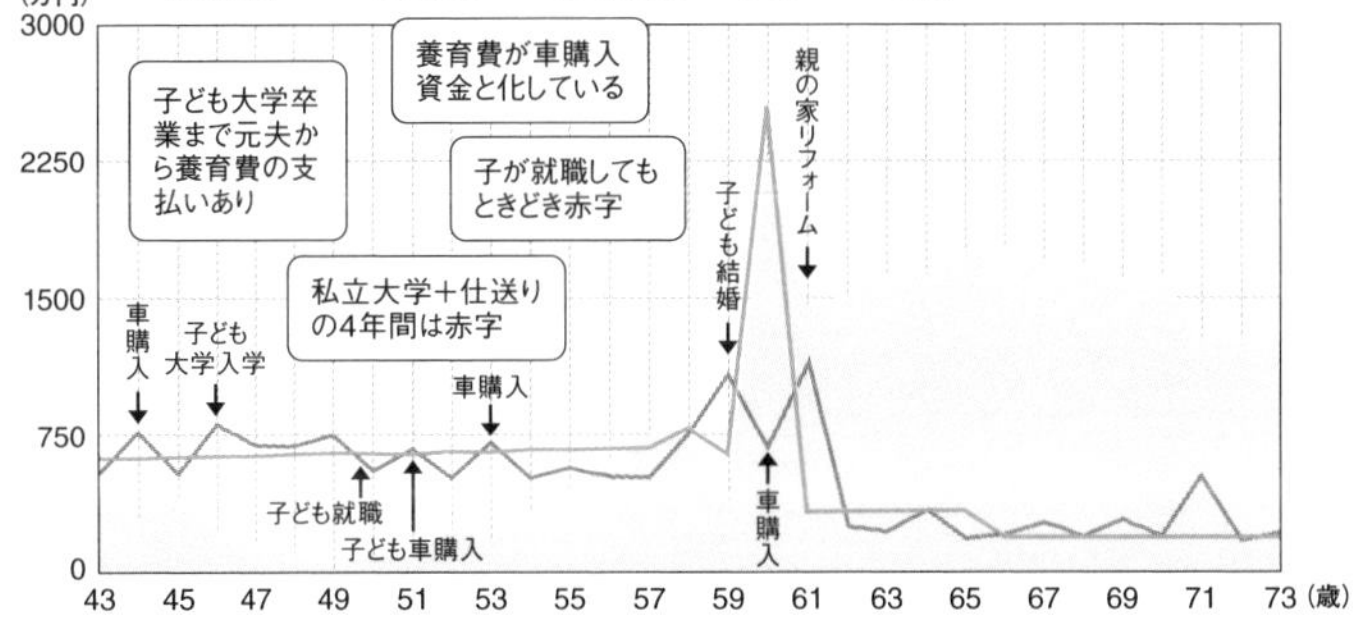

ADVICE

- 養育費は教育資金に使うこと
- 無計画に生活費に使うのではなく、家計の収支改善を実行して早めに老後資金準備をスタート
- 投資のウォーミングアップのつもりで「NISA（つみたて投資枠）」をスタートするのもよい

死別した母子世帯

本人 ……47歳パート勤務
第一子 ····17歳
第二子 ····14歳

収入合計　支出合計　貯蓄残高

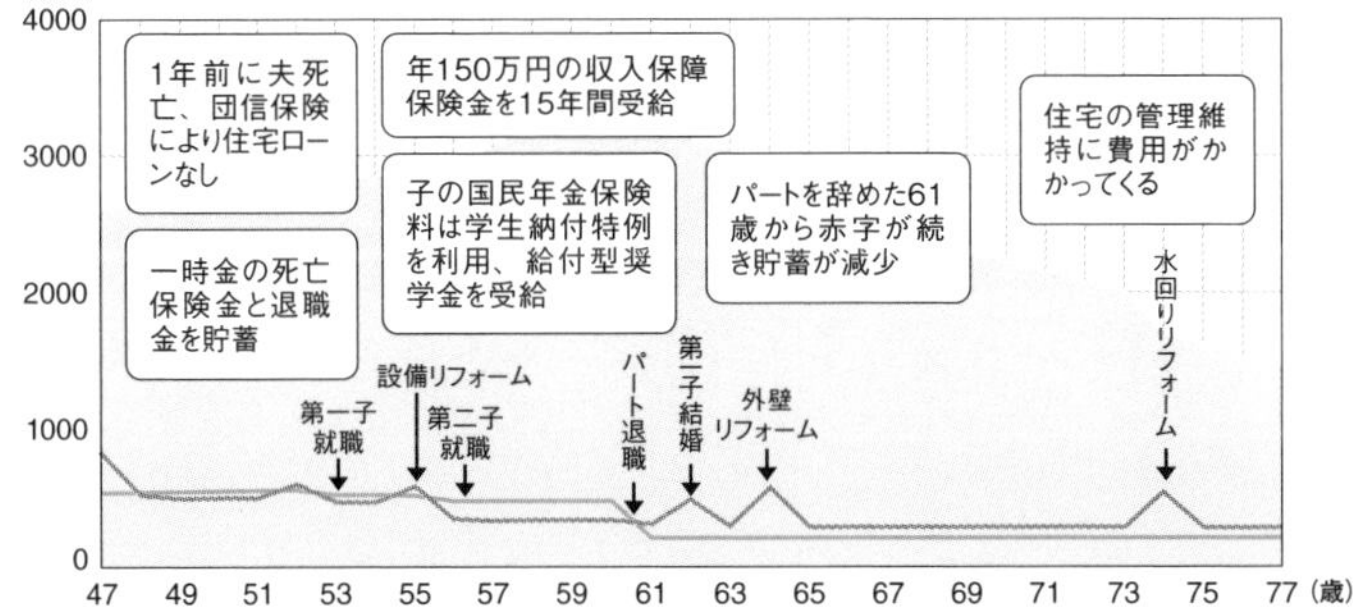

ADVICE

- できれば60歳以降もパート収入を得る計画を立てる
- 自身の老後資金として1500万円（月5万円で25年間分）を別管理して確保しておく
- 一軒家を維持管理するのが困難になったら住み替えも検討

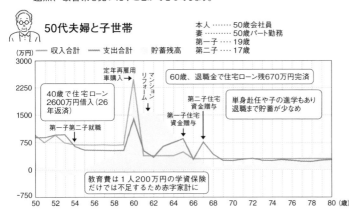

30代共働き世帯

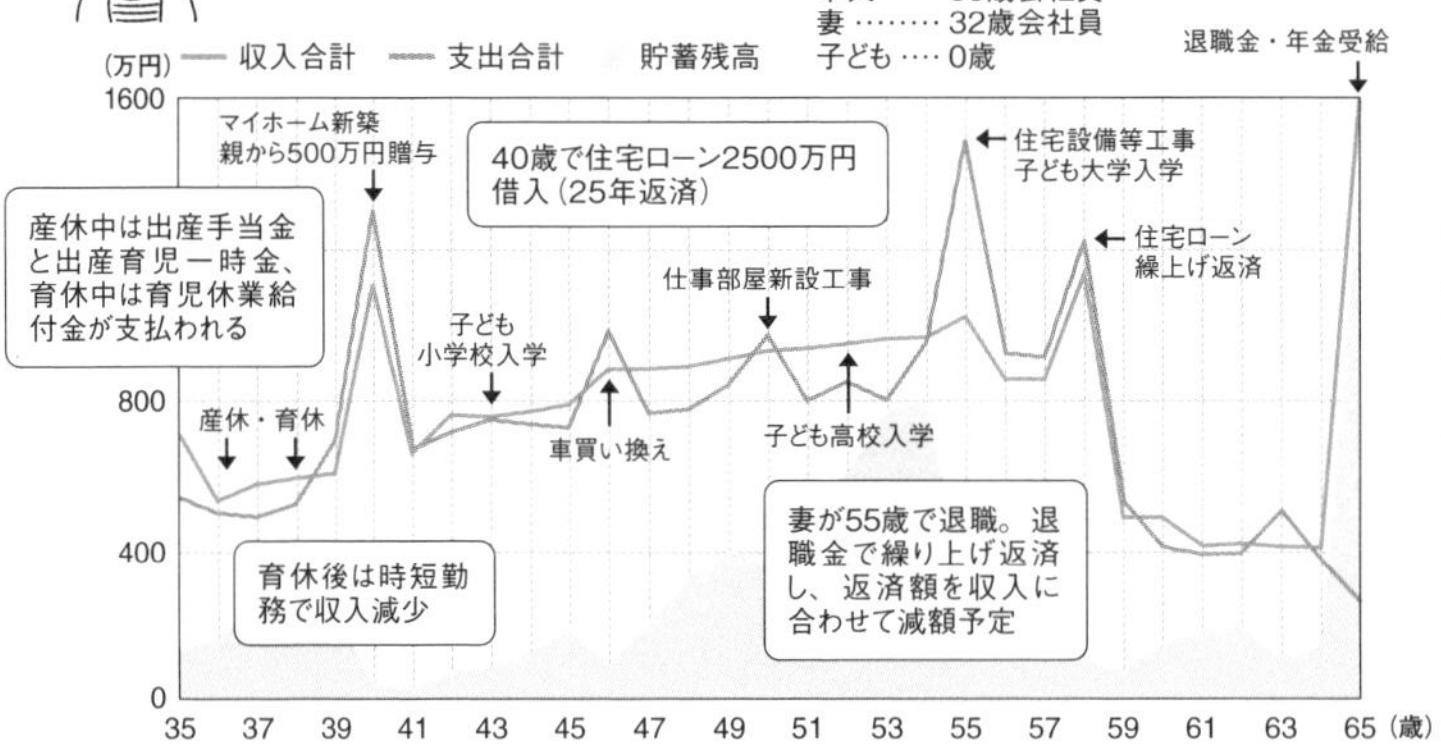

ADVICE

- 夫婦それぞれiDeCoやNISAで老後資金作りを始める

夫婦のみ世帯

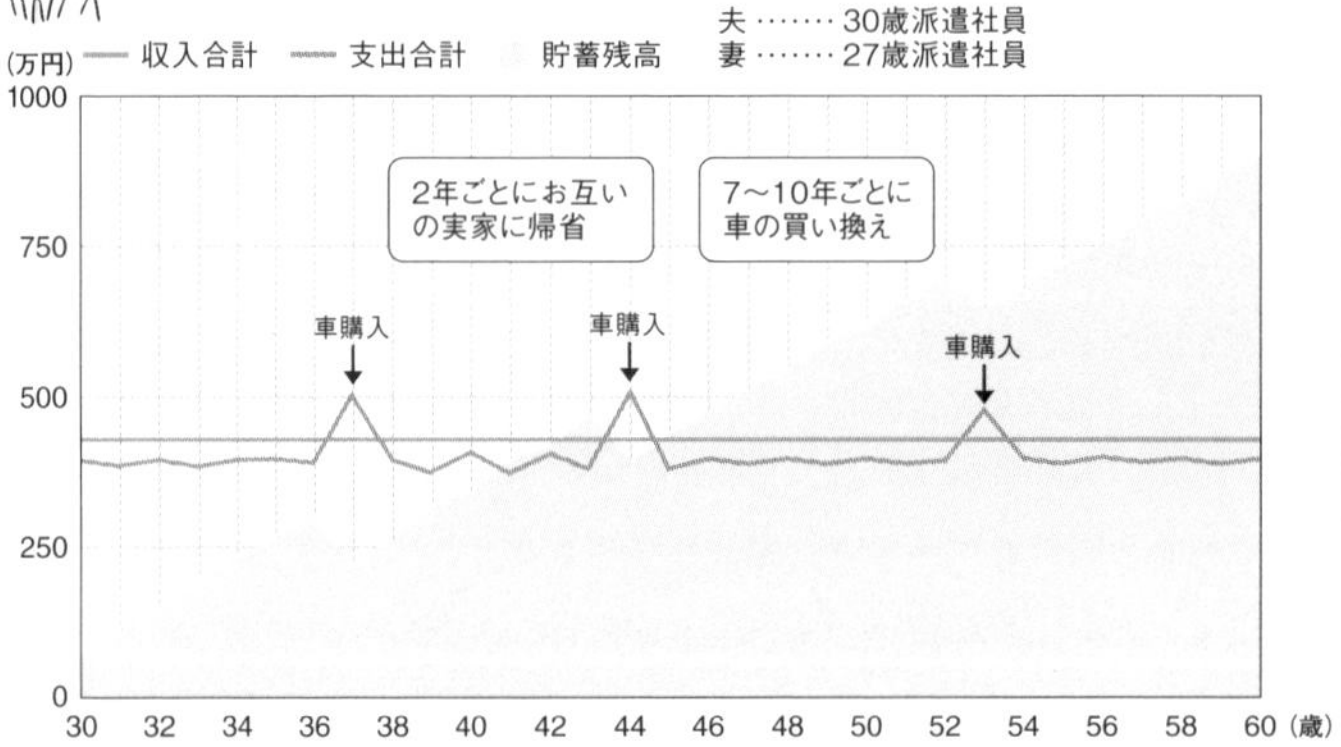

ADVICE

- 1人の収入は少なめでも共働きを長く続けることで老後生活は安定
- 夫婦の税負担は20万円以上なので例えば「iDeCo」で節税しながら老後資金作りを検討
- 車購入費用は積立投信などでコツコツ貯める

独身女性と老親世帯

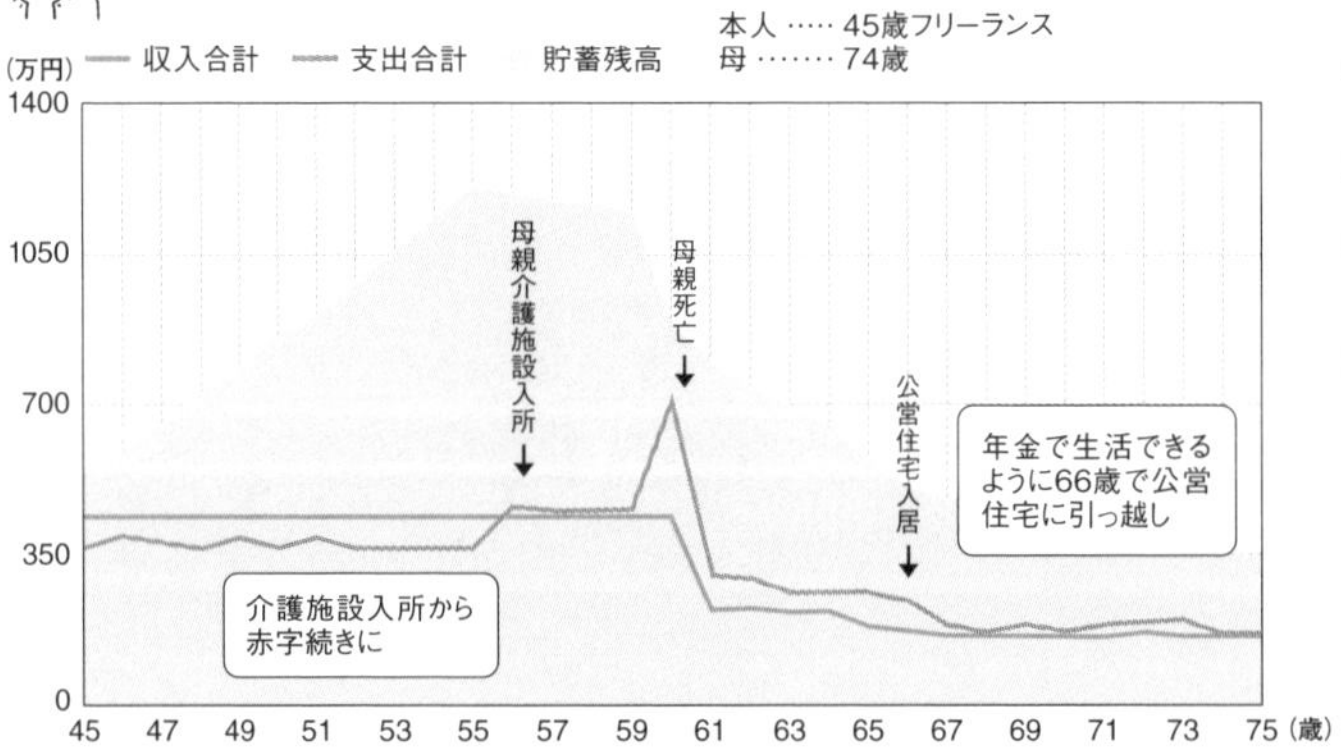

ADVICE

- 母死亡後の葬儀や法要等の総額は488万円。ここを見直すとゆとりが生まれる
- 1人になったらすぐに家賃負担軽減のため引っ越しを行う

独身男性

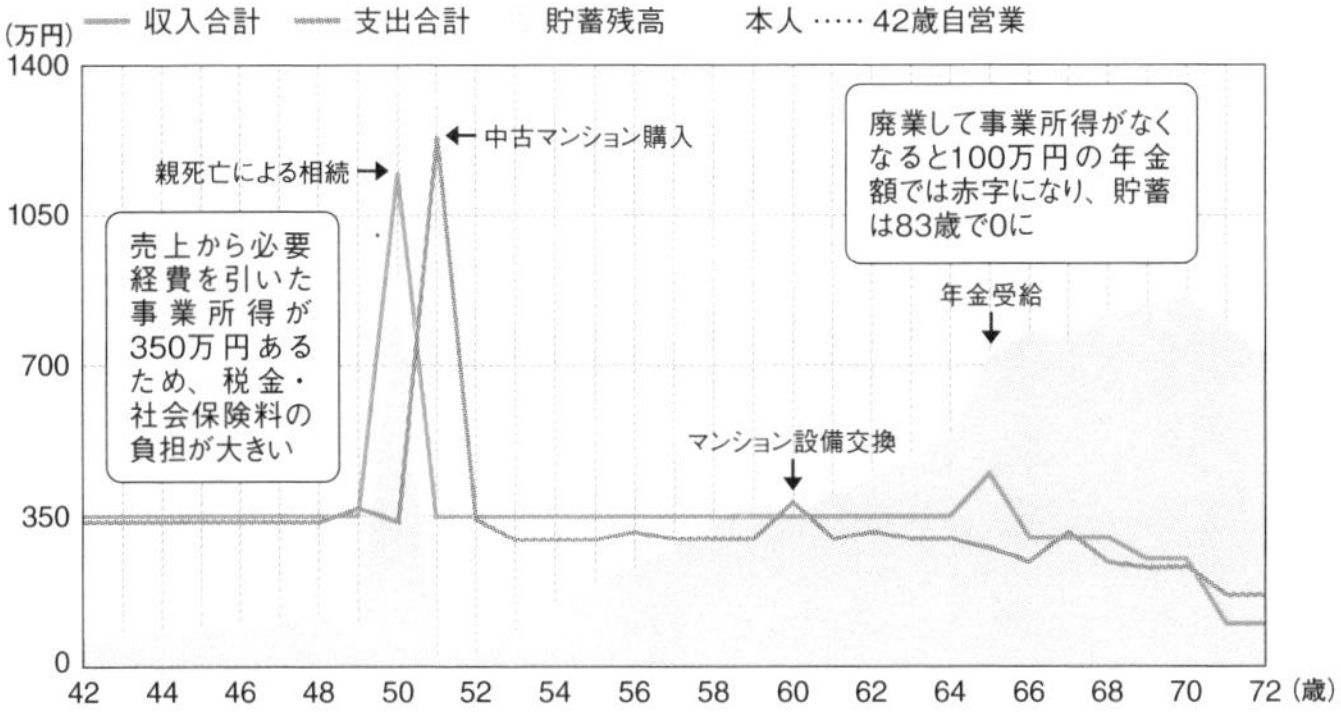

ADVICE

- 相続で入るお金のすべてを住宅資金にしない。持家は修繕やリフォーム費用もかかるのでより負担の軽い賃貸住宅も検討する
- 健康管理も重視してできるだけ長く自営業を続ける計画を立てる

離別した若い20代母子世帯

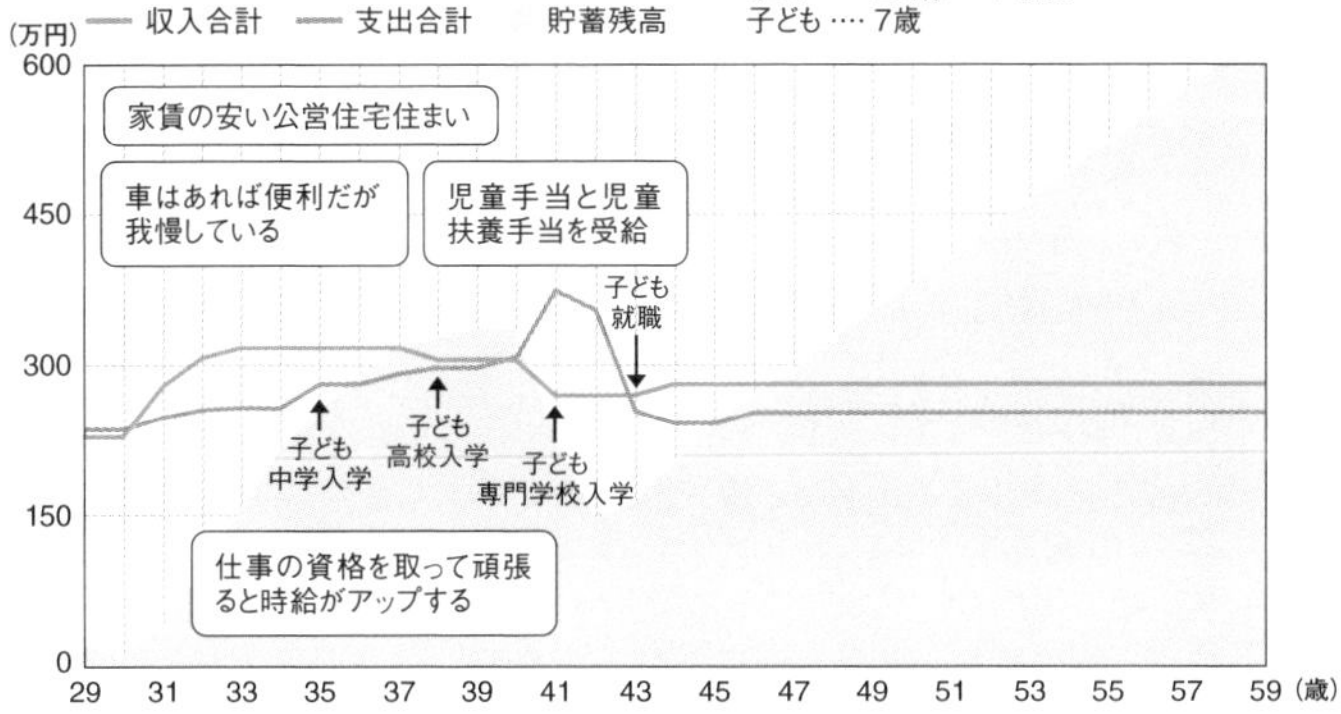

ADVICE

- 基本生活費が抑えられているため収入が低めでもこのまま頑張ると順調に貯蓄できる
- 毎月の貯蓄の一部を「NISA（つみたて投資枠）」にあててもよし！ 途中でお金が必要になったら現金化できるので便利

Q&A

Q 投資に回していい額はどのくらい？

A これから貯蓄を始めるという人は、まずは月の生活費の2〜3倍を目安に余裕資金（傷病や冠婚葬祭などの備え）を確保しましょう。これができたら、投資初心者であれば月1000円でも3000円でもOK。慣れてきたら増額してもいいのですが、投資に元本保証はないので全額投資だけは避けましょう。預貯金など確実性のある金融商品を5割以上にするなどバランスを考えることが大切です。また、投資型金融商品にはリスクの低いものや高いもの、国内外の株式や債券、不動産で運用するものなどさまざまありますので、それぞれ偏り過ぎないようにしておきましょう。また、運用環境の状況に応じて柔軟に投資割合を変えることも大切です（P.169）。

人生の三大資金を知る

時期は違ってもいつかは必要になるお金

人生の中で大きな柱となるのが、教育資金、住宅資金、老後資金の3つです。教育資金は教育方針によってピークが異なります。少子化が進む中で1人の子どもにかける費用は増える傾向にあり、晩産化や高齢化の昨今においては子どもの教育と親の介護が重なることも考えられます。また、子どもがいない人やずっと賃貸住まいの人であっても、自身の介護や老後の住居問題などに備えるお金の準備を考えておく必要があるでしょう。

限られた収入の中でいかに効率的に資産作りを進めるか、どんな資金がどのくらい必要になるか、マネープランを考えてみましょう。

生涯収支はどう変化するか

教育費のピークやマイホーム取得、年収の引き下げなどで貯蓄が増えない時期もありますが、長い人生の収支を見ると、何回か「貯め時」がやってくるのがわかります。

教育

教育費のピークは高校卒業後の進学。専門学校や私立大学では年間100万円以上の支出になる。児童手当を使わずに貯め続けると約200万円確保できる。資金が足りない場合は、子どもが奨学金を借りるのではなく親が教育ローンを借りる検討を。

住宅

住宅ローンは借りる額も数千万円におよび、返済も長期になることがほとんど。住宅ローンの組み方1つで、老後を脅かす“危ない資金計画”になることも。定年退職までに完済できるのか、または退職金で完済できるのか早めに確認を。

老後

老後資金をいくら準備するかは受給できる年金額次第。公的年金だけで生活できれば多額の資金がなくても心配ない。年金生活を想定した収支を試算して、足りなければ「支出を減らす」「新たな収入を得る」など対策を検討。

● 三大資金のトレンドグラフ（夫婦・子どもあり世帯）

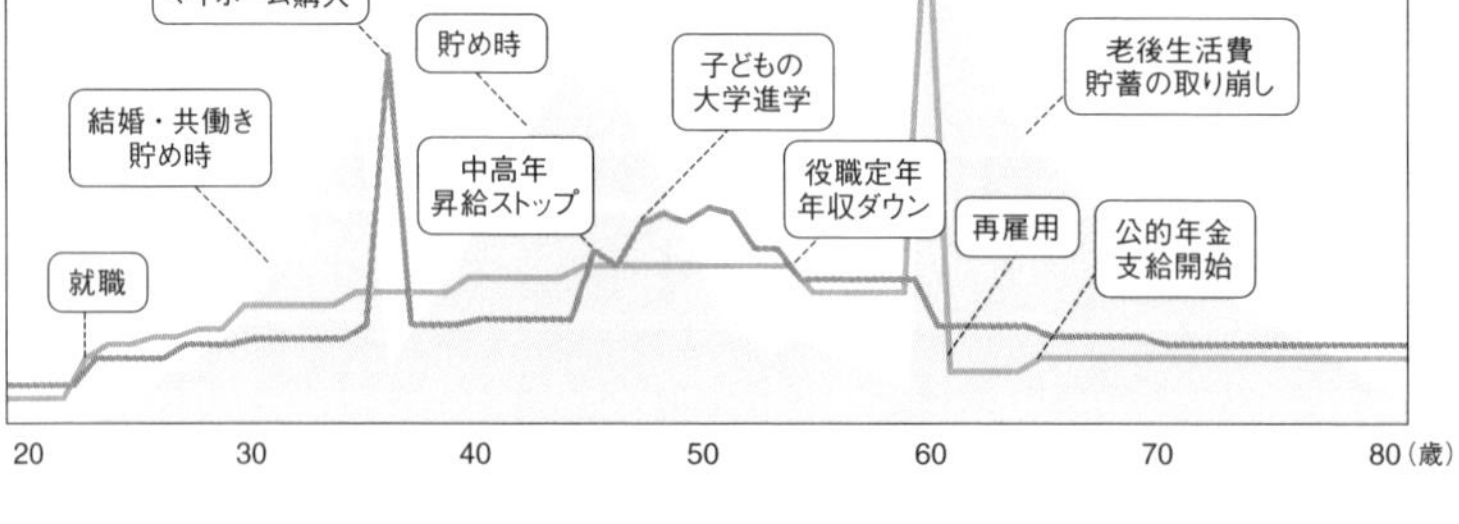

子どもが生まれたらすぐに計画的に準備したい教育資金

幼保無償化や高校授業料無償化などにより、教育資金は準備がしやすくなっています。また、必要な時期もはっきりしています。子どもの進路は不確定ですが、不足のないようにしたいものです。

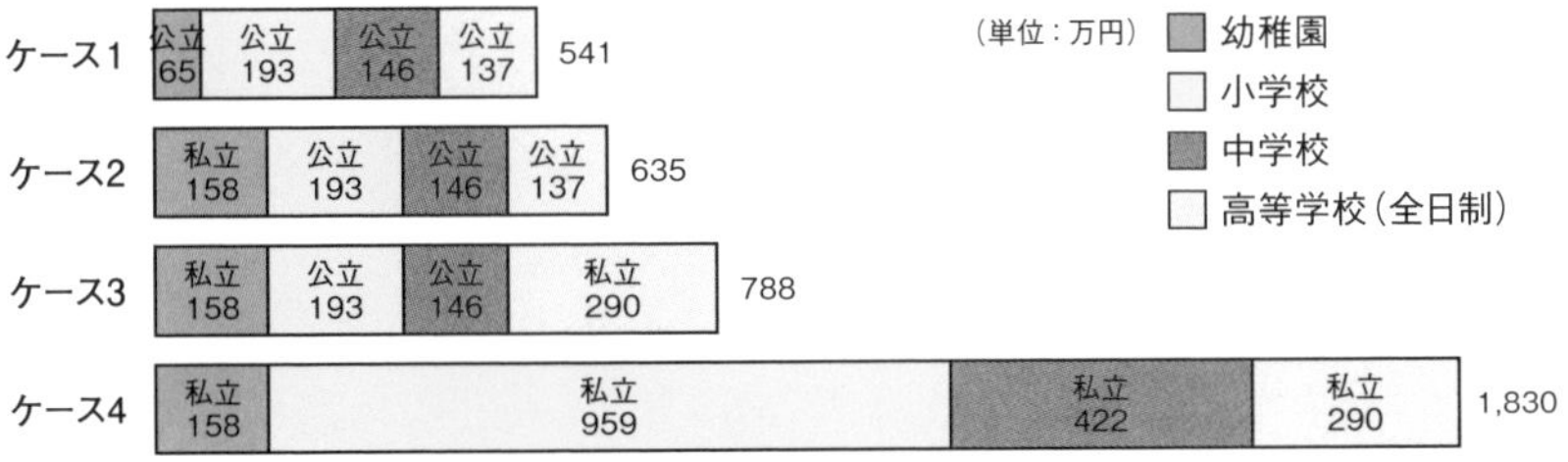

出典：文部科学省「平成30年度子供の学習費調査」
※それぞれの位は四捨五入値のため合計と内訳の計が一致しないこともあります。

● 大学・大学院・専門学校の教育費

(単位：万円)

初年度納付金		授業料	入学料	施設設備費	実験実習費	その他	合計
国立	国立大学	53.6	28.2	−	−	−	81.8
私立	文科系学部	81.5	22.6	14.8	0.8	7.5	127.2
	理科系学部	113.6	25.1	17.9	6.1	6.3	169.0
	医歯系学部	288.3	107.6	93.1	20.0	140.0	649.1
	大学院(修士)	77.6	20.3	7.6	3.1	3.1	111.6
	専門職大学院	108.6	19.8	6.0	2.0	7.3	143.7
	専門学校	69.3	17.9	19.9	12.1	6.2	125.5

※国立大学の授業料は標準額
※それぞれの位は四捨五入値のため合計と内訳の計が一致しないこともあります。
出典：文部科学省「令和3年度私立大学入学者に係る初年度学生納付金平均額調査」／東京都専修学校各種学校協会「令和2年度学生・生徒納付金調査(専門課程)」

借りても買ってもかかる住宅資金

借家は住宅の家賃がかかり、持家の一戸建てはローン返済額や修繕・リフォーム費、固定資産税がかかります。分譲マンションなら管理費と修繕積立金、固定資産税、車があれば駐車場使用料もかかります。

● 取得可能な住宅価格は?

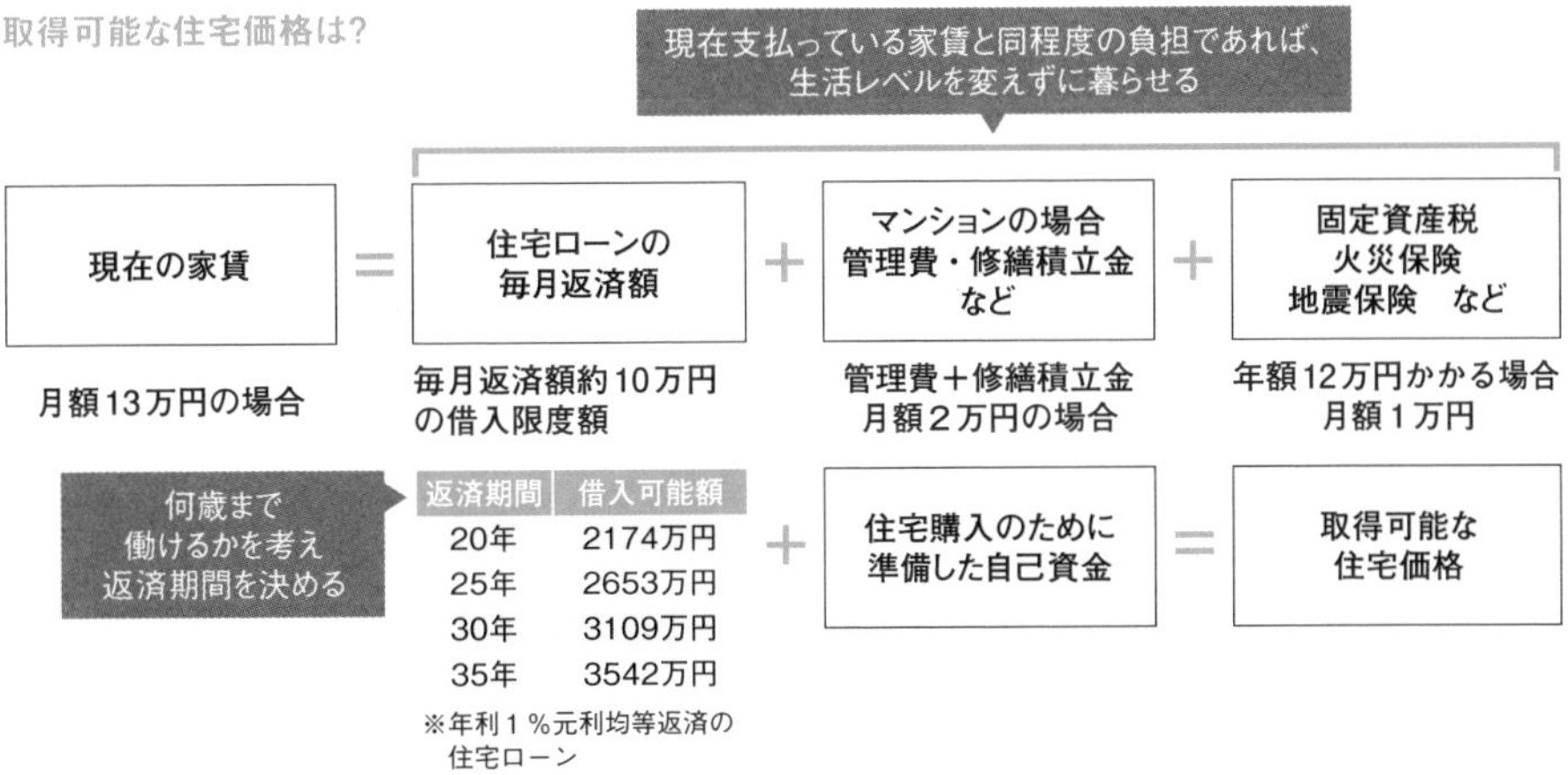

3

投資の前のウォーミングアップ

人生100年時代に備える

国の年金だけでは本当に２０００万円不足？

２０１９年６月に金融庁が発表した「年金だけでは老後資金が２０００万円不足」というフレーズを聞いて、「介護施設にも入れない」「子どもにも残せない」などと不安に駆られた人も少なくないでしょう。

気になる他人の懐ですが、60代の金融資産の平均保有額は、２人以上世帯で１６３５万円（単身１３３５万円）です。金額順に並べて真ん中に位置する中央値では、２人以上世帯で６５０万円（単身３００万円）とぐっと少なくなります。この数字に安心せずに、早い時期からコツコツと資産形成することで、より豊かで安心な老後生活を実現させることができます。

2000万円算出の根拠はコレ

2019年6月に金融庁金融審議会市場ワーキング・グループ報告書で示された高齢世帯（夫65歳以上、妻60歳以上の夫婦のみの無職世帯）の1ヵ月の家計収支を見てみましょう。

実収入　20万9198円／月

実支出　26万3718円／月

赤字5万4520円

出典：金融庁「金融審議会市場ワーキンググループ
厚生労働省資料」

毎月の赤字は約5.5万円。これが30年間続くと
トータルで約2000万円となり、自分が持っている
金融資産から取り崩して赤字の補てんをすることになる

● 65歳でリタイアして20年間余生が続くと…

5万4520円×12カ月×20年≒1309万円不足

● 65歳でリタイアして30年間余生が続くと…

5万4520円×12カ月×30年≒1962万円不足

2019年の簡易生命表によると、
65歳の男性の平均余命は19.83年、
女性は24.63年になっているんだ

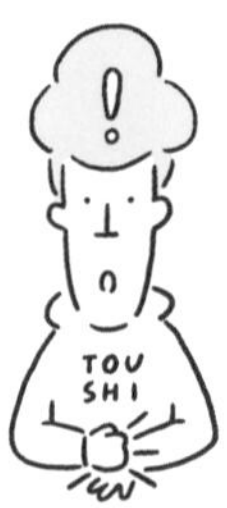

リタイア後の支出を試算しよう

リタイア後の収入や年金額の範囲内で生活できるかをチェック。退職後の再雇用で収入が下がったときの生活を想定し、削減可能なものを洗い出して必要生活費を試算してみましょう。また、将来予定される大きな支出についても予算を立てておきましょう。

● リタイア後の必要生活費はいくら?

必要生活費の項目		年間支出額
住居費		円
食費(外食含む)		円
健康食品、嗜好品		円
生活雑貨		円
医療費		円
衣服費、クリーニング代		円
理美容関係		円
交際費(冠婚葬祭、贈答、諸会費)		円
新聞・雑誌		円
ペット関係		円
習い事、スポーツジム、趣味など		円
小遣い		円
親や子への援助		円
その他		円
水道光熱費	電気	円
	ガス	円
	水道	円
	灯油	円
通信費	固定電話	円
	携帯電話	円
	インターネット	円
	TV受信料	円
保険	生命保険料	円
	損害保険料	円
車関係	ガソリン等の消耗品	円
	保険料	円
	自動車税	円
	修理、その他	円
税金	固定資産税	円
		円
社会保険	健康保険料、介護保険料	円
	国民年金保険料	円
		円
合計		円

CHECK

見直しのポイント

① 家計支出を細かく洗い出し、「削減可能な項目」を見直す
② 住宅ローンが残っていれば退職時に完済を目指す
③ 賃貸住宅の場合、現在の家賃を退職後も払い続けることができるのか確認
④ 交通の便のよい都市部住まいで、車が“飾り物”になっていないか?
⑤ インターネット、スマホや携帯の料金プランが自分の使い方に合っているかチェック
⑥ 定期購入しているこだわりのモノはホントに必要?
⑦「衝動買い」「ついで買い」「まとめ買い」「断り切れず買い」の習慣を改める
⑧「月々の赤字はボーナスで補てん」の生活を改める

● 将来予想される大きな支出は?

	項目	予算	時期
使う予定のある資金	住宅ローン返済		
	住宅リフォーム		
	子の奨学金返済		
	車		
	子の結婚		
	耐久消費財		
	葬儀関連		
備える資金	医療費		
	生活費の補てん		
	冠婚葬祭		
余裕資金	旅行		
	趣味		
	その他		

プラスα

退職金も減少傾向にある

民間企業の定年退職金が1997年の2871万円をピークに、20年あまりの間で1000万円以上も減少しています。退職金だけでは決して安心ともいえない時代だからこそ、早いうちからの資産作りが大切になっています。

● 定年退職金の推移

※勤続20年以上かつ45歳以上の大卒・大学院卒(管理・事務・技術職)

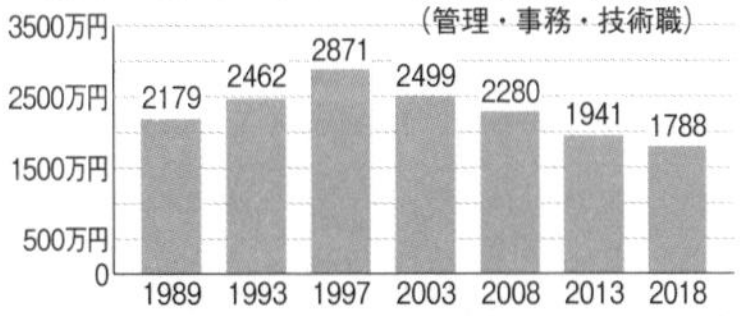

出典:厚生労働省「就労条件総合調査」各年版をもとに作成

4

投資の前のウォーミングアップ

資産寿命を延ばそう

長生きを前提に取り崩しプランを立てる

住宅資金や教育資金については、「マイホームを持たない」「夫婦だけの生活がいい」という自分の意思で選択することが可能ですが、老後生活については誰しも避けることができません。再雇用など仕事を終えた65歳での平均余命から想定すると、男性は85歳、女性は90歳近くまで老後生活が長く続きます。

働いた収入を蓄え生活していた若いときとは違って、リタイア後は公的年金をベースに暮らし、不足分は資産を取り崩していくプランとなります。延び続ける寿命に対応した資産作りと、長生きしても資産が枯渇しないための資産寿命の延ばし方を考えましょう。

資産の一生を見てみよう

相続や贈与、保険金、宝くじなど予期せぬ収入はさておき、資産作りができるのは働けるとき。出費も多いのですが、それを上回る収入を得ることのできる貴重な期間です。リタイア後は生活費の補てんや豊かさのために、少しずつ資産を取り崩していきます。

● 長寿の資産イメージ

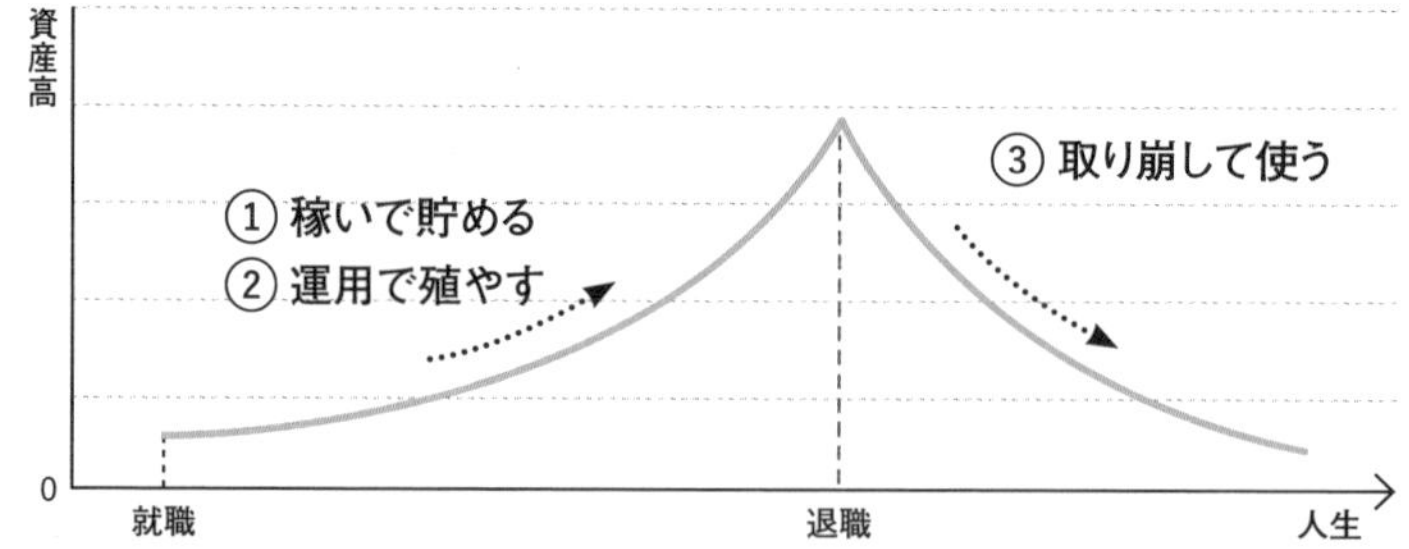

● 短命の資産イメージ

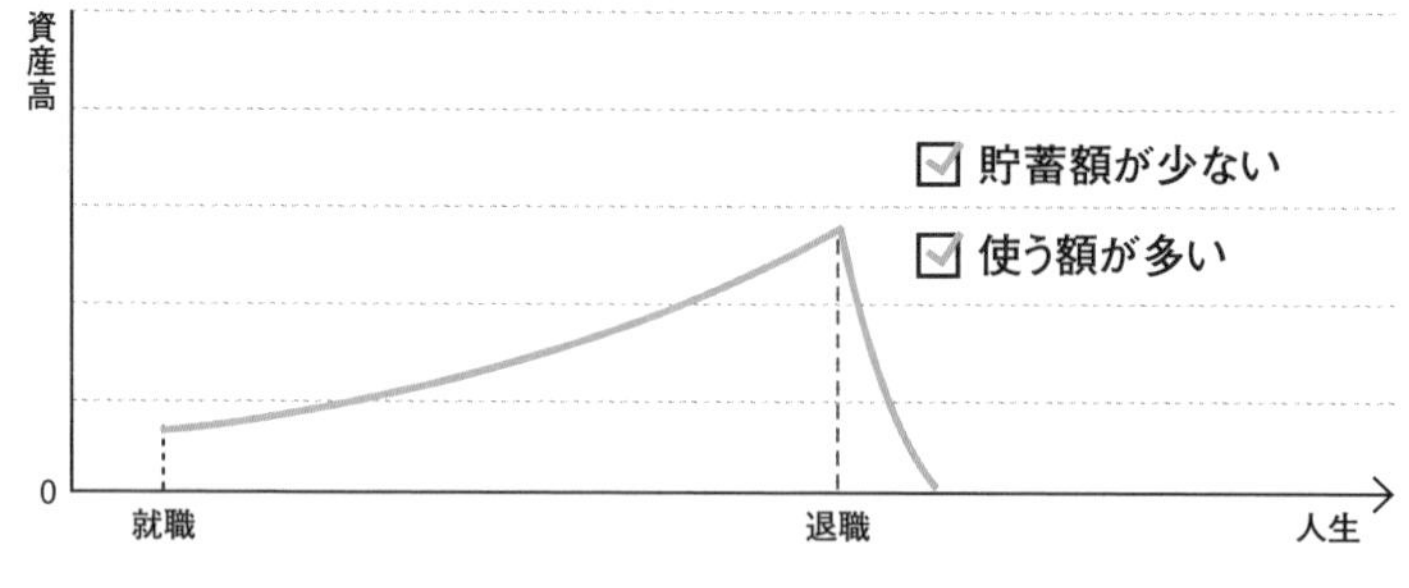

資産寿命を延ばす3つのポイント

資産寿命を延ばすには、「働く」「年金を増やす」「生活費を節約する」の手段があります。

1 働く

● 年齢別常用労働者の推移

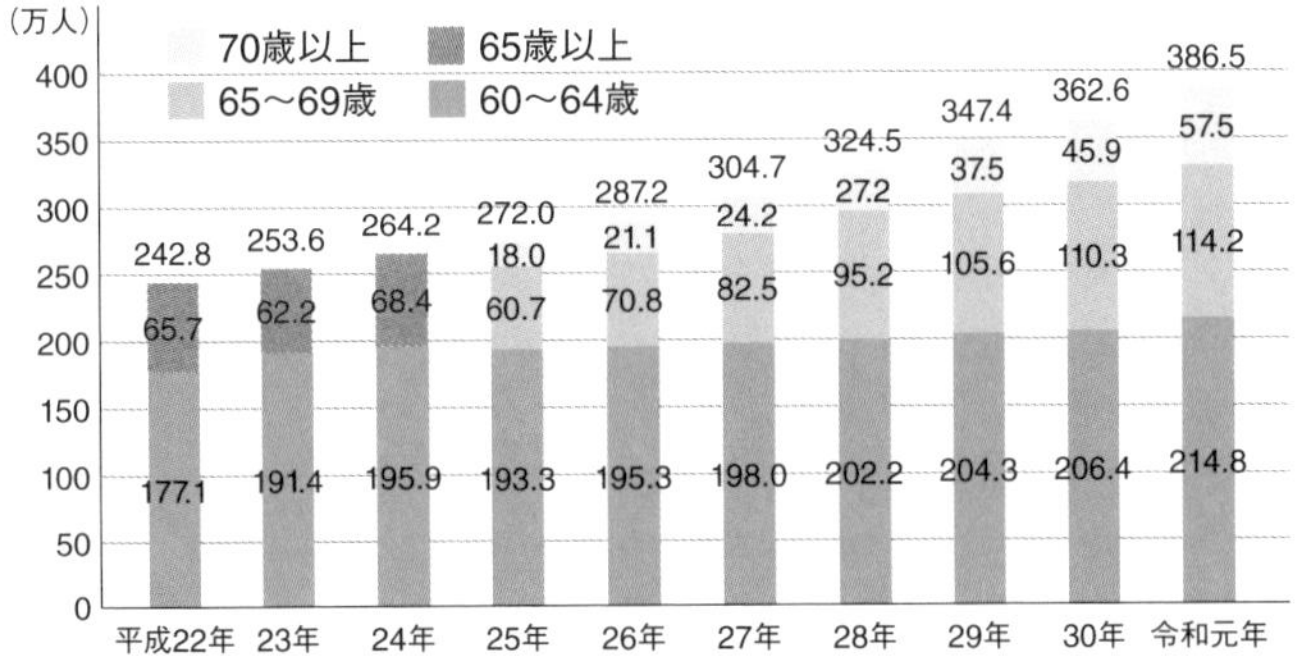

※平成22～24年は65歳以上に70歳以上も含まれている
出典：厚生労働省「高年齢者の雇用状況」より作成

2013年に65歳まで定年年齢の引き上げ、65歳までの継続雇用制度の導入か定年制の廃止のいずれかの措置を講じる「高年齢雇用確保措置」により、退職後も働き続ける人が増加。

2 年金を増やす

iDeCo 運用しながら節税もできて老後資金作りができる

個人年金保険 あらかじめ決められた年齢から年金を受け取る

勤務先や労働組合の年金商品 福利厚生だから有利なものもある

働き方を変える 配偶者の扶養家族となるために年間130万円以下に抑えているのを止めて収入を増やす。厚生年金に加入する働き方に変える、など

老後の私的年金作りは「早く始めたもん勝ち」。若いときは負担にならない掛け金で始めて、余裕ができたら掛け金を増やしたり、別の年金商品も検討しよう。

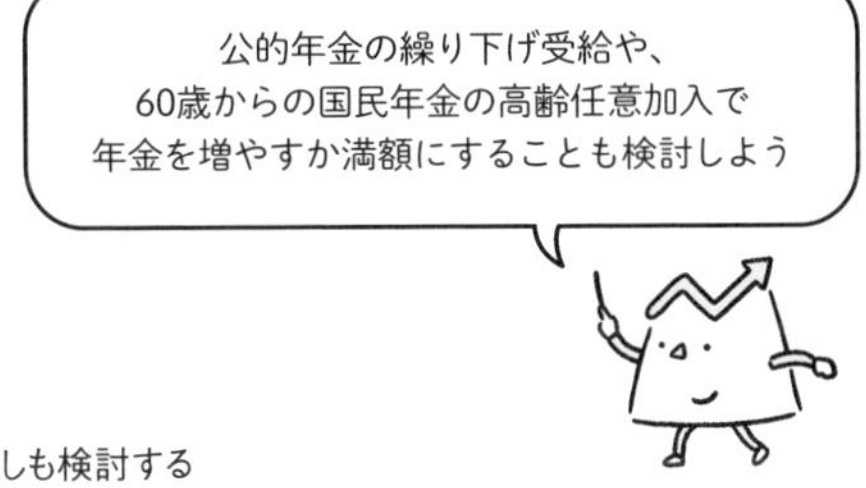

3 生活費を節約する

住居費 生活を圧迫するほど負担なら、引っ越しも検討する

医療保険 健康保険の高額療養費制度があるので、最小限に抑える

通信費 スマホの料金プランの見直し、固定電話の利用休止や解約

物の処分 使わないものは売って現金化するのも一手

食費や光熱費の節約は、手間ひまがかかり家族の協力も必要。ならば、当たり前に払っているモノが節約可能か検証を。

5 投資の前のウォーミングアップ 家計を見直してみよう

貯蓄や投資に回せる金額をつかむ

年収や家族構成が同じであっても、生活スタイルも違えば性格や趣味・嗜好などもそれぞれ異なります。それによって支出されるさまざまな項目の額が左右され、結果的に貯蓄額に差をもたらします。生活スタイルはそれぞれ違っても、子どもの教育資金や住宅資金、老後資金となると必要額も多額になるため、計画的な準備が必要になってきます。

資産形成を考える上では、収入はもちろん重要ですが、家計支出が最も注視すべき〝キモ〟となります。自分の貯蓄は多いのか少ないのかと疑問に思っている人も、まずは自分の家計収支から貯蓄や投資に回せる額の把握から始めましょう。

源泉徴収票をチェックしよう

給与所得者は毎年12月に勤務先から源泉徴収票をもらいます。1年間に勤務先から支払われた総額、天引きされた社会保険料や所得税額などの情報が詰まっていて、この中の数字から貯蓄や投資に回せる理想的な割合がわかってきます。

Ⓟ 貯蓄や投資に回せる額は、年収の約10〜20%が望ましい

種別	支払金額	給与所得控除後の金額	所得控除の額の合計額	源泉徴収税類
給料	内 ❶ 6,330,824 円	❷ 4,522,400 円	❸ 1,390,020 円	内 ❹ 220,200 円

(源泉)控除対象配偶者の有無等		老人	配偶者(特別)控除の額	控除対象扶養親族の数(配偶者を除く。) 特定		老人			その他		16歳未満扶養親族の数	障害者の数(本人を除く) 特別	その他	非居住者である親族の数
有	従有		円	人	従人	内	人	従人	人	従人				

社会保険料等の金額	生命保険料の控除額	地震保険料の控除額
内 ❺ 970,020 円	40,000※ 円	

(摘要)

この人の手取り年収は約481万円
(年収から税金※と
社会保険料を引いたもの)

❶ これが年収。会社から支払われた給与や手当、賞与の総額。1年間で貯蓄や投資に回せる額は、住宅ローンなどの借金返済がなければ年収の10%から20%が目安になります。この場合、年間63万円〜126万円となります。

❷ これが給与所得。年収から給与所得控除(自営業者の必要経費にあたるもの)を引いた額です。

❸ 基礎控除や扶養控除、社会保険料控除、生命保険料控除などの所得控除の合計額です。

❹ これが当年分として確定した所得税の額。給料やボーナスから天引きした所得税の過不足を年末に調整して決まります。

❺ 1年間に支払った厚生年金、健康保険、介護保険、雇用保険の保険料合計。97万20円の内、厚生年金保険料は約57万3000円、健康保険料と介護保険料は約37万7000円。社会保険料は年収(源泉徴収票の「支払金額」)のおよそ15%になります。

※実際に支払っている生命保険料が4万円以上でも、税金を計算する際の控除額は4万円になります。

※この場合の住民税は32万1800円ですが、源泉徴収票に住民税は載っていません。毎年6月に届く住民税決定通知書に記載されています。

家計収支から貯蓄に回せる額を確認

独身、共働き、子どもの有無、持家か賃貸かなど、ライフスタイルによって家計収支もさまざま。収入が多いからといって必ずしも黒字家計とは限りません。油断していると出ていくものも多くなりがち。支出のどこに問題点があるのか見つけてみましょう。

20代 独身女性

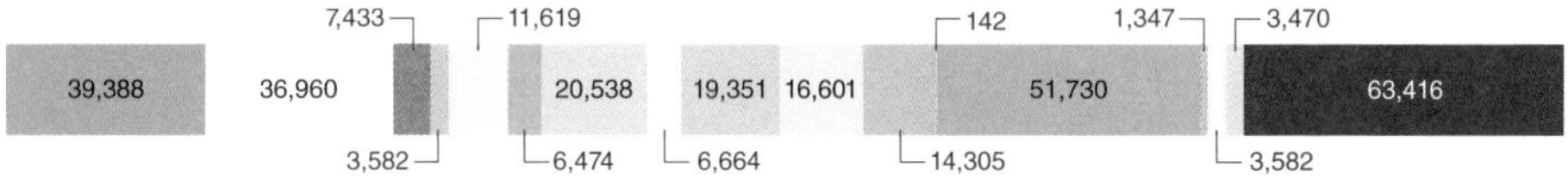

貯蓄率※が20%以上！
やっぱり独身は貯まりやすい

※貯蓄率（%）＝1年間に貯蓄に回せる額÷年収×100

40代 夫婦と子ども1人

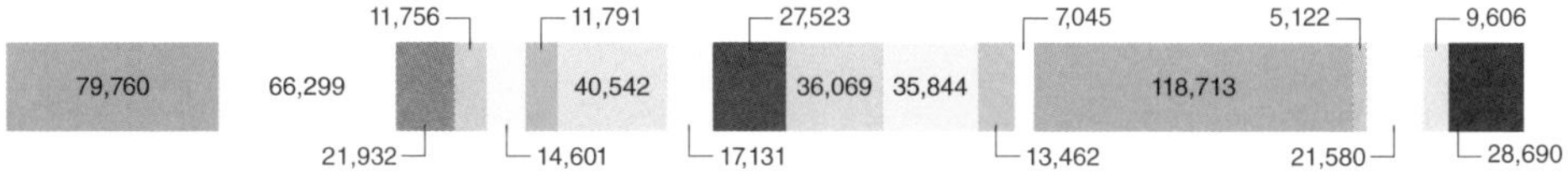

家計支出が最も多くなる子育て期とはいえ、家計収支は黒字。
年間にすると30万円以上貯蓄に回せる！

50代 夫婦のみ

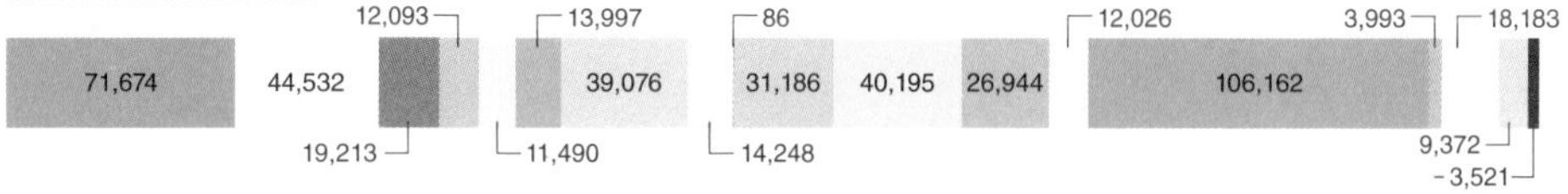

夫婦のみ世帯で家計収支が赤字。食費、光熱費、保険料などを
細かく見直すと黒字に転換できる可能性大

70代 夫婦のみ

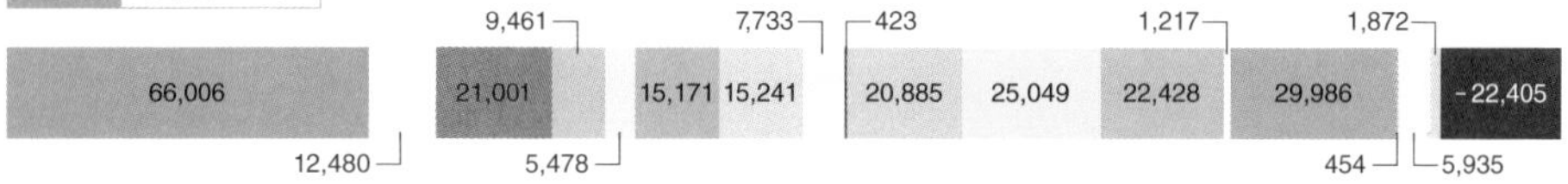

貯めてきた資産で赤字の補てんをするのは当然のことだから、あまり気にせずに。
高齢世帯での意外な盲点が食費。近くに住む子や孫が食費を押し上げていることも

■ 食費　住居費　■ 光熱費　■ 家事・家具用品　被服・履物　■ 保健・医療　■ 交通（車関連含む）
通信費　■ 教育費　■ 教養・娯楽　■ 諸雑費・こづかい　■ 交際費　仕送り　■ 税・社会保険料
■ 個人年金保険料　他の保険料　■ 借入返済（住宅ローン以外）　■ 家計の純利益（黒字）

出典：総務省「家計調査」をもとに作成

投資の前のウォーミングアップ

6 「収入−貯蓄＝支出」と考えよう

家計簿をつけるのは黒字への第一歩

家計が黒字だと資産形成しやすいです。かといって収入は急には増やせません。ならば、支出の改善点を見つけ出して黒字化する努力をしましょう。そのためのツールに家計簿があります。

家計簿をつける目的は、家計収支を細かく把握してムダを見つけ、どのように改善するのかという対策を考え、それを実行していくところにあります。これが、将来の資金準備を達成していく第一歩となります。このプロセスができていないと、ただ記帳するだけの〝お金の日記〟になってしまいます。挫折したことのある人も今度こそは黒字化に向けて家計簿にチャレンジしてみましょう。

楽しみも備えも支出のうち

豊かに暮らしたい、あれが欲しい、これもしたいなど、夢や希望がいろいろあっても実現するにはやっぱりお金が必要です。

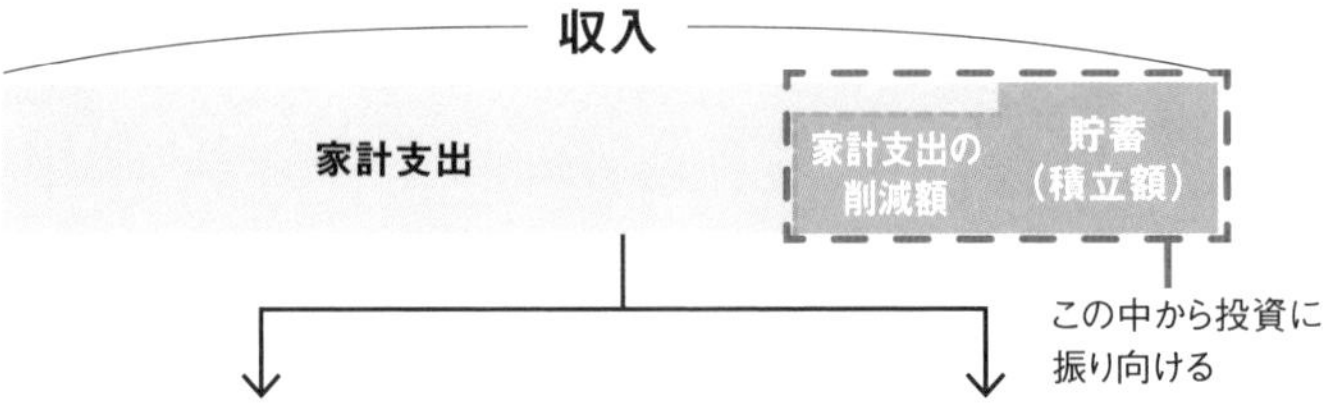

教育資金

何年後に入学するとはっきりしているから計画が立てやすい。子どもが誕生したらすぐにスタート

おこづかい、娯楽など

子どもがレジャーに親と行動するのは中学生くらいまで。楽しい思い出作りのためにも余裕が必要

老後資金

漠然としているけれど必ずやってくる老後。時間をかけてコツコツ準備すれば安心できる

住宅資金

人生で一番大きな買い物だからこそ、「老後にローンを残さない」資金計画を立てること

家計を見直すポイント

生活するだけで余裕がないという家計であっても、支出の見直しを細かく実行することで手取り年収の2%程度の貯蓄が可能になります。毎月当然のように出ていく支出項目それぞれを、見直しの余地や可能性がないか、しっかり見つめてみましょう。

CHECK ここをチェック！

- ☐ 家賃が手取り月収の30%以上
- ☐ 食費が手取り月収の25%以上
- ☐ 使途不明金が年収の5%以上
- ☐ 生命保険の保険料が月に2万円以上
- ☐ 夫（妻）の収入が不明
- ☐ 車を3年から5年くらいの周期で買い替えている
- ☐ クレジットカードのキャッシングやリボ払いを利用している
- ☐ 長期の分割払いで買い物をしている
- ☐ 携帯やスマホの利用料金が月に数万円になっている
- ☐ 住宅ローンの60歳時の残債が不明

ちりも積もれば山

お金が入ってくると誰しも使いたくなるもの。そこは少し我慢をして、使った残りを貯蓄するのではなく、貯蓄した残りで生活する習慣をつけておくのが資産作りのポイントになります。

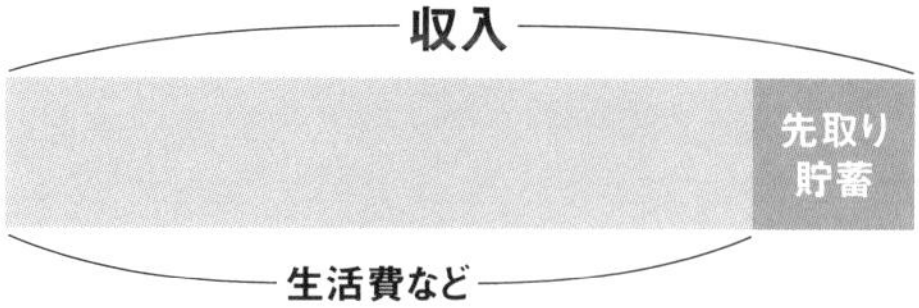

- ✓ 自動積立などにしておく
- ✓ 昇給したら額をアップするなど時々見直しを
- ✓ 将来的にはここから投資に回すことも視野に

収入－貯蓄＝支出（予算）

給与天引きでも積立投資でも、少しずつ蓄えを作る習慣を持とう。ちりも積もれば山となる！

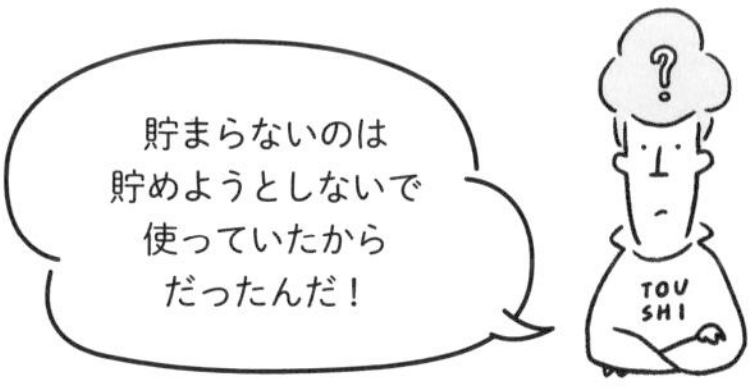

Q&A

Q 投資デビューはいくらから？

A 投資初心者は、これまで元本保証の預貯金などに毎月入れていた額の2割くらいから投資デビューするといいでしょう。

プラスα

そもそも貯蓄額が0円の場合

病気やけが、冠婚葬祭などの不意の出費に対応するために、「月の生活費の2倍」の額を余裕資金としてまずは確保しましょう。

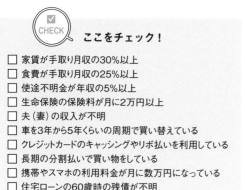

教えてください！ 投資あれこれ②

投資の目的は何ですか？ 目的がないといけませんか？

奥村先生

投資は明確な目的がなくてもよいと思います。世の中の動きに興味関心があるならば、なんとなく始めてみることです。例えば、自分が好きなモノを作っている会社が上場しているのなら、その株式を購入してみると、その会社の動きに関心を強く持てるようになります。気がつくとその会社のファンになっているかもしれませんね。

泉先生

年齢など人生のステージによって目的はいろいろだと思います。私の場合は少額ということもあり、いくらをいくらに増やしたいというより、投資をしていることで世界情勢、日本経済、企業動向の情報がすぐ目に留まり、「こうなると、生活はどうなる」「こんなことが起きたら株価はどうなる」と投資前以上にいろいろ予測するおもしろさ。これは投資を始めた副産物。そして主たる目的は「豊かに過ごすための老後資金」、これしかありません！

須藤先生

持株会や確定拠出年金を導入する企業に就職した、相続で親の株式を引き継いだ、保険会社の株式会社化で突然株主になった、節税のためにとりあえずiDeCoに入ったなど、投資に興味がなくても目を向けざるを得ないこともあるでしょう。きっかけは何であっても、投資＝危険と避けるのではなく、自分の年齢や将来設計などをもとにどのように運用していくのかを考える好機ととらえることが大切です。

Chapter 2

投資の基礎知識

投資とは何か、
投資にまつわる基礎知識や経済のことについて
見ていきましょう。

1

お金が働くということ

投資で生活を豊かにする

実はリスク軽減のために生まれた「投資」

「投資」というと、「ギャンブルみたい」「危なそう」などのイメージがあるかもしれません。しかし、投資はそもそも、大勢の利益を守るため発明された仕組み。株式の発明は、17世紀、オランダの東インド会社に遡ります。危険が伴う航海に際し、大勢で出資して1人ひとりの船荷を失うリスクをできるだけ少なくしようと考案されました。また、流行のクラウドファンディングは、自分の好きな会社や取り組み、価値あるプロジェクトに出資してリターン品を得るもの。このように、世の中の事業などを支援して、得られた利益の中から見返りを得て、自分の暮らしを豊かにするのが投資なのです。

投資の始まりとなった東インド会社

大航海時代、商人たちは、貴重なアジアの香辛料をヨーロッパにもたらすことで巨額の富を得ました。一方で、嵐や疫病に見舞われ、全財産を失う危険も。そうした危険から船主を守るために発明されたのが株式です。

● 株式の発明以前

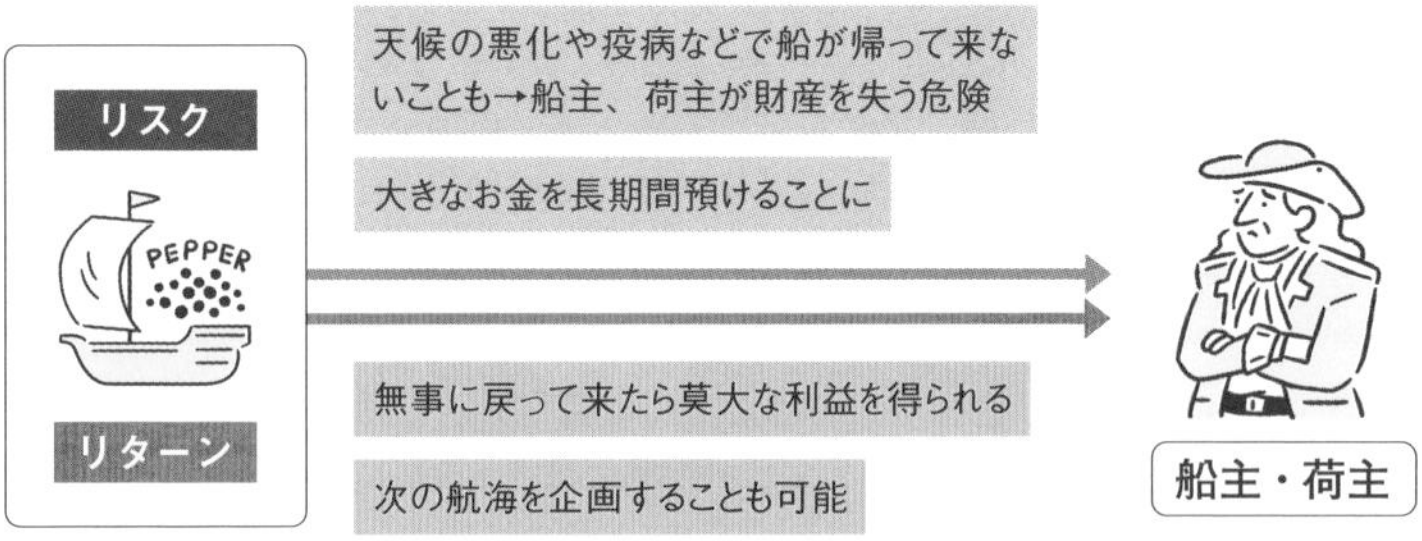

リスク
PEPPER
リターン
天候の悪化や疫病などで船が帰って来ないことも→船主、荷主が財産を失う危険
大きなお金を長期間預けることに
無事に戻って来たら莫大な利益を得られる
次の航海を企画することも可能
船主・荷主

● 株式の導入

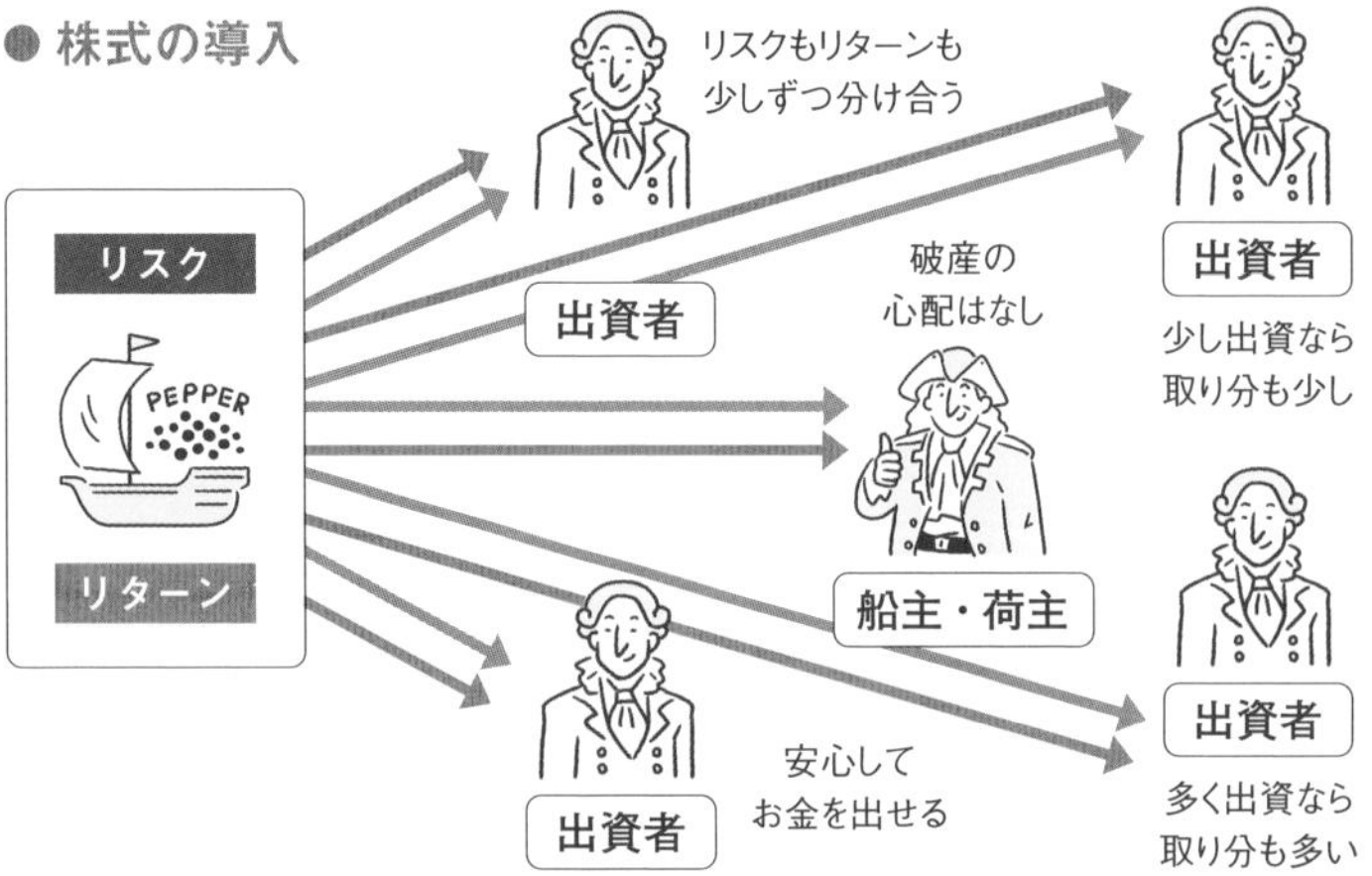

リスク
PEPPER
リターン
リスクもリターンも少しずつ分け合う
出資者
破産の心配はなし
船主・荷主
出資者
少し出資なら取り分も少し
出資者
多く出資なら取り分も多い
出資者
安心してお金を出せる

夢の応援　クラウドファンディング

新しい商品やサービスを生み出したいが、その資本がない会社などに対して、個人が出資することで、実現に力を貸す仕組み。あらかじめ定めた期限までに目標金額に達すれば成功。出資額に応じたリターン品（返礼）が設定されている場合も。

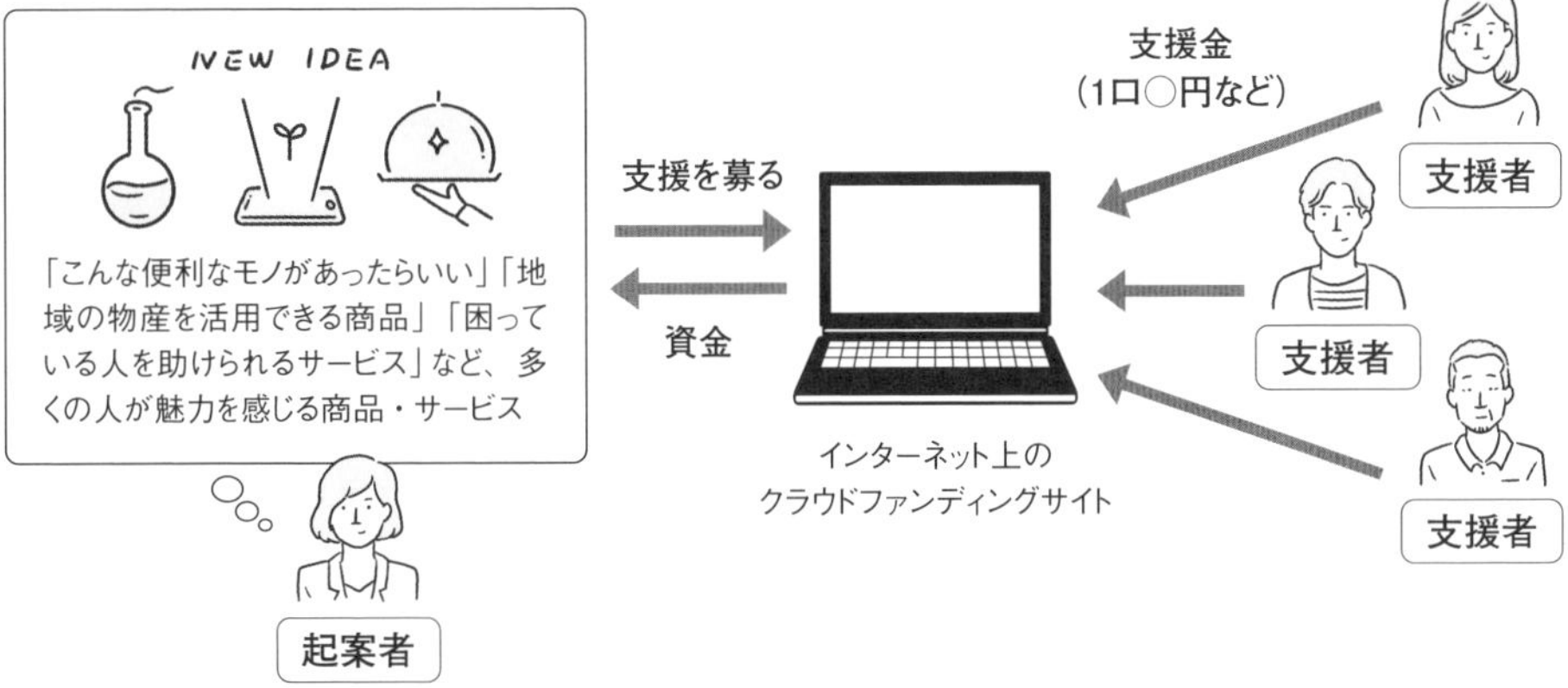

投資

・新しいアイディアを形にするのに投資する
・思いに賛同して寄付する

＋

リターン

・成果物を得られる
・「世の中がよくなる」「困っている人が助かる」などの結果に満足する

よりよい生活につながるのが投資

お金を出し合うことにより、価値ある商品やサービスを世の中に生み出し、結果として豊かな社会をつくることができるのが投資という仕組みです。投資者はリターンによって利益を得て、自らの生活も豊かにすることができますが、事業が失敗したときにはリスクも負います。

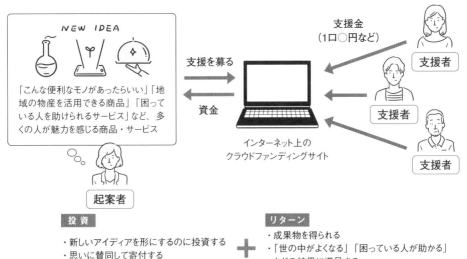

お金が働くということ 2

銀行に預けたお金も働いている

銀行は預かったお金の大部分を働かせている

私たちのお金を預かり、安全に保管してくれる銀行ですが、すべてのお金が金庫の中に置いてあるわけではありません。銀行は預かったお金の一部を引き出しに備えて保管し、大部分は企業や個人に貸し出します。

企業なら、例えば借りたお金を設備投資に回してもっと多くの商品を作って利益を増やします。個人なら、住宅購入費などが考えられます。

お金を借りた企業や個人は利息をつけて銀行に返します。銀行はこうして得た利益の一部を、預けた人に金利として還元しています。銀行に預けたお金は「働いている」、つまり活用されて、社会に価値を生み出しているわけです。

預金も実は働きに出ている

銀行預金は「支払い準備金」として銀行内に保管されるわずかなお金のほかは、企業や個人などに貸し出されます。仮に預金の9割が貸し出されると考えた場合の数式が以下。「信用創造」という仕組みにより、預金高はもとのお金の何倍にも膨らんでいきます。

	銀行全体の預金高	銀行に残っている現金（10%）	貸し出し中のお金
A銀行	1億円	1000万円	9000万円
B銀行	9000万円	900万円	8100万円
C銀行	8100万円	810万円	7290万円
合計	2億7100万円		2億4390万円

A銀行 → 企業・個人：企業活動で支払ったお金がB銀行に

B銀行 → 企業・個人：企業活動で支払ったお金がC銀行に

2億7100万円：1億円の預金が口座の上では2倍以上に膨らんだことに。このように、銀行などが預金を貸し出すことによって預金が増えることを「信用創造」という

2億4390万円：企業や個人によって役立てられ、世の中に価値を生み出しているお金

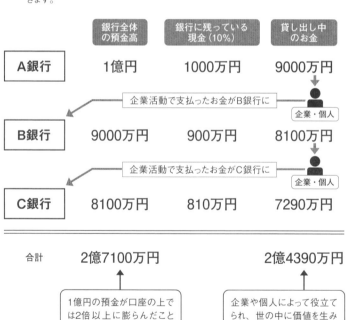

銀行から派遣させるか直接働かせるか

預けたお金を働かせて利益を生むという仕組みは、銀行も証券会社も変わりません。違いは、自分でお金の投資先を選べるかどうか。投資先が選べない銀行に対して、証券会社は、見込みがあると考えた企業や、応援したい企業のためにお金を役立てることができます。

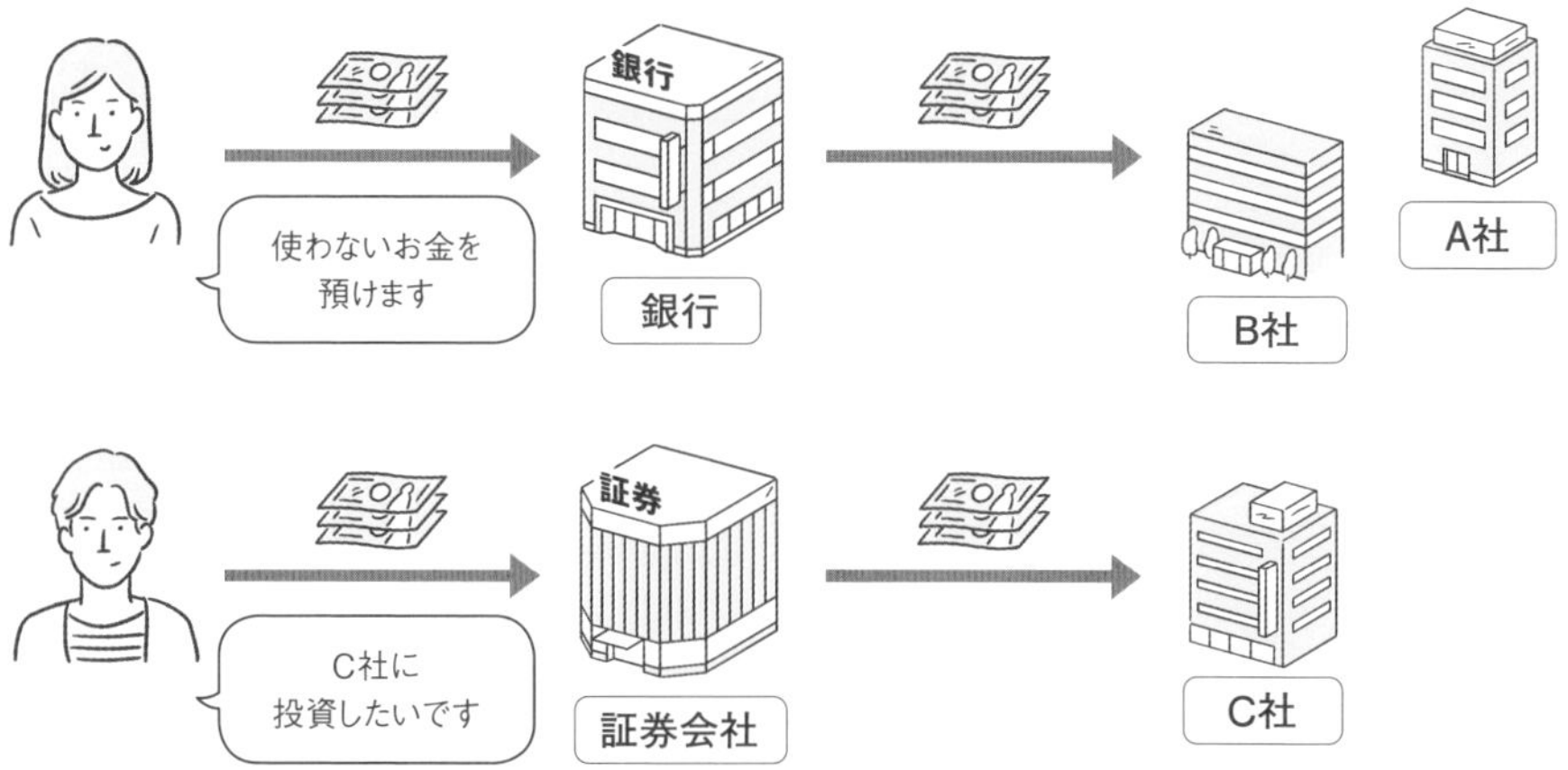

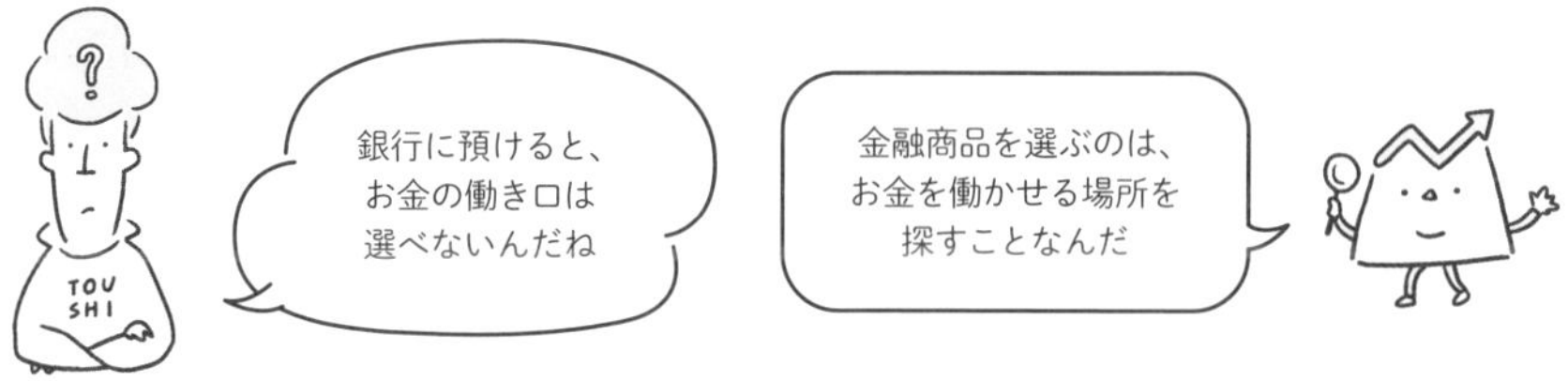

プ ラ ス α

銀行に預けたお金は引き出せる出資金を取り戻すには株式を売る

銀行預金は、いつでも引き出すことができます。定期預金など、いったん預けたら一定期間引き出せなくなってしまう商品もありますが、解約すれば、預けたお金は戻ってきます。一方、証券会社で株式などの証券を買った場合、お金を取り戻したいと思ったら、株式を売ってお金に換えます。ただし、株式の価値が買ったときより下がっていて、出資した金額より少なくなってしまうこともあります。これが、預金と投資の大きな違い。また、もし銀行がつぶれてしまっても、1000万円までは保証するという公的な仕組みがあります。しかし証券の場合は、投資した会社がつぶれたら元本は戻ってきません。このように出資金が目減りするリスクも、投資者が引き受けることになります。その代わり、投資した会社の株式が出資時より上がったときの差額の利益は投資者のものとなります。

どこでお金を働かせるか

金融商品を選ぶポイント

増やすか守るか、時間はあるか

　お金を投資・運用する金融商品には、銀行などへの預金のほかに、株式、債券、投資信託、保険といった種類があります。それぞれ特徴が異なるため、目的によって「備える」「守る」「増やす」などと選ぶといいでしょう。

　また、金融商品によっては、お金を預ける期間に応じたメリット・デメリットがあります。預金のように、長く預けるほど利息が増えていくものもあれば、株式のように、瞬発的に売ったり買ったりすることで、損得が生じるものもあります。運用の上では、長期で増やせばいいお金なのか、短期で増やしたいお金なのか、という視点も大切です。

金融商品には3つのポイントがある

金融商品を選ぶ際のよりどころになるのが、「収益性」「流動性」「安全性」という、金融商品ならではの3つの特質です。どの特質を強く持っているかは、金融商品の種類によって違います。守るお金なのか、増やすお金なのかといった、目的に向く特質の商品を選んでいく必要があります。

金融商品の特質	商品の目的	主な商品
収益性 	増やす 老後資金を貯めておきたい(若年層の場合)、定年後の楽しみのため、子孫に遺す財産など	株式・債券・投資信託 その他の投資先としては不動産や美術品なども
安全性 	守る 住宅購入資金、子どもの教育費や結婚援助金、車の買い替え資金など、10年ぐらいの間に使う目的が決まっている資金、老後資金など	預貯金・債券・保険など
流動性 	備える 失業やケガ・病気など、いざというときの生活資金、予備資金。いつでも引き出せる銀行預金などに、生活費の2~3カ月分ほどは確保しておく	現金・預貯金など

収益性・安全性・流動性のすべてがすぐれた商品はない

大事なお金を投資するのだから、安全で収益性も高い、少しでもメリットの大きい金融商品を選びたいもの。とはいえ、3つすべてを備えた商品は残念ながらありません。投資できるお金の額やライフスタイル、ライフプランとも相談しながら、それぞれバランスよく組み合わせていくのがよさそうです。

守るか、増やすか、
目的に合わせ
選ぶんだ

3つとも
かなえたいなあ…
TOU
SHI

収益性

投資したお金が大きくなって返ってくる。老後の趣味にとっておくお金など、すぐには使わず、必要度も低い場合に必要な視点

両立しない

両立しにくい

安全性

リターンは低いが、お金が安全に守られる。住宅購入のための資金、教育費など、近い将来に目的があり、目減りさせたくない場合に必要な視点

両立しやすい

流動性

お金が必要になったときすぐに引き出せる。病気や失業など、万が一のときのために必要な視点

Q&A

Q 目的に合わせても、どれを選ぶべきか迷ってしまいます

A まずは自分の「リスク許容度」を知りましょう。リスク許容度とは、投資する上でどの程度のリスクなら耐えられるか、ということ。運用に回せる余剰資金のうち、いくらまでなら損失してもよいと考えられるでしょうか。資金に余裕があるほど、また年齢が若いほどリスク許容度も高くなる傾向がありますが、自身の性格も関係します。株価が下がるたびにものがのどを通らなくなるようなら、あまりリスクの高い（収益性の高い）商品に大きなお金を投資しない方が無難です。

「○年後の収入や貯蓄」など、現在のお金の管理とライフプランを組み合わせて長期的な視点で考えながら、どの目的のどの商品に回すかを組み立てていきましょう。

投資の基礎知識

利回りを知る

利回りとは、投資金額に対する利益の割合のこと

投資をする上でぜひ知っておきたいのが、「利回り」という考え方です。よく知られている「利率」は、元本に対して受け取れる利益（利息）の割合のこと。これに対して利回りは、投資金額に対して得られた利益の割合です。普通は1年あたりの平均利回りのことをいいます。

例えば株式を１００万円で買い、5年後に売却した際、配当金と売却益を合わせて１２０万円得られたとします。この場合の利益は１００万円に対して20万円ですから20％。これを5年で割ると4％です。ですからこの株式の利回りは4％ということになります。なお、利回りは実際には税金も含めて計算します。

単利と複利ではこんなに違う

利息には、「単利」と「複利」という2つの種類があります。元本に対してのみ利息がつくのが単利。そして、元本＋利息に対してさらに利息がつくのが複利です。単利にするか複利にするかで、長い目で見ると大きな差が出てきます。元本100万円に対して、年利1％で運用した場合を見てみましょう。

単利　元本は同じ

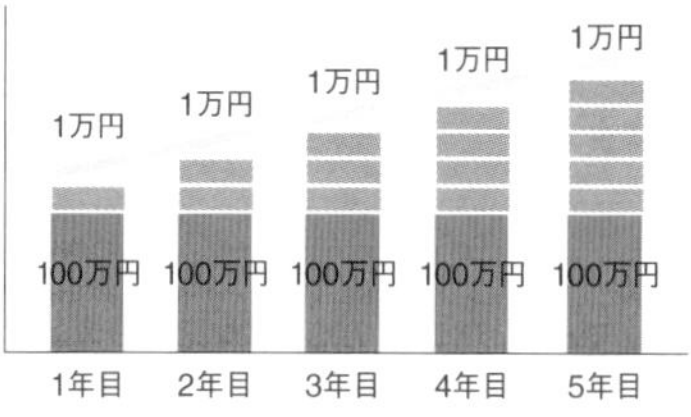

※利息にかけられる税金は計算していません。

複利　元本が増える

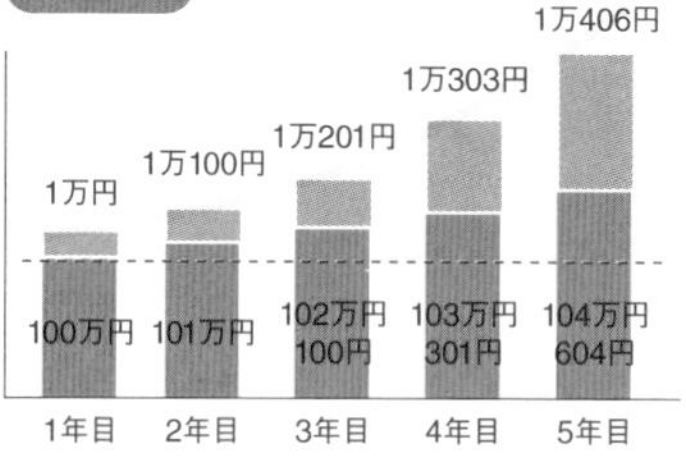

※利息にかけられる税金は計算していません。

金利で環境は変化する

低金利の時代が長く続いていますが、40年前までは金利は変動を続けていました。以下は定期預金の例です。

● 定期預金の金利

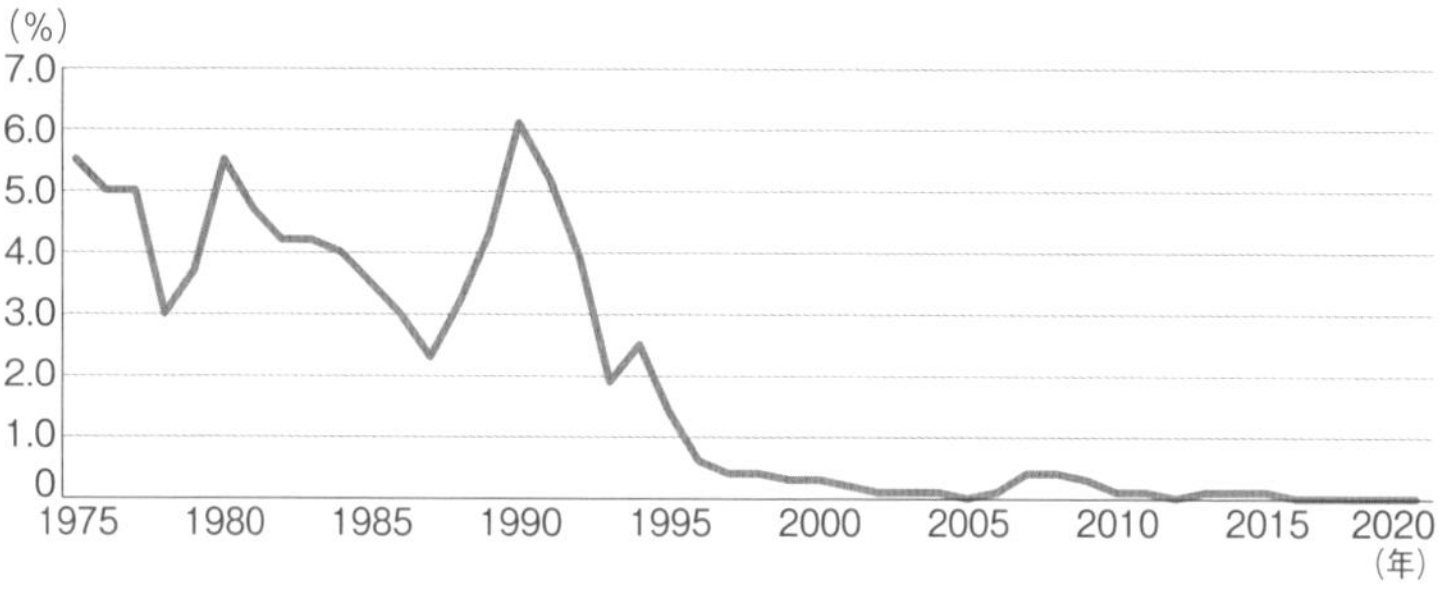

損得を知るために金融商品の“率”を理解する

預金や保険、投資などの金融商品には、利率や利回り、予定利率などのいろいろな「率」が使われます。表面的な率だけで損得を判断せずにそれぞれの率はまったく異なった意味合いがあることを理解しておく必要があります。

年平均利回り(%)＝利息合計(利益)÷元金÷預入年数×100

100万円を「3%」で
4年間運用すると
いくらになるかな？

※利息にかけられる税金等はないものとして試算

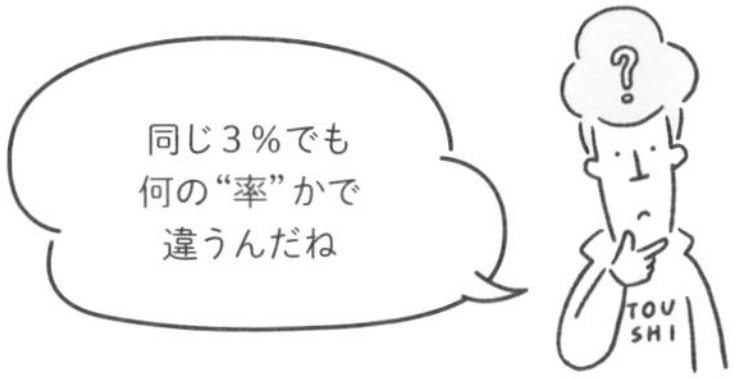
同じ3%でも
何の“率”かで
違うんだね
TOU
SHI

利率3% 1年間にどのくらいの割合で増えるかを示したもの(年利)

1年後　1,000,000円×3%＝利息30,000円
2年後　(1,000,000円＋利息30,000円)×3%＝利息30,900円
3年後　(1,030,000円＋利息30,900円)×3%＝利息31,827円
4年後　(1,060,900円＋利息31,827円)×3%＝利息32,781円

利回り換算▶3.13%

元利金合計は1,125,508円
利息合計125,508円÷元金1,000,000円÷4年×100＝利回り3.1377%

ポイント
利息が利息を生み1年複利で増えるので利回りが高い

利回り率3% 一定期間にどのくらい利益が増えるかの割合を年平均したもの

1年平均して3%増える→1,000,000円×3%×4年＝利息120,000円

利回り換算▶3.0%

元利金合計は1,120,000円
利息合計120,000円÷元金1,000,000円÷4年×100＝利回り3%

ポイント
1年平均してどのくらい増えたかの率が利回り

予定利率3% 保険契約者が支払った保険料から諸経費を引いた額に対して示した運用利回り

一時払い保険料1,000,000円を支払って4年後に満期金1,100,000円受け取った

利回り換算▶2.5%

元利金合計は1,100,000円
利息合計100,000円÷元金1,000,000円÷4年×100＝利回り2.5%

ポイント
支払った保険料すべてが予定利率3%で運用されるわけではない

返戻率103% 期間は関係なく満期にどのくらい増えるかを示したもの

1,000,000円が4年後に1,030,000円になった
(仮に10年後に1,030,000円になっても同じく返戻率は103%)

利回り換算▶0.75%

元利金合計は1,030,000円
利息合計30,000円÷元金1,000,000円÷4年×100＝利回り0.75%

ポイント
学資保険などで「戻り率」と表示していることも

5

投資の基礎知識

忘れてはいけないコストの存在

投資にかかるさまざまなコスト

投資を始めたら、自分が損をしているか儲かっているのかの「損益」をいつも、確認しておきましょう。

投資における利益には、株式などの価値が上がったときに売ると得られる売却益、値上がり益や配当などの運用益があります。

しかし忘れてはならないのが、投資には手数料や税金といった運用費用、つまりコストがかかることです。運用による受取額は、売却金額や分配金などからコストを差し引いた額となります。これについてはどんな金融商品でも同じ。利益だけでなく、投資金額とコストを差し引いたトータルでの損益を確認することが大切です。

投資の「損益」とは何だろう

儲かっているか、損をしているのかは、売却益や運用益から投資金額とコストを差し引いたトータルの金額で判断します。

益　受取額 ＞ 投資金額＋コスト

損　受取額 ＜ 投資金額＋コスト

受取額を左右するのは運用益とコスト

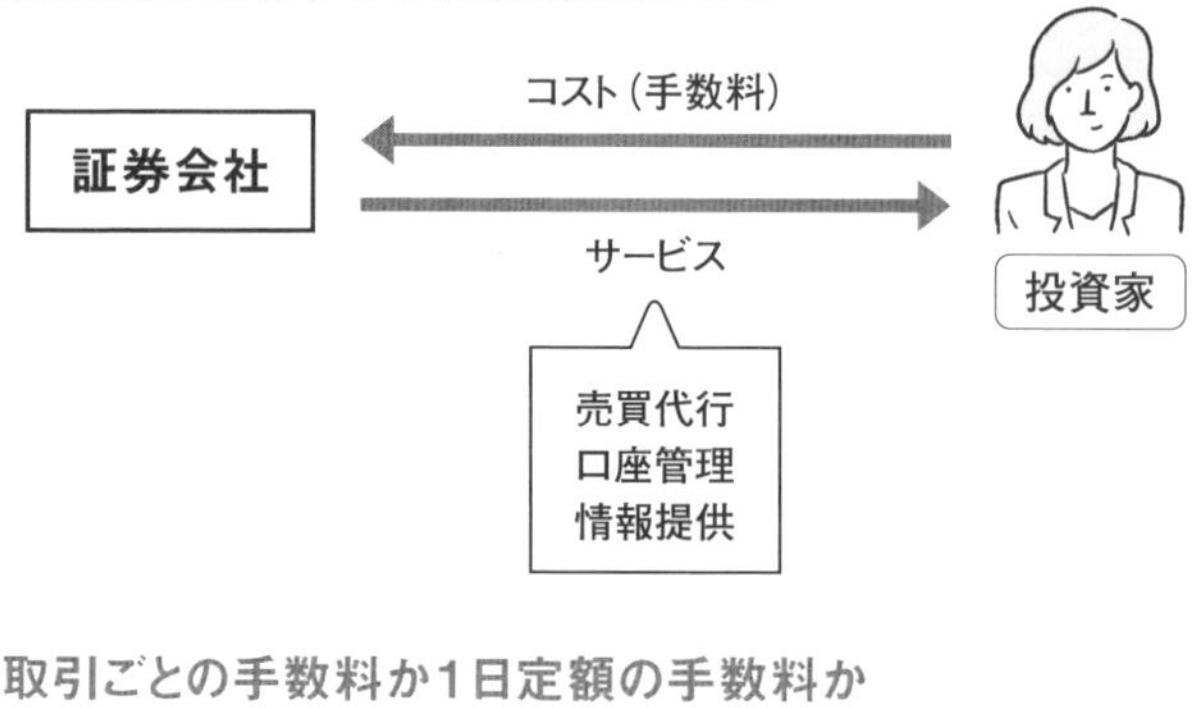

取引ごとの手数料か1日定額の手数料か

取引時にかかるコストを意識する

証券会社に支払う手数料にはさまざまなものがあります。評価額が上がったからと利益を確定しようと売却したら、コストが高くついて思いのほか受取額が低くなってしまった、ということにならないように注意しましょう。

● 投資信託の場合

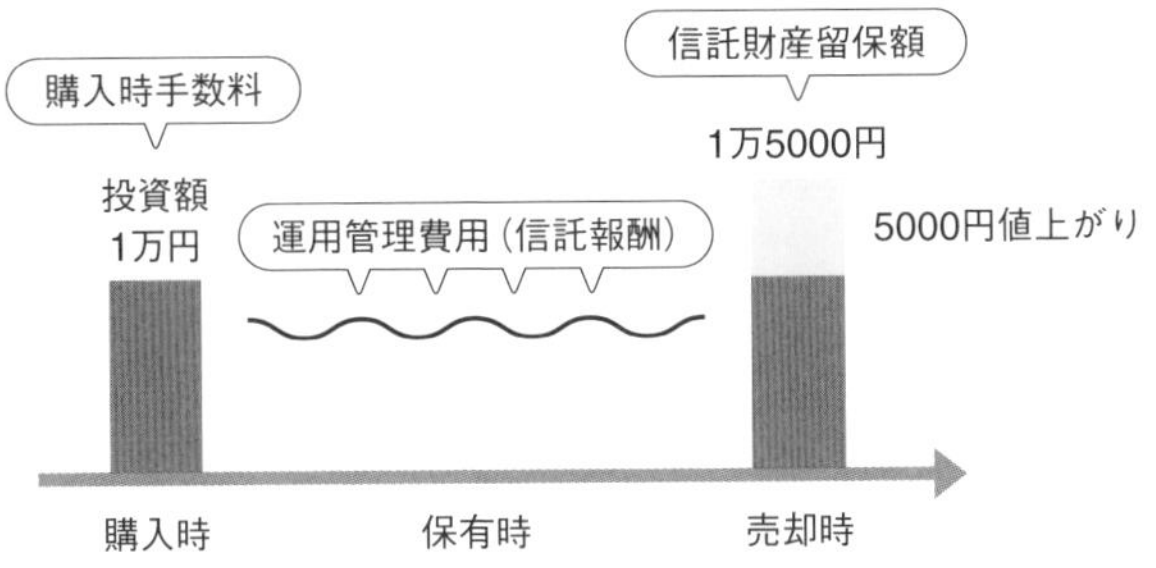

1万5000円 － 1万円 － 手数料 ＝ 手元に残る利益

ここをなるべく低コスト
にするのがポイント

売買時の手数料

- 購入時手数料…販売会社に払う手数料で、申し込み価額の数パーセント。投資家が直接支払う。購入時手数料なしの会社や商品もある。
- 売買委託手数料…金融商品の売買時に発生する手数料で、信託財産の中から間接的に支払う。
- 信託財産留保額…信託財産を購入または解約するとき、手数料とは別に直接支払うお金。販売会社が受け取るのではなく、信託財産の中に含まれる。

運用時の費用

- 運用管理費用（信託報酬）… 信託財産を管理してもらっていることに対して日々支払う手数料。
- 監査報酬…決算時などに監査にかかる手数料。

※株式を売買する場合も、取引するごとに委託手数料がかかる。料金体系は売買する商品の種類や会社によってさまざま。

資産収入にかかる税金

株式投資の場合、値上がり益にかかる「譲渡益課税」や配当金にかかる「配当金課税」が課される。どちらも利益の20.315％（復興特別所得税含む）。

プラスα

コストは低ければ低いほどいいの？

近年、ネット証券などの台頭によって、手数料は引き下がる傾向にあります。なるべく手数料が安い証券会社を選ぶのがお得といえるでしょう。ただし、コストだけを重視するのも考えもの。特に投資の初心者では、サポート体制やツールの使いやすさも選ぶポイントにしてみてください。

6

投資の基礎知識

投資にかかる税を知る

出た利益すべてがもらえるわけではない

投資で忘れてはならないのは、コストがかかるということです。手数料のほか、売却益・分配金などの利益が出た場合は20・315％の税金がかかります。

内訳は15・315％の所得税（＋特別復興所得税）と5％の住民税です。国民すべてに、毎年申告・納税をする義務があります。といっても、取引口座開設の際に「源泉徴収あり」の特定口座を選んでおけば、税金の計算や納税は口座から自動的に行われるので面倒なことはありません。

なお、NISAやつみたてNISA（P.92）は、これらの税金を一定期間、一定額まで免除する制度です。上手に活用するとよいでしょう。

利益には原則20.315％の税がかかる

投資を行って利益を得た場合には、所得税と住民税ほかを合わせた20.315％の税金が課されます。保有株や投信の値動きを見て「利益が出た」と思っても、手数料や税金を合わせると思ったほど出ない場合もあります。売却前によく確認しましょう。

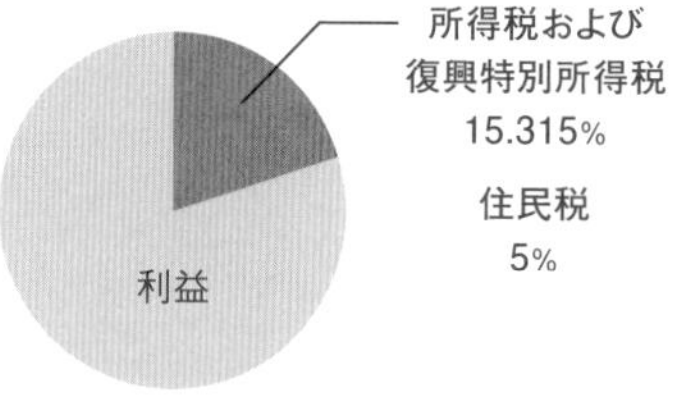

税とは利益にかかるもの

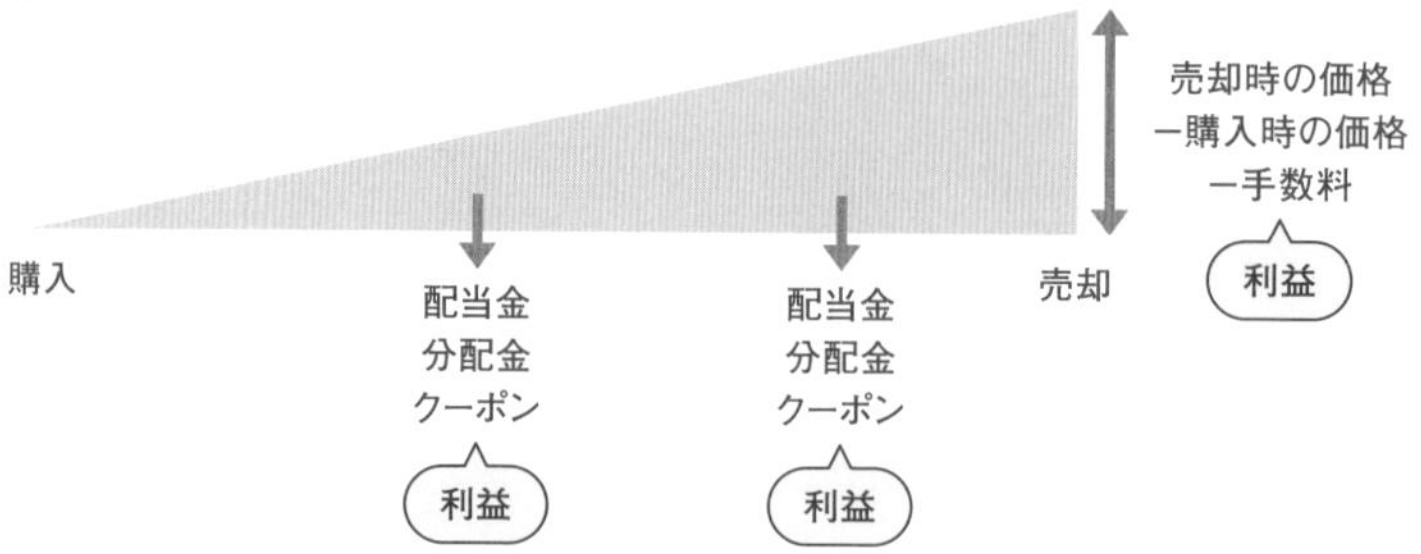

※インカムゲインのことを、株式では配当金、投信では分配金、債券ではクーポンと呼ぶ
※投信の特別分配金は利益ではない（P.159）
※株式の税金の扱いは上場株式と非上場株式で異なる

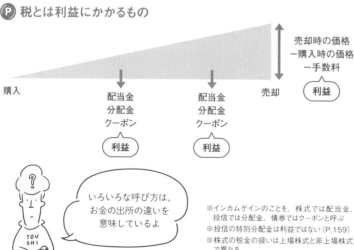

源泉徴収か確定申告で納税する

利益が出たら確定申告をして納税する義務があります。ただし、すべての人が申告をしなければならないわけではありません。例えば、取引用の口座を特定口座にしておけば源泉徴収が行われるので、面倒な計算をする必要はありません。

源泉徴収

給与所得者など確定申告の必要がない人 → 投資用の口座を作るときに「特定口座（源泉徴収あり）」を選ぶ

確定申告

確定申告が必要な人、年をまたいで損益通算をする人 → 投資用の口座を作るときに「一般口座」または「特定口座（源泉徴収なし）」の口座を選ぶ

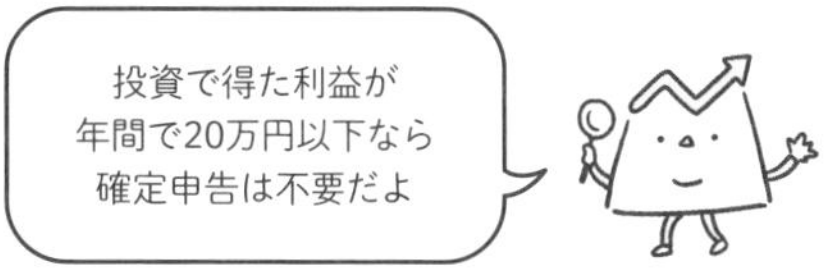
投資で得た利益が
年間で20万円以下なら
確定申告は不要だよ

大きな損失が出たら損益通算する

投資で大損をしてしまった場合は「損益通算」といって、ほかの所得の金額から控除することができます。例えば配当金で出た利益と売却で出た損失を相殺したり、異なる口座間の損益を相殺するなどです。

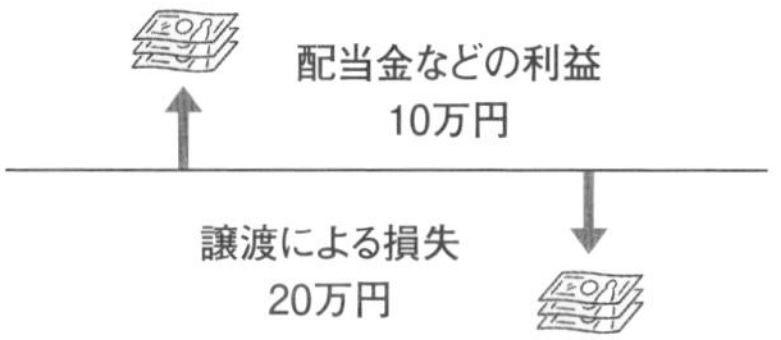
配当金などの利益
10万円
譲渡による損失
20万円

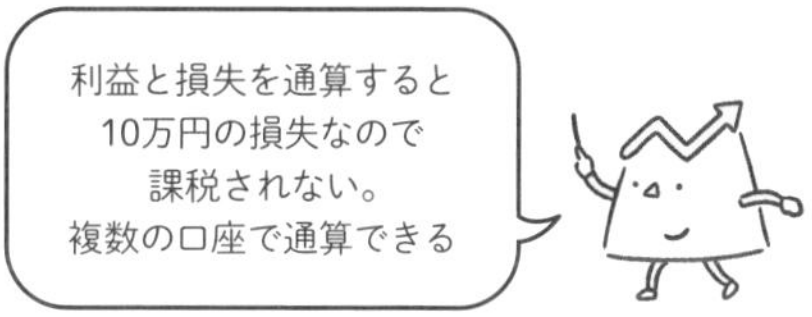
利益と損失を通算すると
10万円の損失なので
課税されない。
複数の口座で通算できる

※特定口座で自動計算できる。配当金の受け取り方を権利確定日までに「株式数比例配分方式」に変えておくこと

また、当年の損を翌年の利益と相殺することもできます。損失額が大きく、翌年だけではカバーしきれない場合、翌年以降3年まで繰り越すことができます。なお、損益通算では特定口座の人でも確定申告が必要。繰り越す場合はその年ごとに行う必要があるので忘れないようにしましょう。

プラスα 株式を相続するとき

東京証券取引所などの市場で売買される「上場株式」の場合は、取引している証券会社に戸籍謄本や住民票、遺産分割協議書などの書類を揃えて相続の手続きをする必要があります。被相続人（亡くなった人）から相続人に株式の名義が変更されて相続人の証券口座（NISA口座は不可）に振り替えられると、株主総会や配当金などの案内が相続人に届くことになります。もし亡くなった人の取引していた証券会社がどこかわからない場合は、「証券保管振替機構」に被相続人と相続人の戸籍謄本などの書類を揃えて開示請求することで証券会社を知ることができます。

7

投資の基礎知識

リスクとリターンを知る

どこまで許容するかを決めておく

投資にはリスクとリターンがあります。リターンとは投資で得られる結果（損益）のことをいい、プラスばかりでなくマイナスのリターンもあります。「リターンは○円」「リターンは○%」のように使われます。この数値は、過去の一定期間のリターンを測定し、今後1年でどれだけ値動きがあるかを示すものです。

リスクとは投資ではリターンの振れ幅を指します。つまり、過去のリターンの平均から、どれだけぶれる可能性があるかを数値で示したもの。リターンの変動幅が小さいほどリスクが低い、大きいほど高いということになります。

リスクとはリターンの変動幅

投資におけるリターンを縦軸、リスクを横軸として見た場合、リターンの振れ幅が大きいほど、リスクも高くなります。預金などは金利が低く、見返りも小さい代わりにローリスク。株式は比較的ハイリスクハイリターンです。

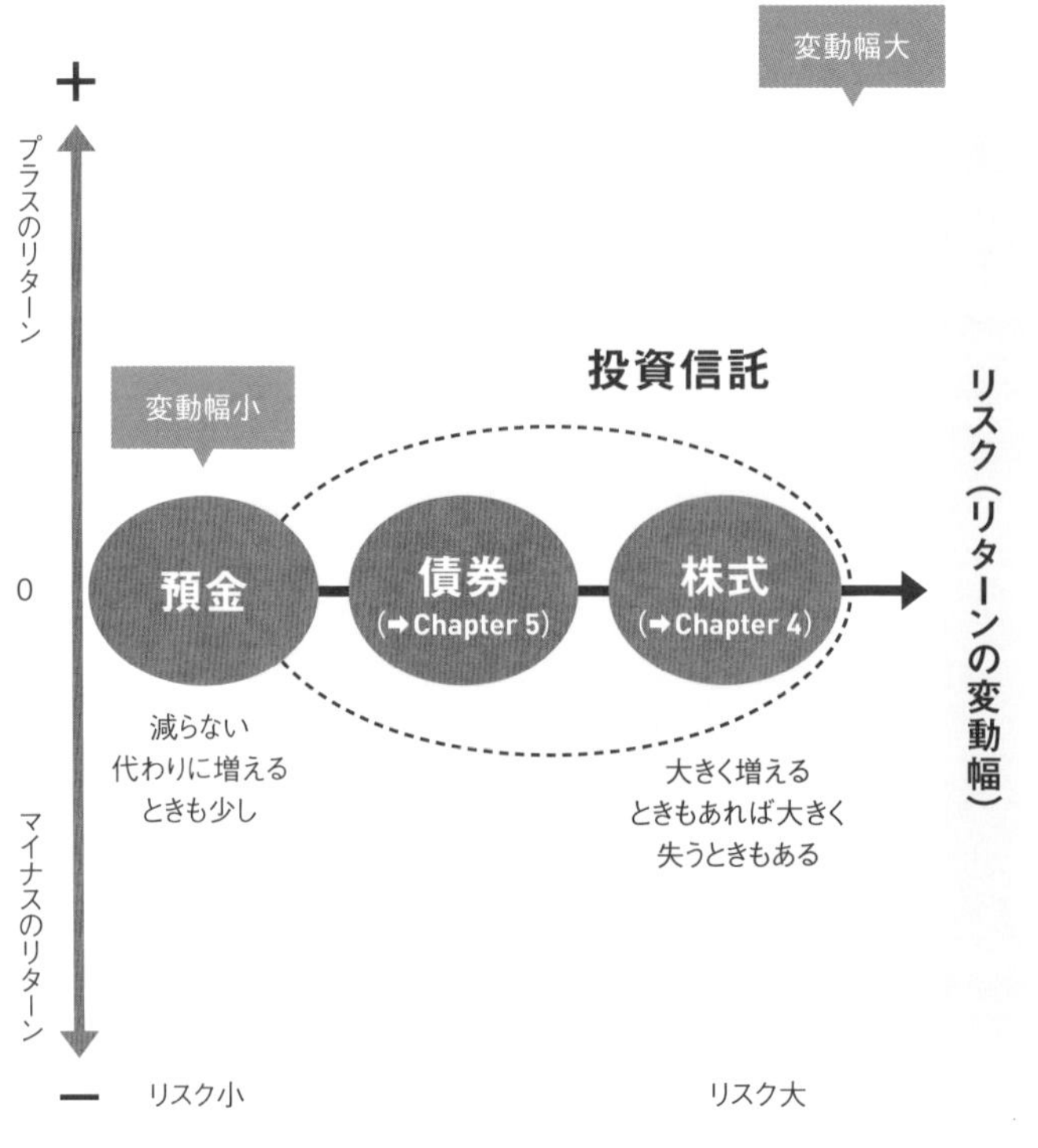

どんなリスクがあるか

さまざまなリスク要因によって、金融商品の価値は変動します。リスクをやみくもに恐れる必要はありませんが、どんな原因によって損益が生じるかを知っておくことは大切です。

価格変動リスク

国内外の政治や経済の状況など、さまざまな影響を受けて投資商品の価値が変動する

為替変動リスク

為替レートの変動によって投資商品の資産価値が上下する

流動性リスク

投資商品を売買したくても、需要がなくて売れない、あるいは供給がなくて買えないなどが起こる

カントリーリスク

投資した国の政治状況が変わったり、戦争・紛争などが起こることにより価値が変動する

信用リスク

株式や債券を発行している企業や国などの状況が悪化し、株価が下がったり利息が支払われなくなる

金利変動リスク

預貯金、債券の価格に影響する

※金融商品の種類などによってさまざまなリスクがあります。

自分のリスク許容度を知る

リスクの高い商品では、投資で損をしてしまうことも大いにあり得ます。どの程度までだったら損をしても耐えられるかを「リスク許容度」と言います。投資を楽しむには、自分のリスク許容度を知っておくことが重要です。

どの程度だったら生活に
支障をきたさずにいられるか
という「資金面」と、
心理的に耐えられるかという
「心理面」の、双方の観点から
判断するよ

リスクの許容度を測る要素

	とてもそう思う	まあそう思う	どちらともいえない	あまりそう思わない	まったくそう思わない
将来の備えが計画的にできている					
目標額までの時間がしっかりある					
投資の経験がある					
多少値下がりしても計画通り持ち続けられる					

※左にチェックが多いほど、リスク許容度も高くなります。その他、家族構成や資産、年収なども判断のポイントとなります。家族が少なく、資産や年収が多いほどリスク許容度は上がる傾向にあります。

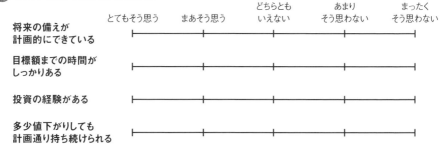

8

投資に影響する要素

景気とは何かを知る

景気がいいときはお金がよく働いている

投資家は政府の金融政策や為替、株価、物価に敏感。景気のよしあしは、投資と非常に関係が深いのです。好景気のときは企業活動が活発になって、企業は銀行から活動資金を借ります。すると利息によって銀行の収益もアップします。労働者の賃金も上がるので消費が活発化し、お金が市場によく回るようになります。お金を管理している日本銀行は金利を上げて、市場に出回っているお金を回収しようとします。不景気のときは逆のことが起こります。

また、好景気のときは不動産価格が上がって、債券価格は下がります。このように、投資商品の価値は景気の波によって変動しています。

景気の波は繰り返す

世の中の景気は、悪くなったら悪くなりっぱなしということはありません。長い目で見るとまるで波のように、好況と不況を一定の期間で繰り返しています。これを景気循環といいます。

● 景気の波（景気循環）の動き

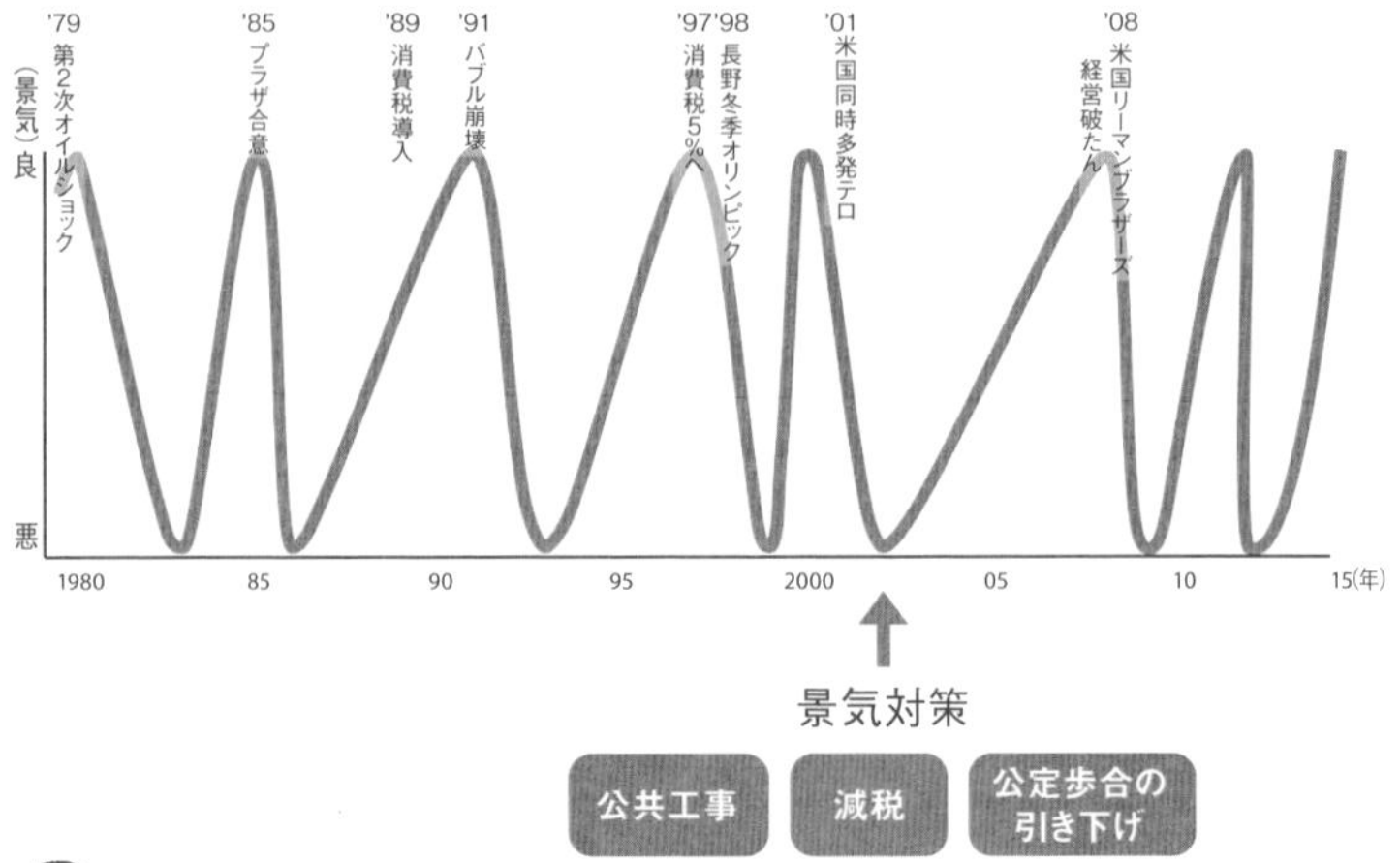

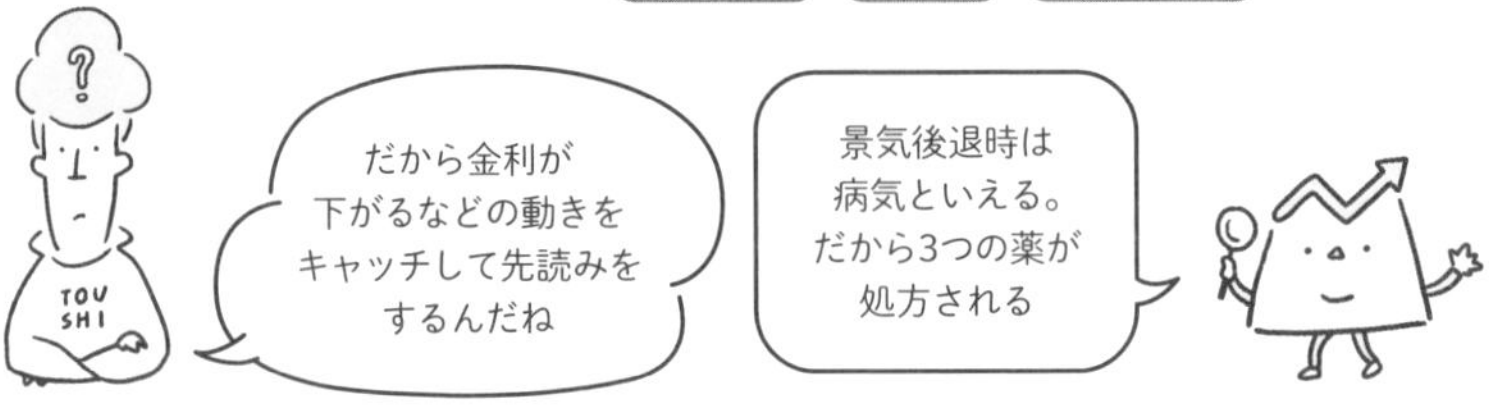

好景気と不景気の仕組み

好景気、不景気のとき、市場がどのような動きをしているか見てみましょう。

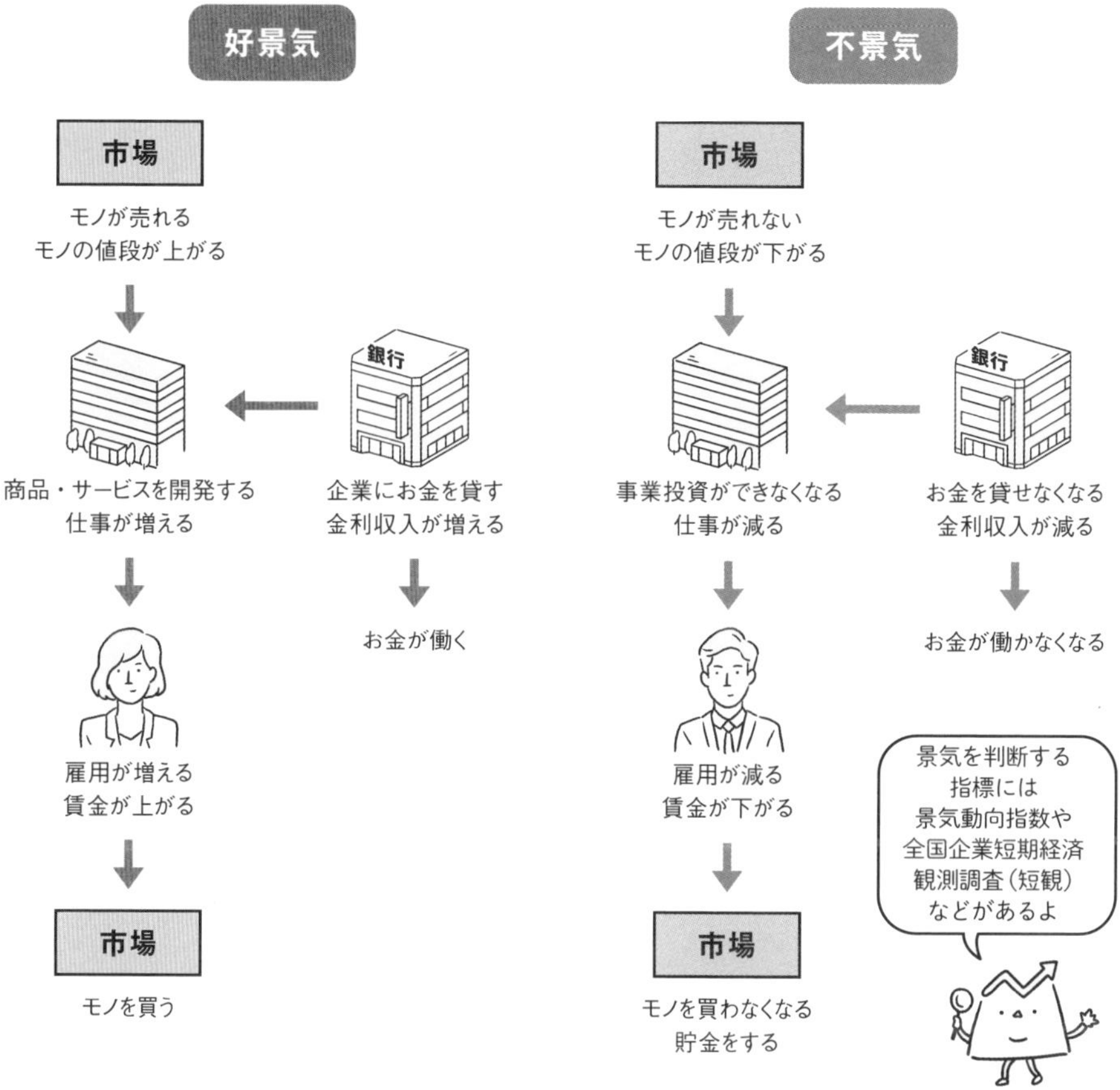
好景気
市場
モノが売れる
モノの値段が上がる
銀行
商品・サービスを開発する
仕事が増える
企業にお金を貸す
金利収入が増える
お金が働く
雇用が増える
賃金が上がる
市場
モノを買う
不景気
市場
モノが売れない
モノの値段が下がる
銀行
事業投資ができなくなる
仕事が減る
お金を貸せなくなる
金利収入が減る
お金が働かなくなる
雇用が減る
賃金が下がる
市場
モノを買わなくなる
貯金をする
景気を判断する
指標には
景気動向指数や
全国企業短期経済
観測調査（短観）
などがあるよ

Q&A

Q 好景気といわれても実感がわかない。これってどういう状態?

A インフレにはよいインフレと悪いインフレがあります。日銀が2%のインフレを目指すのは、景気を回復させ、お金を社会に循環させるための政策です。需要が増えると物価が上がり、関連企業は利益が出るので従業員の給与が上がり、その従業員がまたお金を使うというように社会にお金が回っていくのがよいインフレです。一方、物価は上がるが給与が上がらないままのインフレは悪いインフレといえます。こちらの場合は、原材料不足などによって跳ね上がった原材料費をカバーするため物価上昇が起こり、モノが売れないので給与も上がらず、社会にお金が循環しません。

9

投資に影響する要素

お金そのものの価値が変動する

景気の変動により お金の価値が変動する

景気の変動により、お金の価値が変動します。こういうと難しく感じますが、例えば、物価が上がり、それまで千円で2つ買えていたものが1つしか買えなくなることがあります。つまり、千円の価値が目減りするわけです。

　消費者の心理としては「これ以上値段が上がる前に」と早めに多く買おうとします。すると消費が活発になって企業の収益が上がり、株価も上がりやすくなる。このように投資にも影響が及びます。一方、お金の価値は下がっているわけですから、預貯金をしても実質、目減りすることになります。

1000円が1000円でなくなる？

モノの価値はさまざまな理由で上がったり下がったりします。例えば魚が高くても、肉が安くなるというように、商品の種類によってもばらつきがあります。1000円の価値を比較してみましょう。

平均的な年　1000円で2尾の魚が買える

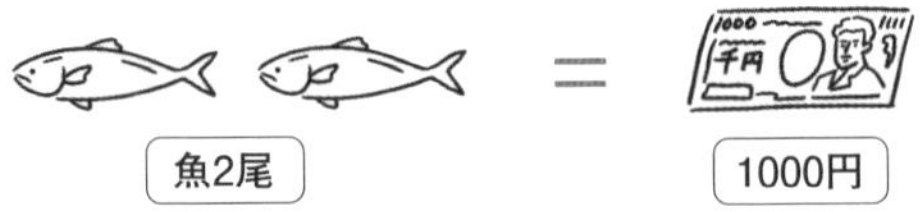

今年は大漁だ　1000円で4尾の魚が買える

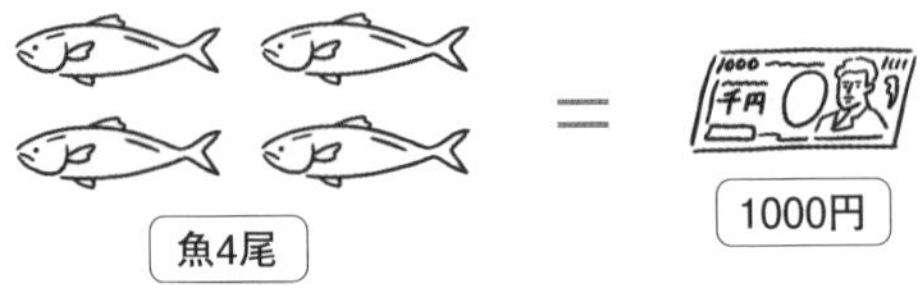

欲しい人よりモノが多い
モノが余るので安くなり、
ふだんの2倍買える

今年は不漁だ　1000円で魚1尾しか買えない

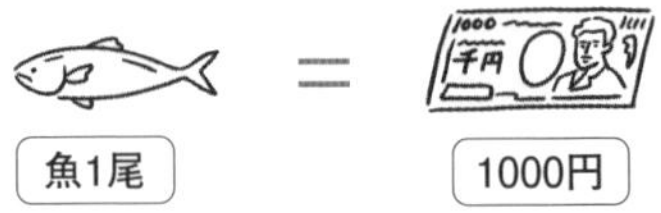

モノより欲しい人のほうが多い
モノが足りないので値段が上がる

P モノ・サービスの値段は需要と供給のバランスで決まる

インフレとデフレの仕組み

右ページで紹介したように、モノの値段の変化が一部に限られていれば、お金の価値には影響しません。しかし、市場全体で価値が変化すれば、結果的に、お金そのものの価値にも影響を与えます。モノが高くなり、お金の価値が目減りした状態をインフレ、反対にモノが安くなってお金の価値が上がった状態をデフレといいます。

	インフレ	デフレ
需要と供給	需要＞供給	需要＜供給
景気	よくなる	悪くなる
物価	上がる	下がる
お金の価値	下がる	上がる
金利	上昇	下降
生活	企業活動が活発になる ↓ 給料が上がる ↓ 消費が活発になる ↓ お金が市場に回る ↓ 企業活動が活発になる ↓ さらに景気がよくなる	企業が儲からない ↓ 給料が下がる ↓ 買い控えが起こる ↓ お金が市場に回らなくなる ↓ 企業が儲からない ↓ さらに景気が悪化 （デフレスパイラル）

Q&A

Q 何がきっかけでこうなるの？デフレスパイラルって？

A 景気はよくなったり悪くなったりの上下変動を常に繰り返しているもの。モノの値段もそれによって上がったり下がったりするのが普通です。しかし、何かの理由で、景気と価値変動に歯止めがかからなくなることがあります。これがデフレの方向に動いた状態がデフレスパイラルです。景気が悪くなって買い控えが起こり、モノの値段が下がって企業が儲からなくなる、そしてさらに景気が悪くなるという、悪循環を繰り返してしまうのです。例えば日本は長らく、リーマンショックを契機としたデフレスパイラルの中にありました。また、新型コロナウイルスの感染拡大により、すでに多くの企業が倒産や業績悪化に追い込まれています。この問題は、今後長期間にわたって世界経済全体に暗い影を投げかけることが予測されています。

10

投資に影響する要素

円高と円安の意味

世界の中での日本円の価値

海外の通貨に対して、日本円の価値が高くなることを「円高」、低くなることを「円安」といいます。

この「円高か円安か」ということは貿易に大きな影響を及ぼします。円高になると海外のものが安く買えるため、輸入に有利。反対に、円安になると海外に高く売れるので輸出にメリットが出ます。これまで輸出に力を入れてきた日本は、円安を喜ぶ傾向がありますが、デメリットにも目を向けなければなりません。

例えば、日本は多くのモノを輸入品に頼っているので、円安になれば物価が上がります。また海外に投資が向かうので、日本の債券や株式の価格が下がる傾向にあります。

円高・円安で見る為替変動リスク

円と、ドルなどの外貨の交換比率が為替です。為替は需要と供給のバランスによって、常に変動しています。この為替変動によって、金融資産の価値が上がったり下がったりすることを為替変動リスクといいます。

● 毎月1万円ずつ米ドル建てで貯金しているとき（利息、手数料含まず）

	1ヵ月目	2ヵ月目	3ヵ月目	4ヵ月目	5ヵ月目
積み立てた円	1万円	1万円	1万円	1万円	1万円
為替レート	107円	108円	109円	110円	111円
貯まっているドル	93.45ドル	92.59ドル	91.74ドル	90.90ドル	90.09ドル

円安が進むとドルの積立額は減っていく。

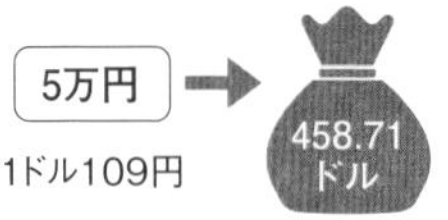
5万円
1ドル109円
458.71
ドル

1ドル111円のときに日本円に戻すと5万916円になる
1ドル107円のときに日本円に戻すと4万9081円になる

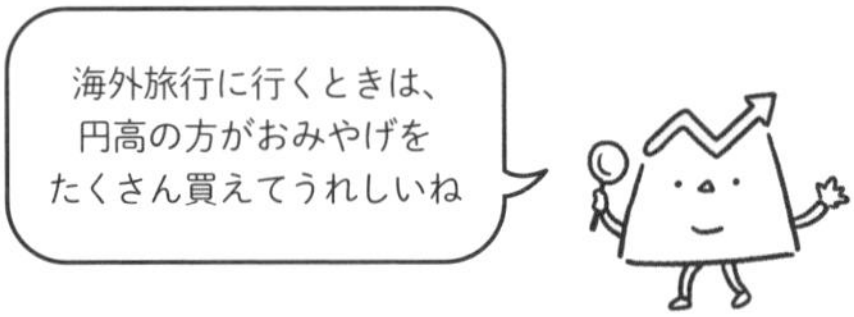
海外旅行に行くときは、
円高の方がおみやげを
たくさん買えてうれしいね

1ドル・1ユーロに対する円の価値

世界ではドルやユーロが基軸通貨となっています。どう変動するか予測することはできませんが、変動によって経済に大きな影響を及ぼします。

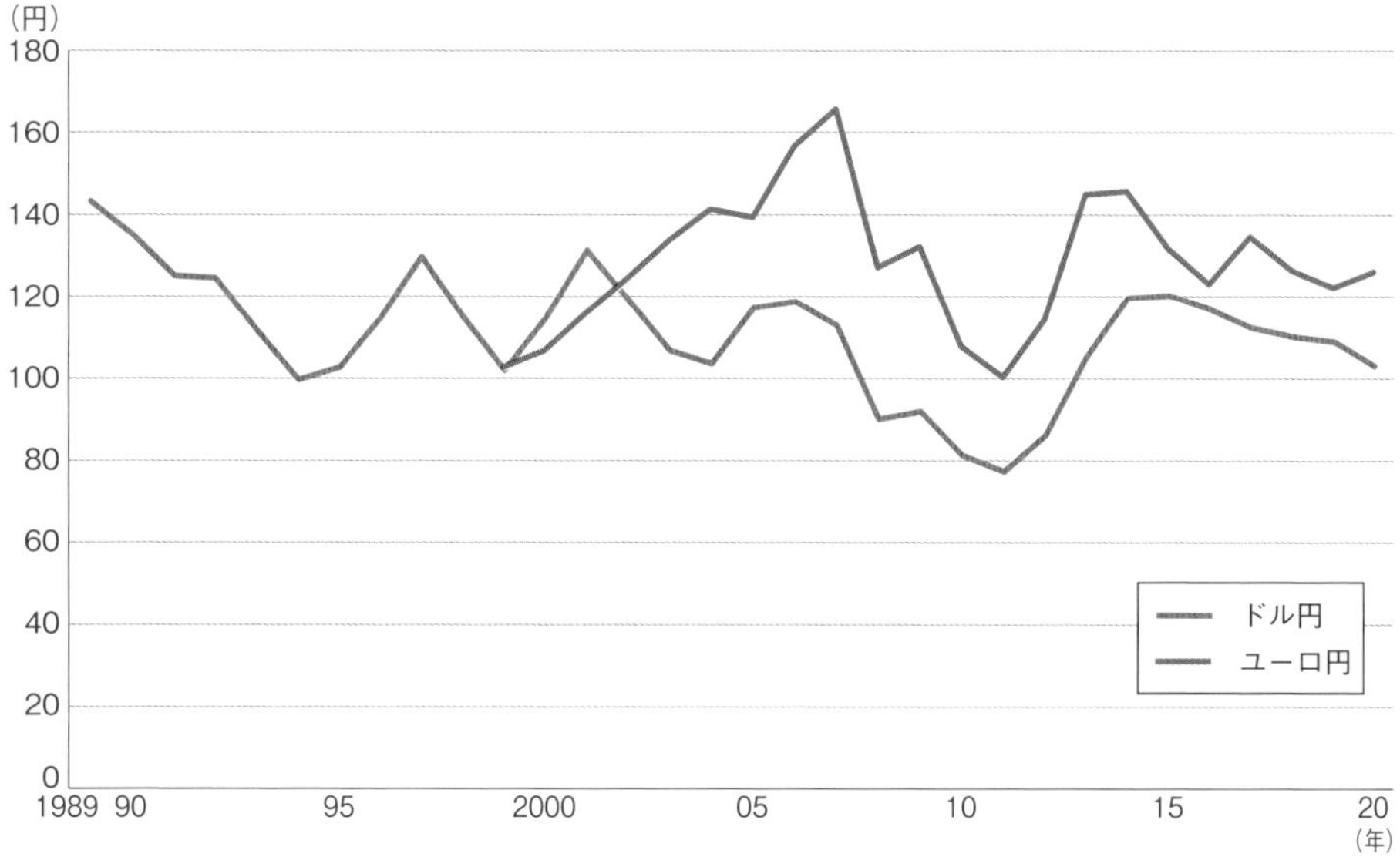

※12月末の終値

Q&A

Q 日本の債券や株式しか買わないなら円高や円安は気にしなくていいの?

A 一般的に為替変動リスクとは、為替レートの変動によって換金するときに損する可能性があることを指します。日本の債券や株式を購入するなら、換金によるリスクを気にする必要はありません。しかし、為替相場の動きとなると話は異なります。為替相場と株価は連動したり、また円安のときに株高といった、反対の動きをすることがあります。日本企業の債券価値や株価も影響を受けるので、為替相場に目を配っておくことは大切です。

11

投資の基本姿勢

長期投資で時間を味方につける

基本は長期でも短期と使い分けるのも大事

運用で利益を得るには短期間で運用する短期投資と、短期的な値動きには目を向けず、資産を長期にわたって持ち続け、価値が上がるのを待つ長期投資があります。

株式の値動きを狙った投資は大きく儲けられる可能性もありますが、リスクもあります。長期投資はすぐに大きな見返りを得ることはできませんが、リスクを分散できるほか、複利の効果で安定した利益を得ることができます。例えば老後資金など、ライフプランを見据えての資産運用をするときに有効です。一方、長期間資産が拘束されるので、長期と短期をうまく組み合わせるのがよいでしょう。

短期投資と長期投資のイメージ比較

投資には、短い期間で大きな利益を狙う短期投資と、長期にわたって少しずつ利益を得る長期投資があります。

● 短期投資は値上がり益で利益を得る

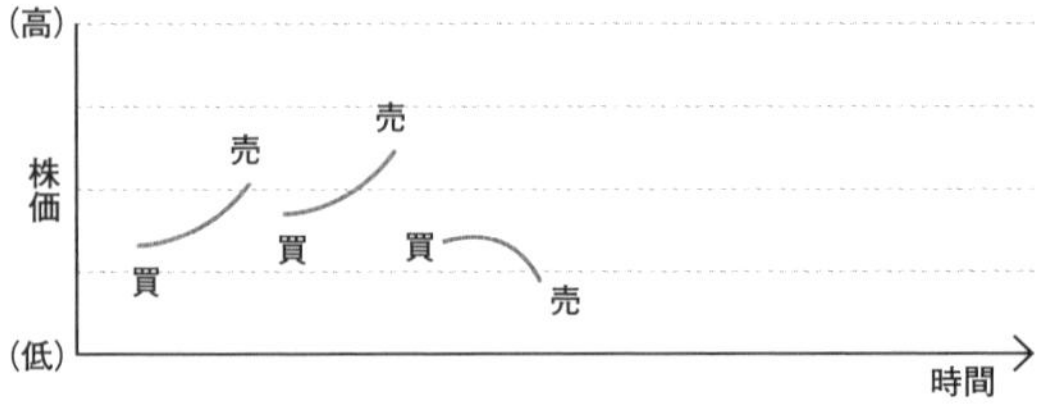

● 長期投資は値上がり益＋配当が期待できる

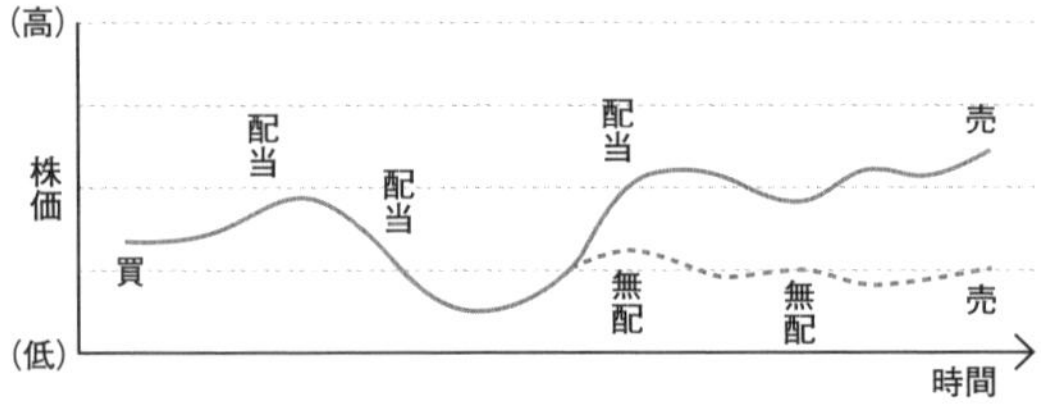

短期投資と長期投資の一長一短

短期投資と長期投資のメリット・デメリットを比較してみましょう。自分の場合はどちらに向いているでしょうか。ライフプランやリスク許容度、守るお金なのか増やすお金なのかなどによっても変わってくるでしょう。

	短期投資	長期投資
期間	秒単位での売り買いから デイトレード、スイングトレードなど	3～5年、10年単位
リターン	日々の値動きを追って、売買差益を得る	長期的な値上がりによる売却益 配当や株主優待、利息など
メリット	短時間に大きな利益を得られる	日々の変動に一喜一憂しなくて済む 複利の効果が見込める リスクコントロールがしやすい
デメリット	損失が大きくなる可能性がある ひんぱんに値動きを見る必要がある 売買ごとに手数料がかかる	利益が得られるまでに時間がかかる 期間が長いので、価格変動のリスクもある 長期に保有することで運用コストがかかる

プラスα

世界のGDPと平均収益率で見る長期投資

GDP

1980年以来、世界のGDPは右肩上がりで推移しています。リーマンショックなどの波はあるものの、長い目で見れば、世界経済は成長し続けているのです。1年後、数年後がどうなっているのかは不確実ですが、世界を視野に、長期的な視点でお金を働かせて利益を得ることは十分可能です。
もう1つ、年平均収益率で比較してみましょう。短期投資では利益が多い場合と少ない場合に、大きな差が出ることが見てとれます。一方、長期投資ではブレがなく、安定した利益が得られることがわかります。

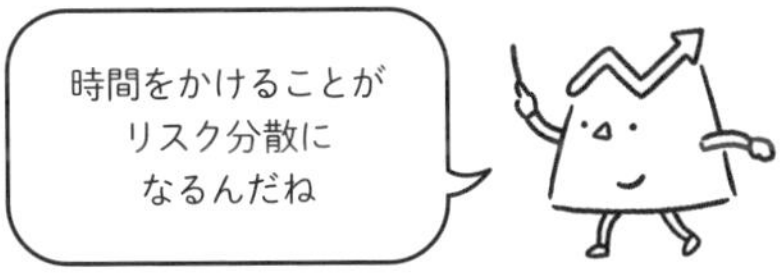
時間をかけることが
リスク分散に
なるんだね

12

投資の基本姿勢

分散投資でリスクも分散させる

金融商品の持つ特徴と運用時間の双方を分散

金融商品には、預金から株式、債券、投資信託などいろいろな種類があります。それぞれ特徴があり、リスクとリターンの大きさも商品によって異なります。またその中でも、銘柄や運用母体、国などの違いによる種類があります。それぞれ、経済の動向や国勢などにより、異なるタイミングで価値が上がったり下がったりしているわけです。

さまざまな商品を組み合わせて投資することを、分散投資といいます。大きな金額を1つの種類に一度に投資すると、投資金をすべて失いかねません。そこで、投資金をいくつかに分けて複数に投資することで、リスクを分散させるのです。

卵を1つのカゴに盛らない

この格言は、投資の基本姿勢を示す説明によく使われます。卵を別々に盛っておくことは、いくつかの商品に分散投資をして、リスクを分散させることを意味するのです。

このカゴを落としたら
10個の卵がダメになる

1つのカゴを落としても
ほかの8個の卵は守られる

2つの商品を
合わせると
振れ幅が小さく
なってる

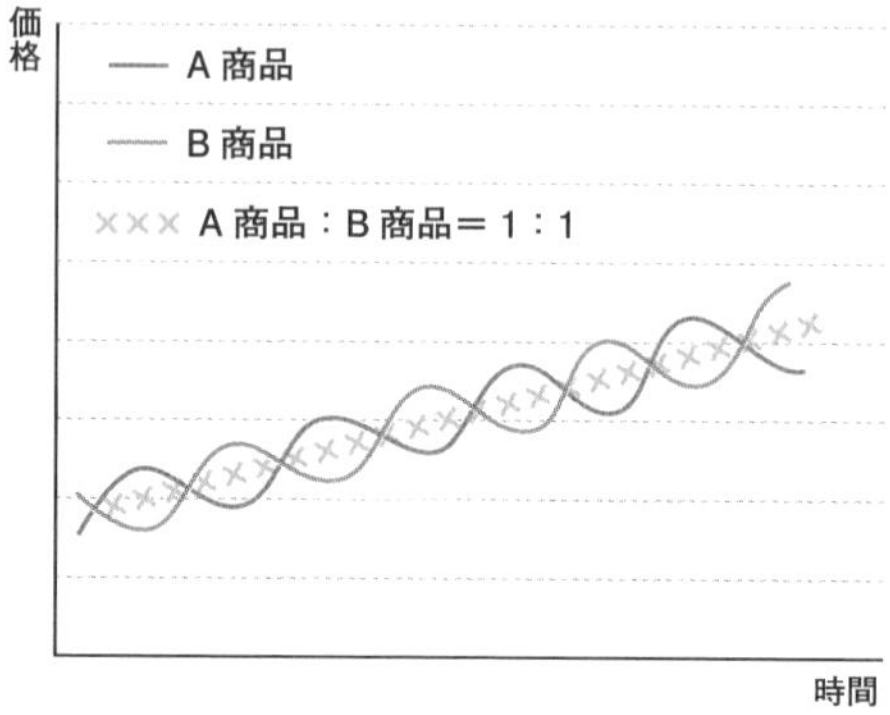
価格
— A商品
— B商品
××× A商品：B商品＝1：1
時間

組み合わせるときのポイント

- 運用商品の流動性…運用商品がすぐに現金化できるかどうか
- 運用商品の投資リスク…下がったとき、どの程度の損失があるか
- 運用商品の予定収益率…年間の利益はどれくらいか

分散のさせ方

右のページで見た分散を金融商品の例で見てみましょう。

1つだけだと一気に
すべてを失う可能性がある

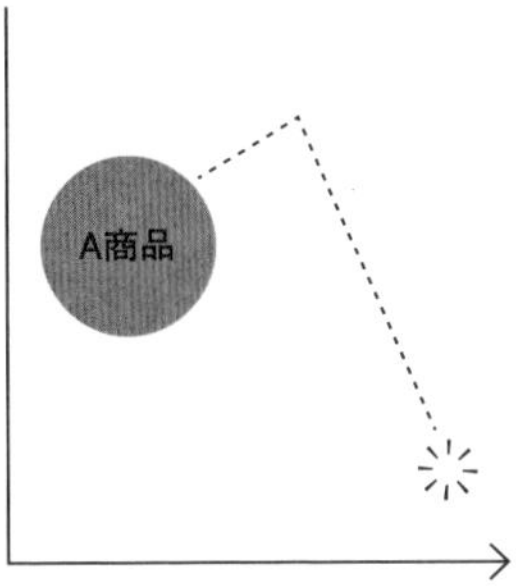

複数のものを持っていると
1つが落ちてもほかは守られる

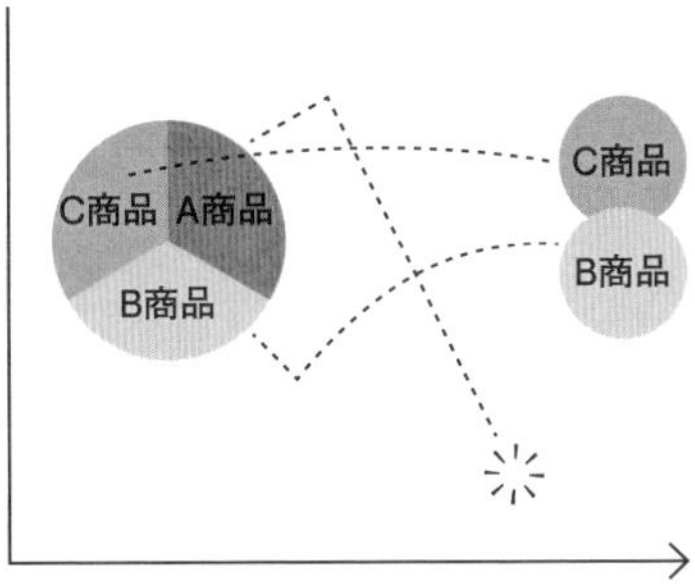

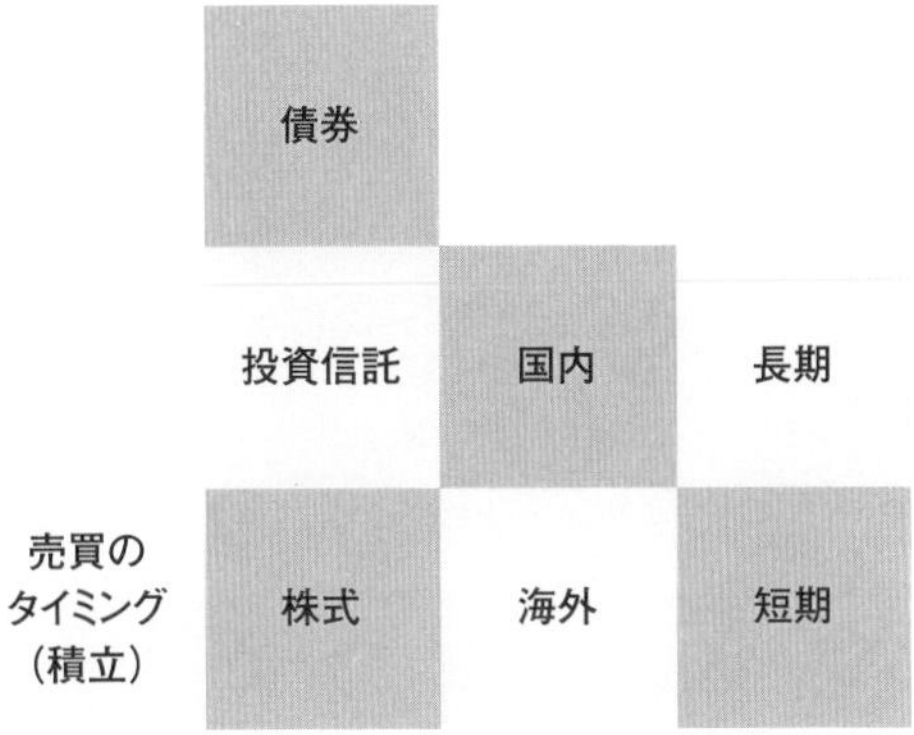

Q&A

Q 分散投資に向く商品は何ですか？

A 分散投資では、できるだけ違う特徴を持つ金融商品に投資するのが基本です。具体的には、「①国・地域を分散させる」「②株式や債券など、商品を分散させる」「③円・ドルなど通貨を分散させる」「④積立などで時間を分散させる」という4つの方法があります。
例えば、①「国の分散」と②「商品の分散」など、複数を掛け合わせて投資するとよいでしょう。①と②の例なら、国内株式・日本国債・外国株式・外国債という4つの金融商品の組み合わせができます。

13

投資の基本姿勢

積立購入で価格変動リスクを回避

投資を小分けにし リスクを分散させる

分散投資の方法の中でも、時間によるリスク分散効果を狙ったのが、積立投資です。積立投資とは、定期的に金融商品を購入する方法のこと。

例えば、1口1万円の株式を5万円分購入するとします。一括で買うと、値下がりした場合は損失を被ることになります。しかし積立投資では、毎月1万円で価格が高いときには0・8口分、安いときには1・2口分といったふうに、同じ金額分を買い続けます。その結果、最終的に少ない金額で5口以上を買うことができます。

このように積立投資は、値動きの影響を減らして、安定した利益を得られるところに特徴があります。

コツコツ買い足すのがお得

同じ金額を投資しても、一括で買うのか、長期にわたって積み立てていくかでは、結果に違いが出てきます。一括で買う場合は、安いときに買い、値上がりしたときに一気に売ることで、大きな利益が期待できます。一方で、日々の値動きに一喜一憂し、売るタイミングを逃すと大きな損をするリスクも。積立はあまり値動きを気にせず投資でき、結果として安定した利益を得られるというメリットがあります。

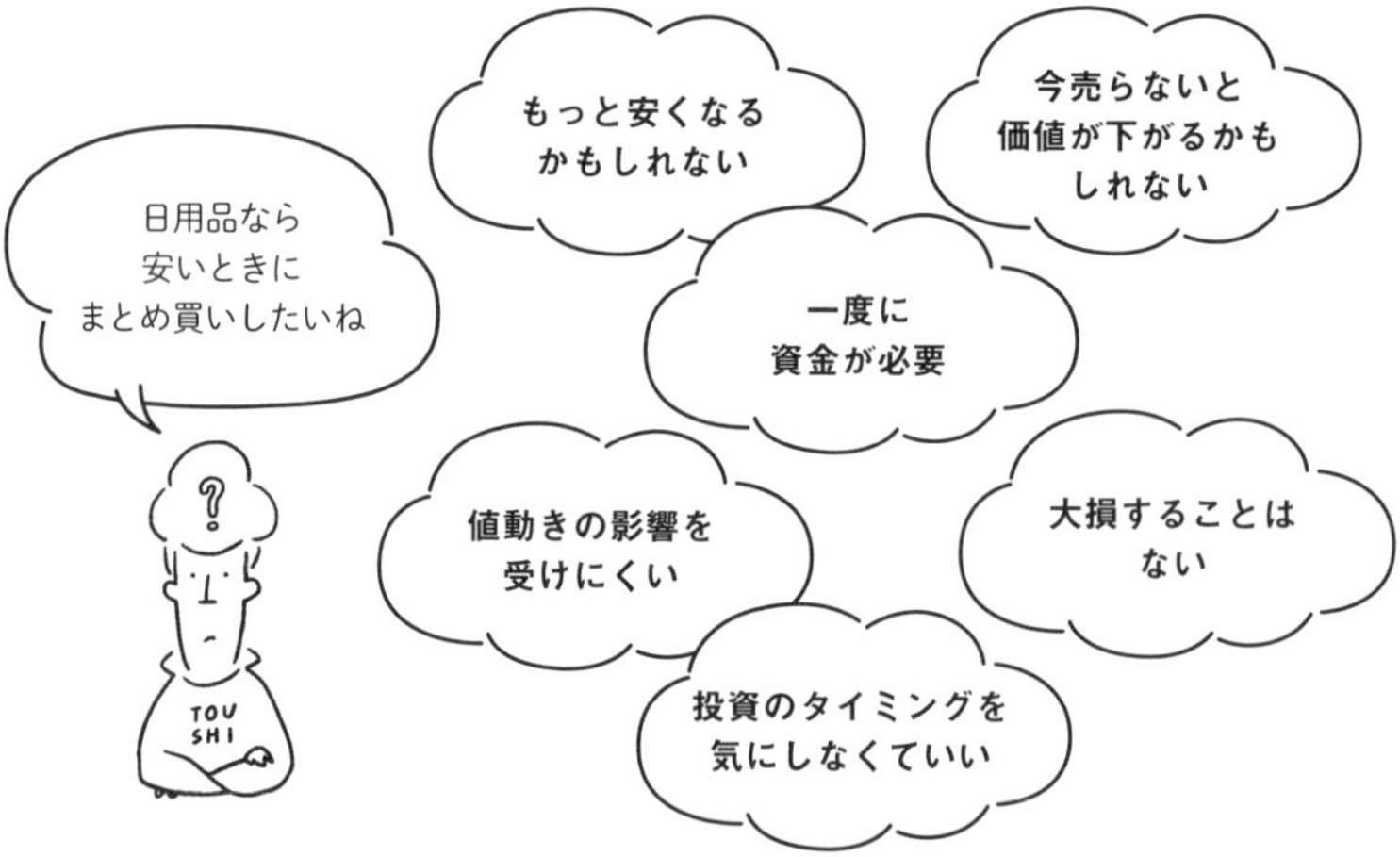

	一括	積立
メリット	短期間で大きなリターンが狙える	投資にかける手間が少ない 複利効果が得られる 値動きのリスクが分散できる
デメリット	まとまった投資資金が必要 リスクが大きい 値動きを注視する必要がある	リターンが小さい 手数料などのコストがかかる

定額購入と定量購入のシミュレーション

価格が変動する金融商品を、定期的に一定額で購入していくのが「ドル・コスト平均法（定額購入）」。価格の高いときは口数が少なく、安いときは口数を多く購入できます。投資信託を例に違いを見てみましょう。

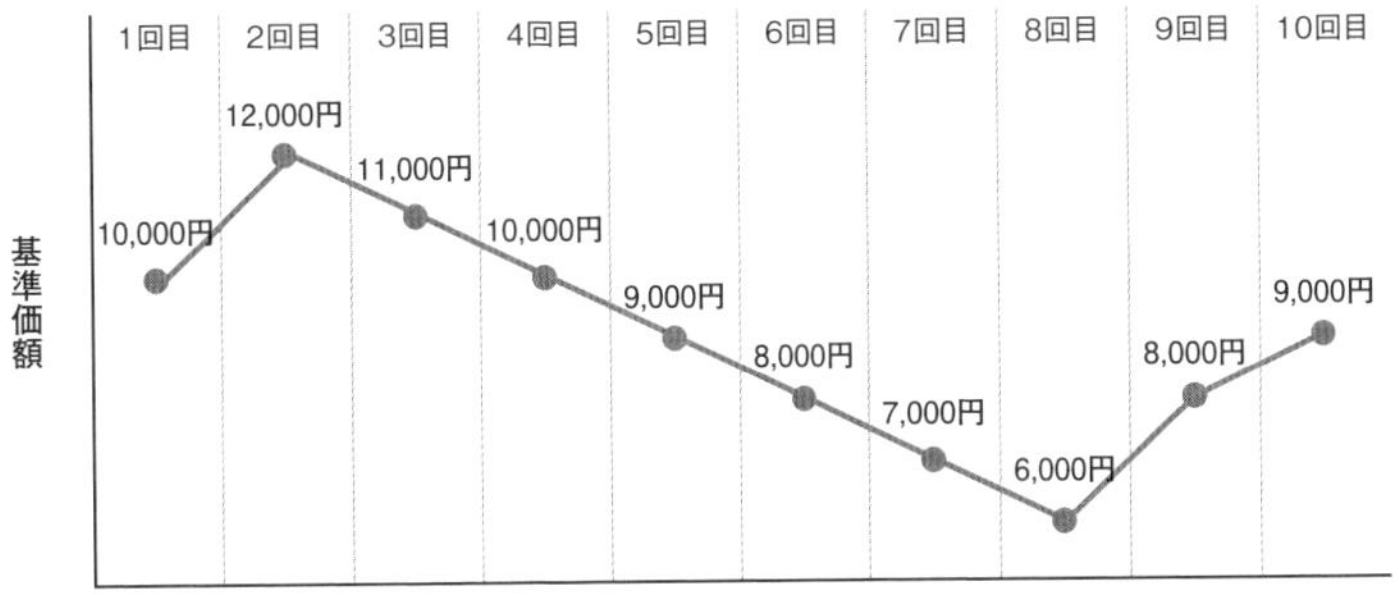

ドル・コスト平均法で積立購入	購入額	10,000円	10,000円	10,000円	10,000円	10,000円	10,000円	10,000円	10,000円	10,000円	10,000円	合計 100,000円	150,274円
	購入口数	10,000口	8,333口	9,090口	10,000口	11,111口	12,500口	14,285口	16,666口	12,500口	11,111口	口数の合計 115,596口	基準価額13,000円のときに売却すると
定量購入	購入額	10,000円	12,000円	11,000円	10,000円	9,000円	8,000円	7,000円	6,000円	8,000円	9,000円	合計 90,000円	130,000円
	購入口数	10,000口	10,000口	10,000口	10,000口	10,000口	10,000口	10,000口	10,000口	10,000口	10,000口	口数の合計 100,000口	

※購入は10,000口単位（1口1円）、税金や手数料は考慮していません。

定量購入に比べて定額で購入できた口数の方が多くなっている。
これを仮に基準価額1万3000円のときに売ると、
定量購入では13万円、定額購入では約15万円になる。
基準価額の上がり下がりがあっても定額購入（ドル・コスト平均法）
によりリスクを減らす効果が表れている

プラスα

分散投資でリスク軽減

リスクのある金融商品を購入するときに、心がけておきたいのが「金融商品（銘柄）の分散」、「地域（通貨）の分散」、「通貨の分散」そして「時間（期間）の分散」という4つの考え方です。同じ商品や銘柄に偏ってしまうと、価格が下落したときの逃げ道がなくなってしまいます。株式や債券、投資信託などそれぞれ異なった金融商品や銘柄を複数選び、円だけではなくドルやユーロといった通貨についても分散することでリスクを減らすことが可能になります。「時間の分散」にあたるドル・コスト平均法は、一度に投資するのではなく時期をずらしていくことでリスクを減らします。

もちろん、分散投資をしたからといってリスクが0になるということではありません。ともかく、まとまった資金で1つの金融商品を一時に購入するのは、リスクの高い投資になるので避けておきましょう。価格の上がり下がりに一喜一憂せずに、時間を味方にした長期投資がリスク軽減の決め手になるでしょう。

14

主な金融商品をさくっと解説

株式投資の仕組み

詳しくは
Chapter 4

自分で見つけたものが育つ楽しみ

株式投資は、証券取引市場に上場している企業の株式を売買したり配当や株主優待で利益を得ることです。

証券取引市場とは、株式の売買専門の市場。東京証券取引所（東証）の一部は基準が高く、経営の安定した優良企業でなければ上場できません。また、二部はそれに次ぐ企業が名を連ねる市場。そのほか、成長が期待される新興企業を扱うジャスダック、マザーズなどがあります。

株式は証券会社を通じて注文します。株式を購入すると投資家は株主となり、株主総会での議決権を行使したり企業の収益の一部を「配当」によって受け取れるほか、「株主優待」を受けられる場合もあります。

古くからある投資の形

P.34でも触れたように、ヨーロッパの大航海時代に発明された株式は、投資方法の中でももっとも有名で基本的な方法です。企業が事業を行うためのお金を投資し、成功して利益が出ればその分け前を配当という形で受け取ります。

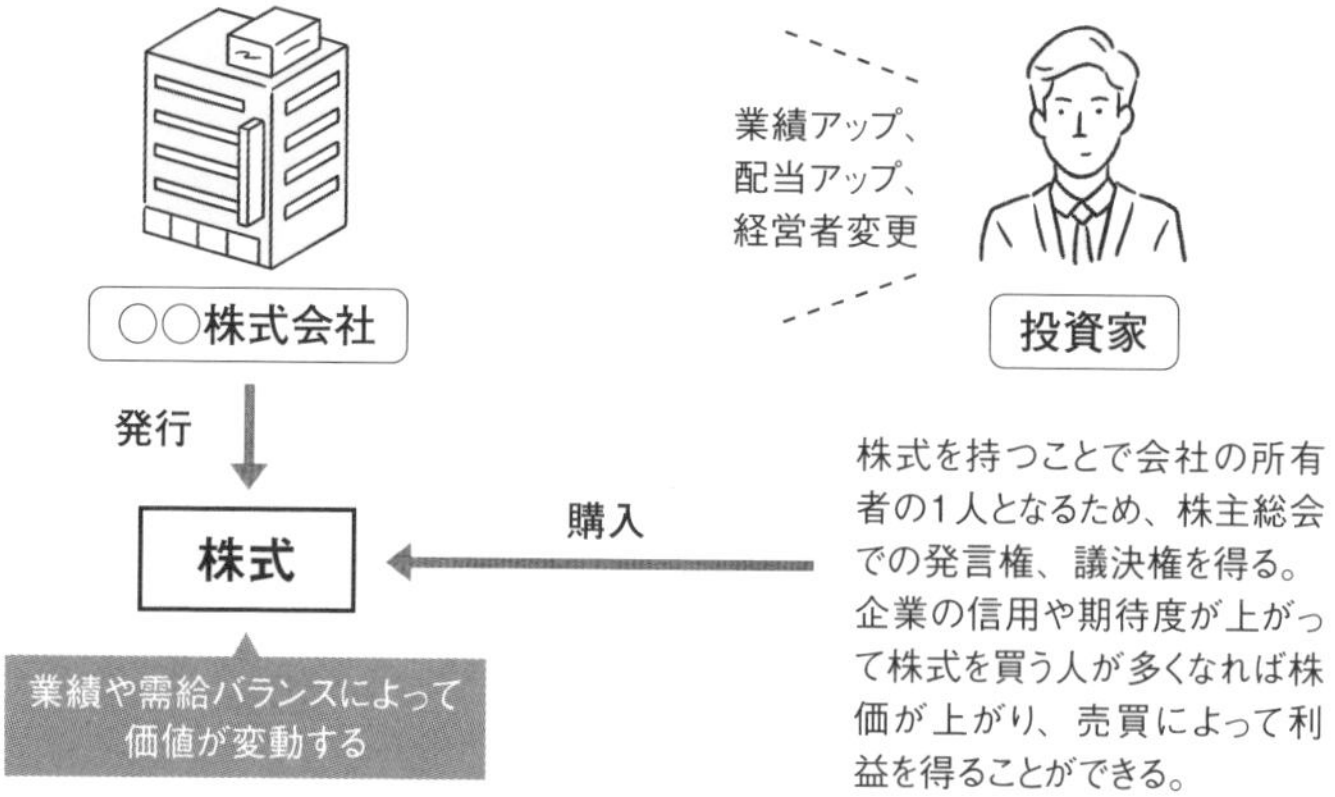
○○株式会社
業績アップ、
配当アップ、
経営者変更
投資家
発行
株式
購入
株式を持つことで会社の所有者の1人となるため、株主総会での発言権、議決権を得る。企業の信用や期待度が上がって株式を買う人が多くなれば株価が上がり、売買によって利益を得ることができる。
業績や需給バランスによって価値が変動する

株式会社の形態

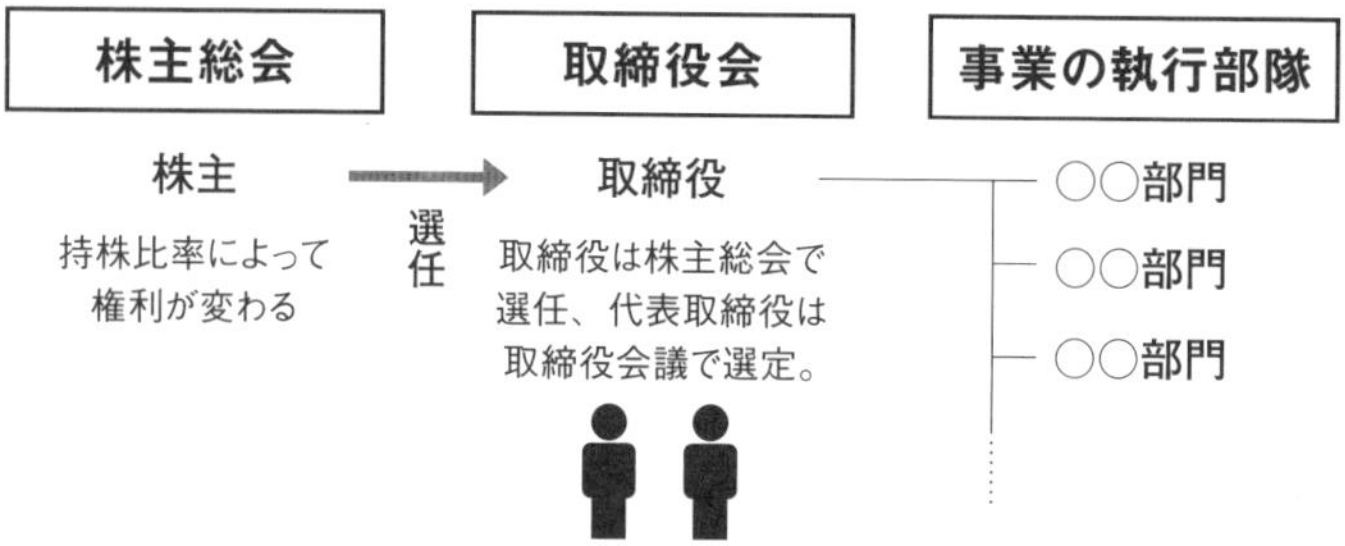
株主総会
取締役会
事業の執行部隊
株主
持株比率によって権利が変わる
選任
取締役
取締役は株主総会で選任、代表取締役は取締役会議で選定。
○○部門
○○部門
○○部門

収益性・安全性・流動性の評価表

将来性ある製品・サービスを提供する企業の株式を購入して、値上がり益や配当を得るのが株式投資のメリット。その反面、株価の値下がりや経営破綻などのリスクが伴うことを理解しておく必要があります。

収益性 ★★★	**配当金や売却益、株主優待も** 値上がりによる売却益が大きく、株式保有時には企業の利益の状況に応じて配当金がもらえる。また、お金に換算すると高い利回りとなる株主優待を設けている企業もある
安全性 ★☆☆	**経営破綻すると価値ゼロに** ライバル社の台頭や為替動向、景気後退や企業の不祥事など、さまざまな要因により業績が悪化すると、配当金が出ない無配や減配となり、最悪の場合、経営破綻すると株式は無価値になる
流動性 ★☆☆	**株価に左右される売却のタイミング** 株式を売ったお金が入るのは約定した日を含めて3営業日目。また買い手がいなかったり、株価が下がっていたら売却を断念することも。急いで準備するような資金としてはアテにできない

景気・金利・為替リスクの評価表

好景気であれば株価は上昇。株価が上がると金利も上がるのですが、やがて借入金利の負担で企業業績に悪影響を与えることも。また、為替の動きも輸出型企業、輸入型企業それぞれに大きな影響をもたらし、株価が動く要因になっていきます。表は目安で必ずしもこうとは限りません。

景気		金利		為替	
好景気	不景気	上昇	下降	円高	円安
株価↑	株価↓	株価↑	株価↓	輸出企業 株価↓ 輸入企業 株価↑	輸出企業 株価↑ 輸入企業 株価↓

Ⓟ 株価は経済の動きに連動する（イメージ）

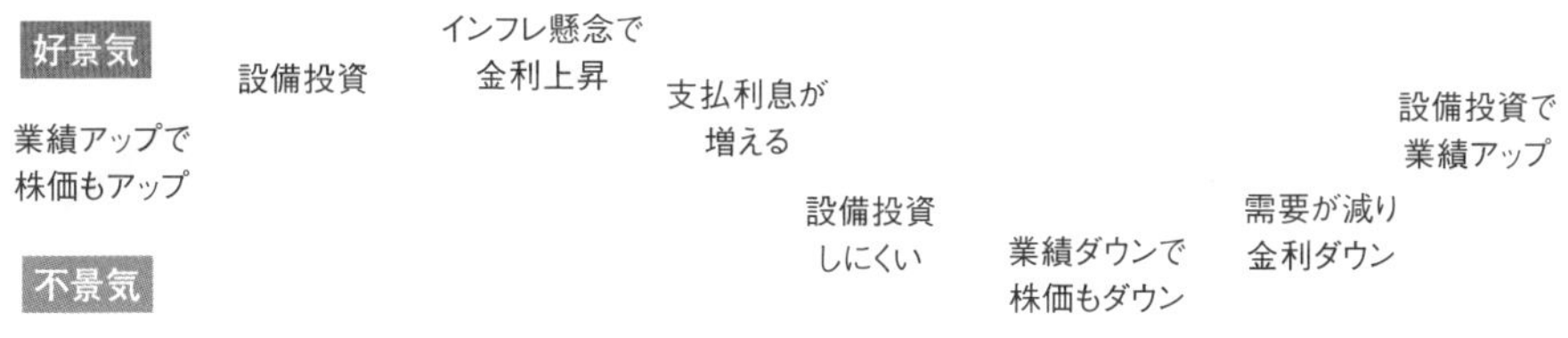

好景気
不景気
設備投資
インフレ懸念で
金利上昇
支払利息が
増える
設備投資
しにくい
業績ダウンで
株価もダウン
需要が減り
金利ダウン
設備投資で
業績アップ
業績アップで
株価もアップ

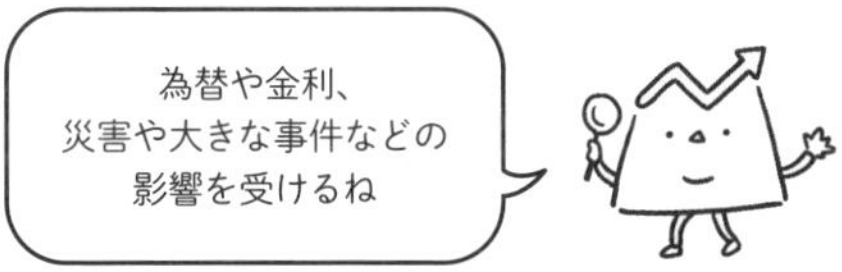

為替や金利、
災害や大きな事件などの
影響を受けるね

15

主な金融商品をさくっと解説

債券投資の仕組み

詳しくは
Chapter 5

守りの投資
安心感は抜群

債券とは、国や企業が市場から資金を借りるために発行する有価債券。期限が来たら額面金額が返済されます。債券を持っている間には利息を受け取るのが一般的です。

債券も証券会社などで購入します。国や地方自治体、政府関係機関が発行する公社債、民間企業が発行する社債、外国債などがあります。

安定しているのが債券の大きな魅力ですが、発行元である国や企業の状況・業績が悪くなると、利息が支払われなくなったり、お金を返してもらえなくなるリスクもあります。また途中で解約する際の価格変動リスクや、外国債については為替変動リスクも有します。

お金を貸して利息をもらう

国や企業に、あらかじめ利息の額と満期（償還日）を決めてお金を貸します。一定の期間で決まった利息が得られるほか、償還日には満額を返してもらえます。また、途中で換金することも可能です。債券が値上がりしていれば売却益を得られます。

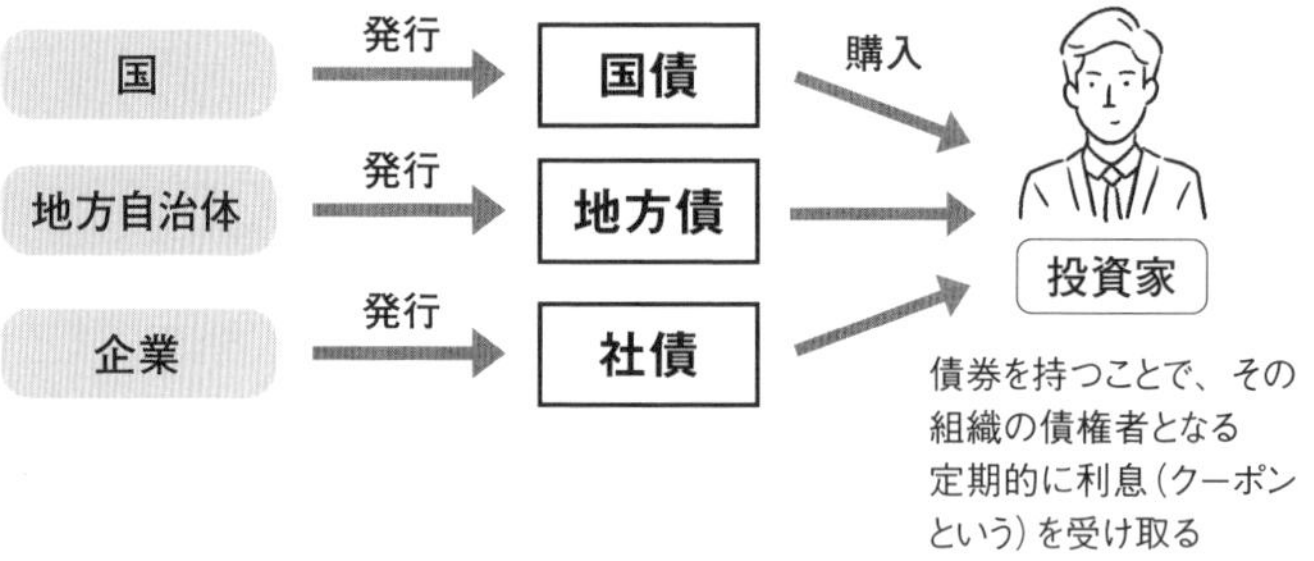
国
発行
国債
購入
地方自治体
発行
地方債
企業
発行
社債
投資家
債券を持つことで、その組織の債権者となる
定期的に利息（クーポンという）を受け取る

貸したお金は満期（償還日）が来たら返ってくる

● 個人向け国債の場合

	固定3年	固定5年	変動10年
満期までの期間	3年	5年	10年
購入単位	1万円	1万円	1万円
発行	毎月	毎月	毎月
金利のタイプ	固定金利・年2回	固定金利・年2回	変動金利・年2回
金利	0.05%	0.05%	0.05%
下限金利	0.05%	0.05%	0.05%

※2020年12月発行国債の金利

10年が
変動金利なのは
インフレリスクに
対応するため

収益性・安全性・流動性の評価表

債券投資といっても、国債をはじめとする安全性の高い公共債がある一方で、企業が発行する社債や外国債にはそれぞれ異なったリスクが存在します。企業の信用度や為替変動、価格変動の要因などを確認しておきましょう。

収益性 ★☆☆	**安全性が高いほど利回りは低め** 信用度（格付け）の高い社債や国や地方自治体が発行する公共債の利回りは低めだが、信用度の低い企業が発行する社債の利回りは高めになる
安全性 ★★☆	**国内の公共債は安全、外国債にはリスク** 公社債は満期（償還日）まで保有すれば約束された利息が支払われる。ただし、金利が高くても発行体の信用度の低い社債や為替変動に影響される外国債はリスクあり
流動性 ★★☆	**中途解約は価格変動リスクあり** 中途解約では市場金利が反映される。金利の上昇局面では市場価格が下がるため売却損になることも。また、債券を売ったお金が入るのは約定した日を含めて3営業日目

信用・金利・為替リスクの評価表

債券投資は、利息や償還金の受け取りが約束されていますが、外国債は利息や償還金、中途解約での為替変動が大きなリスクとなる可能性があります。また社債は、企業の信用度が低いほど高い金利で発行される仕組みになっています。

発行体の信用		金利		為替	
高い	低い	上昇	下降	円高	円安
金利↓	金利↑	価格↓	価格↑	金利↓	金利↑

Ⓟ 利付債と割引債

債券には、利息の支払い方法により「利付債」と「割引債」があります。利付債は、発行時に決められた利息を定期的（年2回程度）に受け取り、満期には約束された額面金額が償還されます。割引債は、途中での利息受け取りがない代わりにその分を割り引いた安い価格で債券が発行され、満期には約束された額面金額で償還される仕組みです。

Ⓟ 社債選びには「格付け」チェック

社債の発行価格や利率は、発行体の信用度が大きく反映します。信用度は格付会社が評価する「AAA」などの格付けで判断することができます（ただし、格付けが高いから100%安全とはいえません）。

16

主な金融商品をさくっと解説

投資信託の仕組み

詳しくは
Chapter 6

さまざまな金融商品の詰め合わせ

投資信託は「ファンド」ともいい、株式や債券などさまざまな金融商品を組み合わせた金融商品のこと。どの金融商品に投資するかは、運用の専門家であるファンドマネージャーが考え、投資家は、その運用から得られる利益を受け取ります。

小さな資金から始められるほか、自分で考えなくても、専門家が運用率を高められるように分散投資してくれるので、投資の手間や時間がかからない、初心者にはおすすめの投資法といえるでしょう。

投資信託は銀行や証券会社で扱っています。手数料が安いところや無料（ノーロード）の商品を選ぶ視点も必要です。

少額で複数商品に投資できる

投資信託には、「販売」「運用」「資産の保管」をそれぞれ受け持つ専門会社が関わっています。運用会社は、多くの投資家から集めたお金をまとめ、株式や債券といったさまざまな金融商品を組み合わせて投資します。販売会社は、その組み合わせである投資信託の商品を投資家に販売。また、信託銀行が、運用資産の保管・管理を行っています。

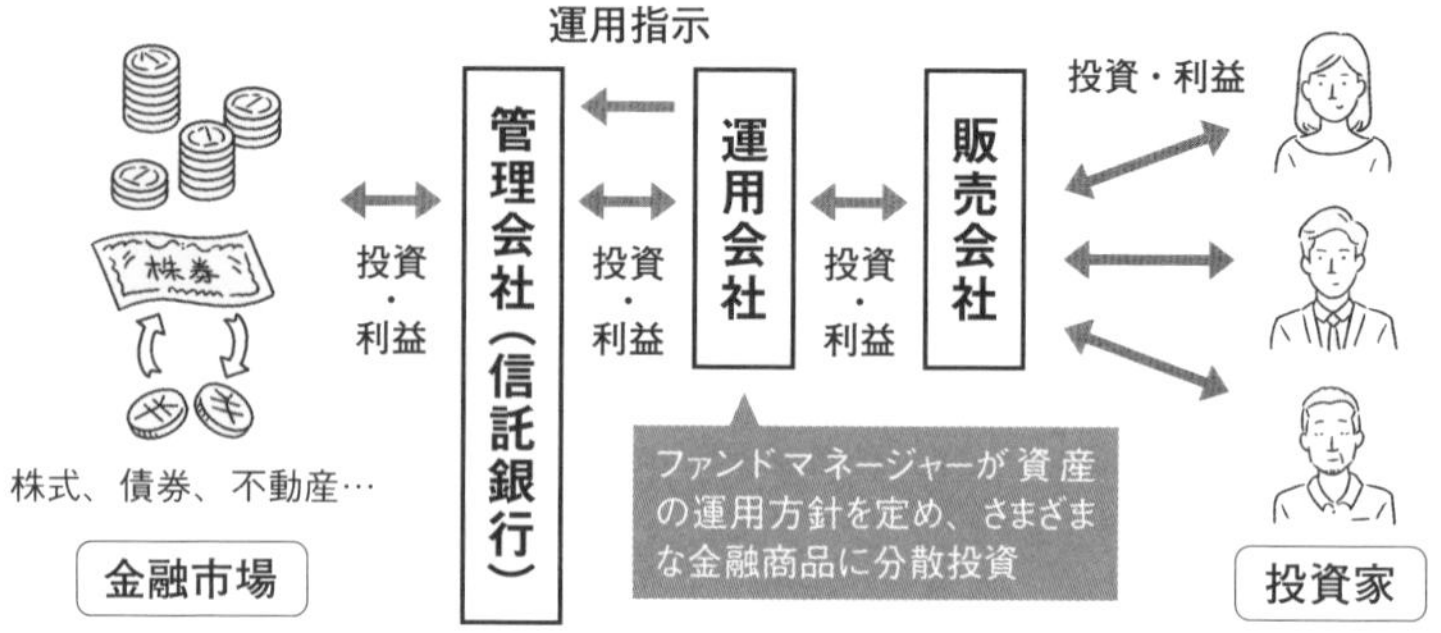

運用のプロが投資家の代行で運用する

メリット
- 少額から投資できる
- 運用方法を考える必要がない
- 分散投資でき、リスクが低い

デメリット
- 購入時・保管中・売却時それぞれに手数料などがかかる
- 短期間での大きなリターンは見込めない

販売会社は次の3つ

証券会社 （店舗・ネット証券）	銀行、郵便局、 保険会社	運用会社 （自社の商品の販売も行う）

収益性・安全性・流動性の評価表

公社債や株式、不動産などに投資する投資信託は、専門家による運用や分散投資によるリスク軽減が図られており、高い収益を得る可能性のある金融商品です。まずは、投資信託の特性を知って、値動きに一喜一憂することなく長期投資を心がけることが大切です。

収益性 ★★☆	**運用コストの確認を** 投資信託の時価である「基準価額」が上がっていれば売却益を得られ、保有中の分配金も期待できる。また、iDeCoやNISAの活用では税制優遇が利益アップにつながる。ただし、購入時や保有期間中の手数料が割高だと逆に収益性を下げる要因となる
安全性 ★☆☆	**リスク度合いはそれぞれ** 1つの投資信託にさまざまな銘柄の株式や債券を組み入れてリスク軽減をしているが、預貯金のような元本保証はない。株式投資信託に比べて、株式を組み入れない公社債投資信託の安全性は高い
流動性 ★★☆	**目標額を決めて換金も** 投資信託の基準価額は1日ごとに変わる。資金が必要なときに値上がりしているとは限らないので、利益目標を決めてそれに達したときに換金するのも手。投資信託は、保有する一部のみの売却も可能

景気・不動産・為替リスクの評価表

投資信託には、国内外の株式だけではなく国内外の債券や不動産も投資対象として含んでいる商品が多く揃っています。そのため、景気や為替、不動産の価格や収益状況といったさまざまな要因によって運用が左右されます。

景気		不動産価格		為替	
好景気	不景気	上昇	下落	円高	円安
基準価額↑	基準価額↓	基準価額↑	基準価額↓	金利↓	金利↑

プラスα

リターンにリスクはつきもの

高いリターンを期待できる株式投資はリスクも高くなり、リターンの低い国内債券はリスクも低くなります。つまり、大きな利益を得られてリスクの低い金融商品はないということです。公的年金の積立金も投資の基本である「金融商品（銘柄）の分散」「地域（通貨）の分散」「通貨の分散」「時間（期間）の分散」により、リスク軽減を図りながら運用しているのです。

プラスα

不動産投資信託REIT

不動産への投資信託では、投資家から資金を集め、オフィスビル、マンション、商業施設を購入し、出た利益を分配します。国内の不動産は「J-REIT」と呼ばれます。実物の不動産を購入するのと違って流動性が高く、投資信託の中ではリターンが大きいといえます（実物の不動産を持つわけではありません）。

17

その他の金融商品

不動産・金・FXの特徴

詳しくは
Chapter 7

リスクが高い「番外編」の商品

金融商品にはこれまで紹介してきたもののほかにも、不動産や金、FXなどがあります。また最近では、暗号資産（仮想通貨）など新しい金融商品も生まれています。それぞれ特徴があり、短期的に大きなリターンが見込める商品もあります。興味があればしっかり勉強しましょう。

これから投資を始めようという場合は、もう少しリスクが低く、長期的に分散投資できる、投資信託や株式などに投資しながら、世の中の流れと金融商品の動きがどのように連動しているか、理解を深めてみましょう。

現物に投資する不動産・金

不動産や金を実際に保有し、賃料収入を得たり、金の値上がりを待って売却益を狙う方法もあります。金については、現物を持たずに、金の値動きを予想し、決済で利益を得ようとする方法もあります。

不動産

- 不動産を購入し、毎月の家賃収入を得る
- 売買して差益を得られる可能性もある
- 保有中は固定資産税や管理費などの経費がかかる
- 値下がりや空室のおそれがある
- 不動産の購入に多額の資金が必要。あるいはローンを組む必要がある

金

GOLD

- 相場価格で購入して保有する
- 相場が上がったときに売って利益を得ることもできる
- 世情が不安定になると価値が上がる
- 少額からの積立のほかに、金の現物（金《きん》地《じ》金《がね》や金貨など）を購入する方法もある
- 利息や配当はつかない。金の価値そのものだけ

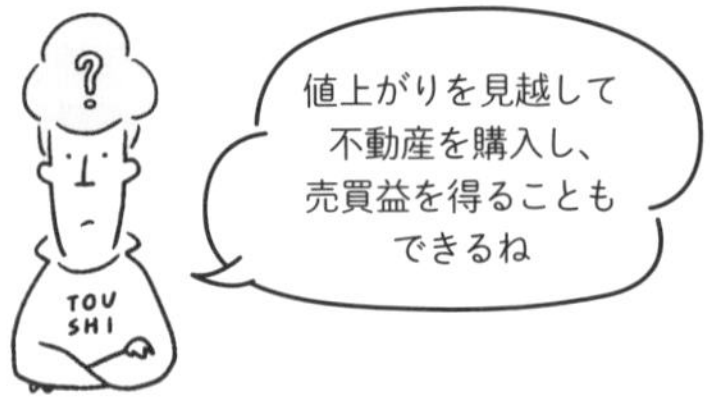
TOU
SHI
値上がりを見越して
不動産を購入し、
売買益を得ることも
できるね

投機のFX、先物取引、暗号資産

FXとは外国為替を使う運用法で、例えば円高のときに外貨を買い、円安のときに売るなど、為替変動によって利益を得る仕組み。証拠金というお金を担保に、最大その25倍のお金を取引することができます。

FX

- ☑ 外国為替証拠金取引のこと
- ☑ 実際の通貨の売買はせず、取引の結果だけが反映される
- ☑ 為替レートの変動を利用し、安く買って高く売ることで利益を出す
- ☑ レートの動きを見て売買する
- ☑ 最大25倍までのレバレッジを利かせることができ、小さな額で大きな取引ができる
- ☑ 金利差を利用したスワップポイントという投資法もあり、保有している間は金利差に応じた利息が毎日つく

先物取引

- ☑ 短期的
- ☑ 売買差益で利益を見込む
- ☑ 証拠金を使って元金以上の取引を行うのでハイリスク

暗号資産

- ☑ 法定通貨ではない通貨
- ☑ 値動きが大きく決済手段向きではない
- ☑ 価格変動による差益で利益を見込む

プラスα

株価指数や先物への差額取引CFD

現物での取引ではなく、証拠金を預けて差額だけをやりとりするものをCFDといいます。FXもCFDの一部です。金や先物など商品を扱うか、株価指数などを扱います。レバレッジを利かせた取引なので、利益が出るときも損失を出すときも大きいこと、ほぼ24時間取引できることも特徴です。

Q&A

Q 投資と投機は何が違うの?

A 投資とは、例えば株式のように、会社の成長を見越して、その活動資金の一部を提供すること。業績が上がれば利益を得られます。一方で、業績が悪化して出資金を失うリスクもあります。いっぽう投機は「機」、つまりチャンスにお金を投じるということです。株式などの値動きを見ながら、下がったときに買い、上がったときに売って、差額で儲けます。将来の値動きが見通せるわけではないので外れることも多く、リスクの大きいやり方です。

美術品や宝飾も
投資の対象とされる
ことがあるよ。
お店で購入するほか、
オークションや
ファンドもある

18

まずはここから!

証券会社に口座を開く

ネット証券なら PC・スマホで申し込める

株式、債券、投資信託いずれの金融商品でも、取引専用の口座を開設する必要があります。銀行や保険会社、証券会社などで受け付けています。

どの金融機関で投資を行うかは慎重に選びましょう。金融機関ごとに力を入れている商品分野が異なり、それぞれにメリット・デメリットがあるためです。品揃えや手数料、サービス体制などを見比べて、満足できるところを選びましょう。

おすすめはネット証券です。取り扱い商品も幅広く、手数料も割安に設定されている場合が多いためです。申し込みもPCやスマホから気軽にできます。ただし約款や書類、注意事項はよく確認しましょう。

ネットで口座を開く

ネット証券での口座開設は難しいものではありませんが、間違えないよう1つひとつ確認しながら入力していきましょう。ここではSBI証券の例を紹介しています。

STEP1 口座を開きたい証券会社にアクセスする

STEP2 連絡用のメールアドレスを送る

STEP3 届いた証券コードを入力する

STEP4 住所などを入力し、各種規約などを確認する

特定口座

- **開設する**
（源泉徴収あり。原則確定申告が不要）
- **開設する**
（源泉徴収なし。確定申告が必要）
- **開設しない**
（源泉徴収なし。確定申告が必要）

STEP5 口座開設方法を選ぶ

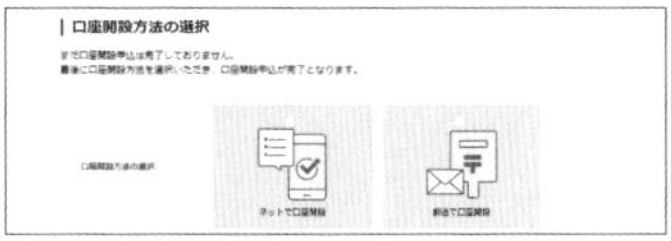

STEP6 ユーザーネームとログインパスワードが送られてくるので、ログインする

STEP7 口座開設状況の「書類の提出」から自分のやりやすい方法を選択する

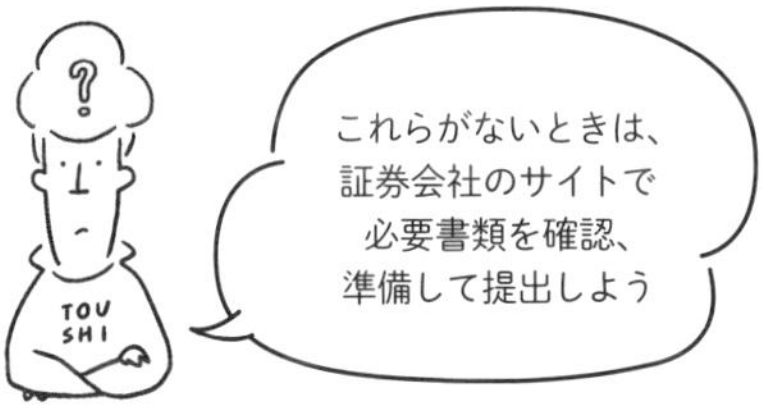

マイナンバー ｜ 通知カード ｜ 運転免許証

マイナンバーか、マイナンバーの通知カードと運転免許証をスマホで撮影してネットで送れば書類のやり取りなしで手続きできる

Q&A

Q 連携しているネット銀行の口座も開設した方がいい？

A ネット証券と同じグループの銀行があれば、銀行口座も同時に開設しておくのがおすすめです。「マネーブリッジ」といって、株式や投資買付時に銀行に預けているお金が使えるためです。また連携することで銀行口座の年利が有利になるなどいろいろな特典が利用できます。サービス内容は証券会社によって異なるので、チェックしてみましょう。

証券総合口座に入金し取引準備が完了

口座を開設したら、買付を行うためのお金を入金しましょう。銀行などから入金すると、自動的に証券総合口座の中にあるMRFにお金がプールされます。MRFとは投資信託の一種で、安全性の高い公社債などで運用されています。証券口座に入金したお金でMRFを購入し、投資信託を購入する際に、解約して買付代金に充当する仕組みです。

また、これと似たものにMMFがあります。これも投資信託の一種ですが、別途購入申し込みが必要です。例えば外国株式や債券などの運用益を外貨建てMMF（主に米ドル）として持っておくことで、為替変動リスクの対応策になり便利です。

売買以外にかかる手数料

投資の手数料には売買にかかるもの以外にどんなものがあるのでしょうか。それぞれ把握しておきましょう。

口座管理

運用管理費用（信託報酬）

投資信託を運用、資産の保管管理にかかる費用。保有資産の額に応じて一定率がかかり、利率は販売会社や商品によって異なる。

保管振替

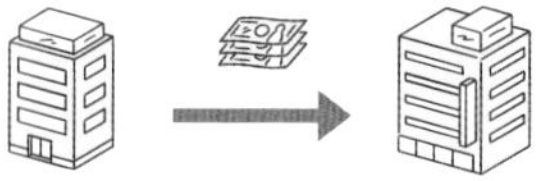

保振移管の手数料

資産を別の証券会社に移すときにかかる手数料。販売会社や商品、口数によっても異なる。

プラスα

運用効率を示すシャープレシオ

リスクとリターンのバランスを示す指標が「シャープレシオ」。投資信託の商品説明の欄で確認できます。「（ファンドの平均リターンー安全資産利率）÷標準偏差」の式で求めますが、大ざっぱにいえば、数値が大きいほど運用効率がよいということ。投資信託を選ぶときに評価のポイントとなるほか、保有している商品の数値を確認しておくとよいでしょう。

「口座管理」を活用する

投資を始めたら、こまめに口座管理画面をチェックする習慣をつけましょう。1つには、自分の資産の状況を把握するため。また、投資商品の状況は刻々と変わります。必要に応じてリバランス（P.168）するなどのメンテナンスも行いましょう。

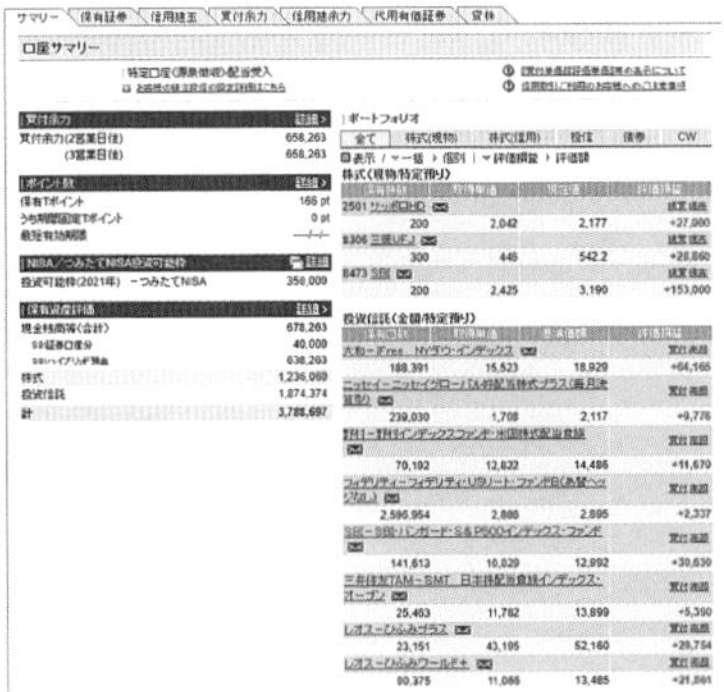

できること

- 資産のポートフォリオを確認できる
- 取引履歴を確認できる
- トータルリターンを確認できる

保有する金融商品を確認する

口座管理の「保有証券」画面では、保有金融商品の内訳や評価損益合計などを確認できます。「買付余力」画面では口座の残高をチェックすることができます。

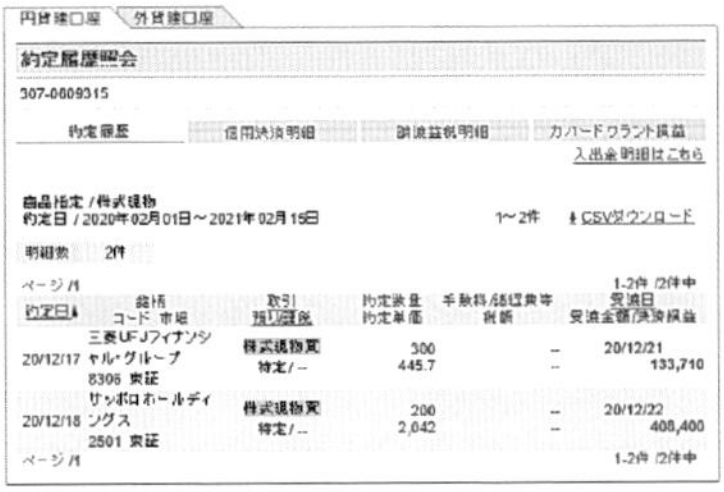

できること

- 保有資産と内訳、残高などを資産ごとに確認できる
- 評価損益を資産ごとに確認できる
- 買付余力を資産ごとに確認できる

トータルリターンサマリーを確認する

投資では、保有している金融商品の評価額、購入金額や売却金額、分配金も含めたトータルリターンで見ることが大切です。

できること

- 現在の評価額＋累計売却金額＋累計分配金額＋累計買付金額のトータルリターンが確認できる
- これまでの投資でどれほどの損益になっているかがわかる

スマホで口座を開く

手順はパソコンでの操作と同じです。操作画面が少し違うだけです。

① 証券会社に
アクセスする

② 連絡用の
メールアドレスを送る

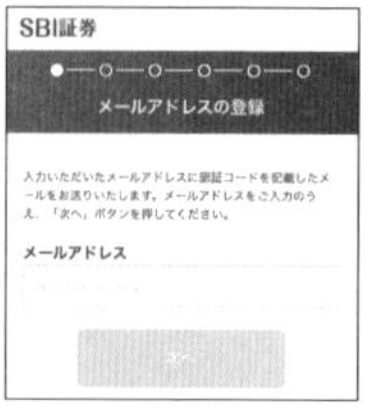

③ 届いたコードを
入力する

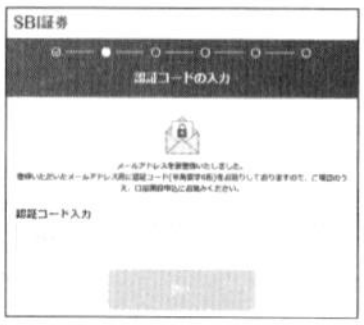

④ 住所などを入力し、
各種規約を確認する

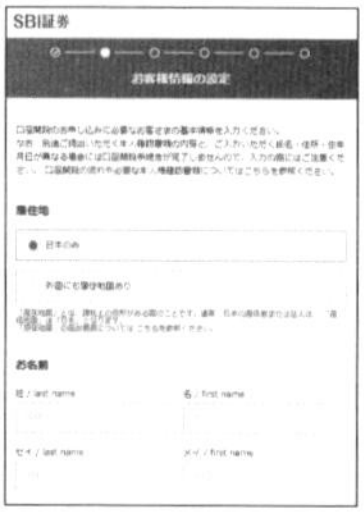

⑤ 口座開設方法を
選ぶ

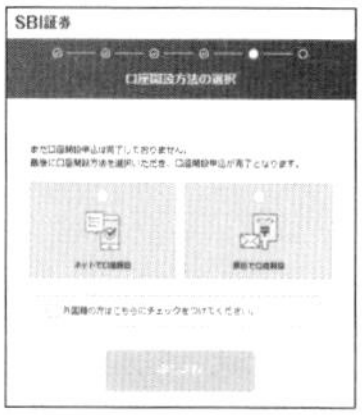

⑥ 届いた
ユーザーネームと
ログインパスワードで
ログインする

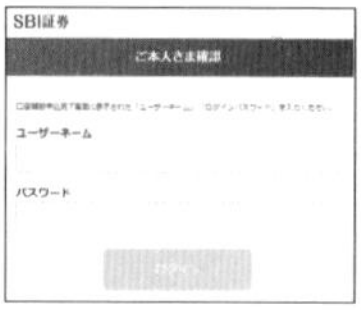

⑦ 口座開設状況の
「書類の提出」から
自分がやりやすい
方法を選ぶ

口座を管理する

スマホなら気になるときいつでも確認できるので便利ですね。口座を持っていればアプリでの管理もできます。

Ⓟ 口座サマリーで保有資産や買付余力が見られる

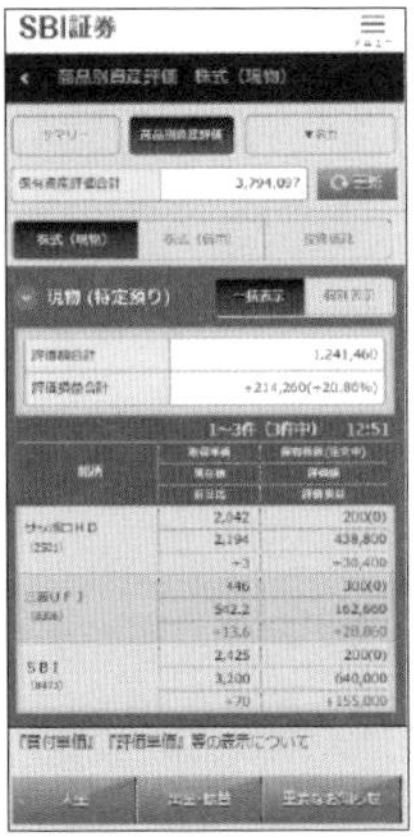

Ⓟ 入出金もラクラク

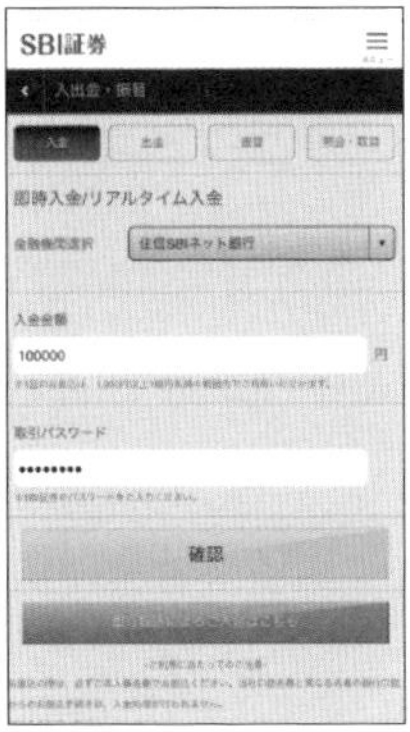

Ⓟ マーケット情報を手軽に確認できる

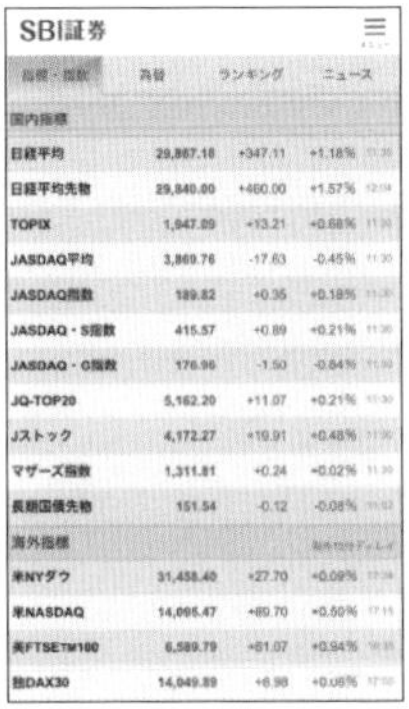

Ⓟ 登録銘柄を確認する

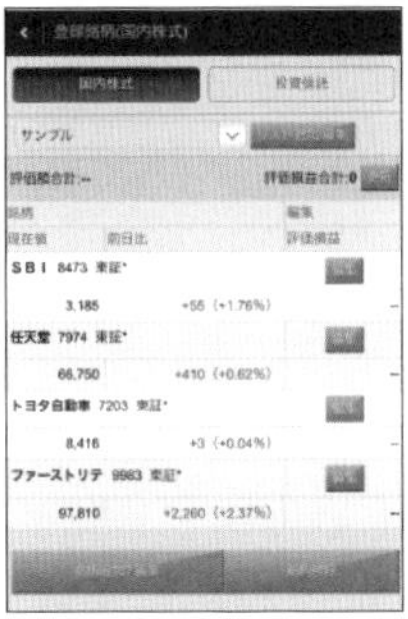

教えてください！ 投資あれこれ③

先生のリスク許容度は？目安を教えてください。

奥村先生

投資には必ずリスクとリターンがあります。投資の未経験者は頭でわかるのですが、心への影響がわかりません。実際に投資を体験することで、自分が投資した金融商品の損得が出たとき、どのように感じるかという心理面の影響を知ることが大切です。人は儲かったときの喜びより、損したときの悲しみの方が大きく感じるようです。長期間投資を続けていると、損得のブレ幅に慣れてはきますが、私自身は、今でも慎重派だと思います。

泉先生

始めた理由がある意味「はずみ」なので、最初は「なんとなく」で始められる金額を貯蓄から投資に回しました。許容度は「日頃の無駄使いを投資に」レベルです。前から気になっていたもの４銘柄、そして単元株価がそんなに高くないものを選びスタートしました。結果ですか？ 今は下がっています。損をしたか得をしたかは「いつ買うか、いつ売るか」ですよね。まだ保有しているので今は「損をした気分」というだけで「がんばれ！」と応援モードです。

須藤先生

主な投資は株式と投資信託です。3年ほど前に投資信託の１本を現金化しています。これは購入当初に「基準価額が〇円になった現金化する」という目標を持っていたからです。そこまでの保有期間は12年でした。過去に投資で痛い目にも遭っていますので慌てず慎重に、気長に細かな値動きに一喜一憂しないことを心がけています。年齢が高くなるほど投資割合はタイミングを見ながら減らしています。

Chapter 3

iDeCo・NISA

投資を始めるなら、税制優遇や非課税でお得な
iDeCoやNISAをまずは検討してみましょう。
ここではその口座の違いから説明していきます。

1

投資に有利な専用口座

税制優遇・非課税でお得な2種類の口座

老後資金ならｉＤｅＣｏ 流動性ならＮＩＳＡ

ｉＤｅＣｏとＮＩＳＡは仕組みも目的も異なる、投資用の専用口座です。ｉＤｅＣｏは正式には「個人型確定拠出年金」といって、年金作りの仕組みです。運用益が非課税であるだけでなく掛け金分が所得控除される、節税効果の高さが特徴です。ただし原則として、60歳以降でなければ受け取れません。ＮＩＳＡは「少額投資非課税制度」といって、少額からの投資の運用益が非課税になる仕組みです。こちらは流動性があり、解約が自由です。

いずれも金融機関に専用口座を開設しますが、金融機関によって扱う商品の数も手数料も異なります。最初の金融機関選びが大切です。

どちらも節税効果の高い投資用口座

iDeCoもNISAも、国主導で投資を後押しする仕組みです。iDeCoは老後資金としての性格がより強い運用方法。NISAは非課税になる期間が決まっており、またいつでも解約できるのが特徴。より近い将来を視野に入れた運用方法といえます。

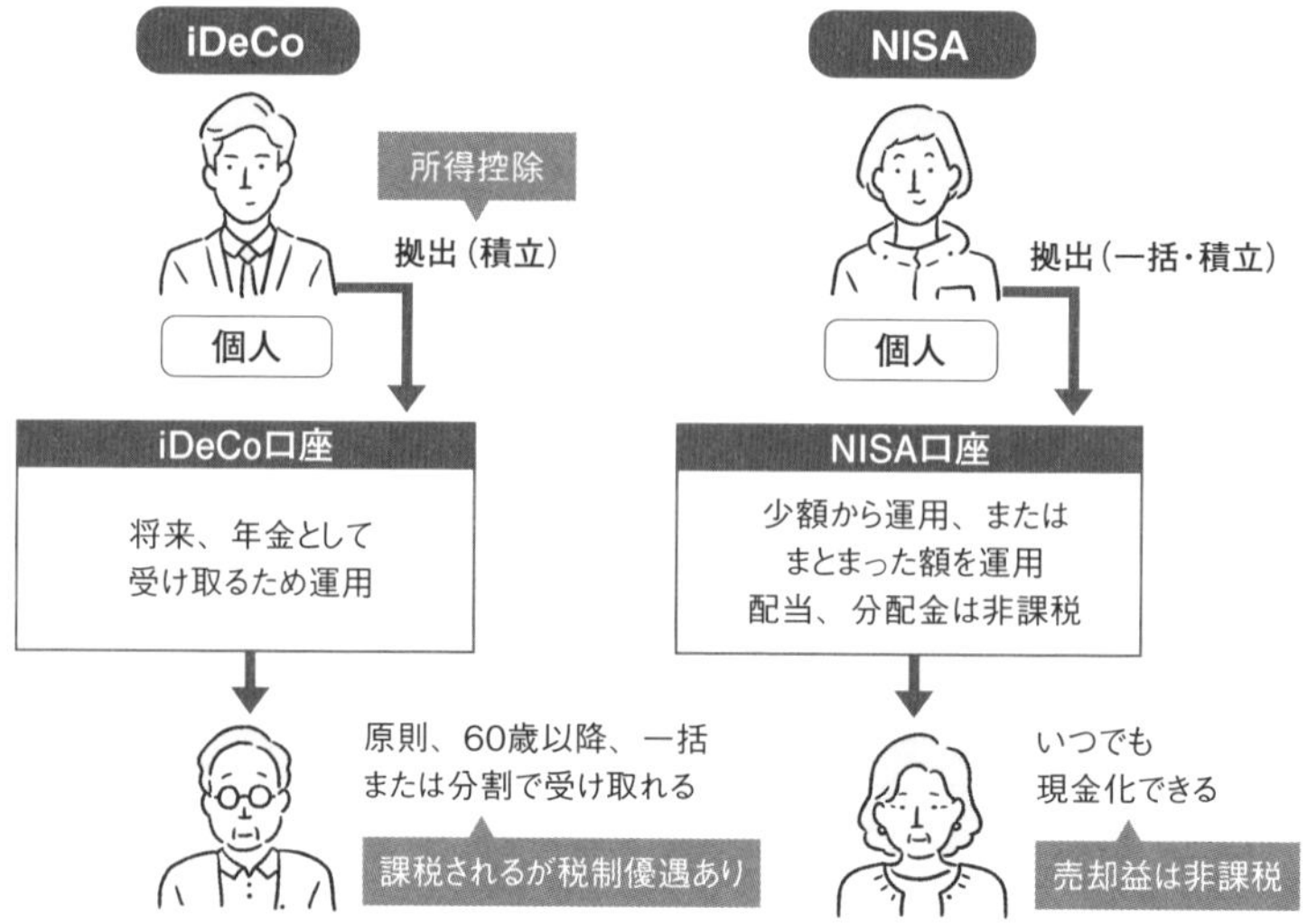

プラスα

iDeCoは どこで口座を 開くかが大切

iDeCoは銀行や生保会社、証券会社などで取り扱っていますが、金融機関によって揃えている商品や手数料が異なります。また、運営管理機関に支払う口座管理料を確認する必要があります。0円から458円と差があるため、高い金融機関を選ぶと35年間で約20万円もの負担増になります。

iDeCoとNISA使い分け早わかりチャート

iDeCoとNISAは資金の用途によって上手に使い分けるのがおすすめです。iDeCoは今はほとんどの人が利用できるようになっていますが、勤め先によっては利用できない場合も。

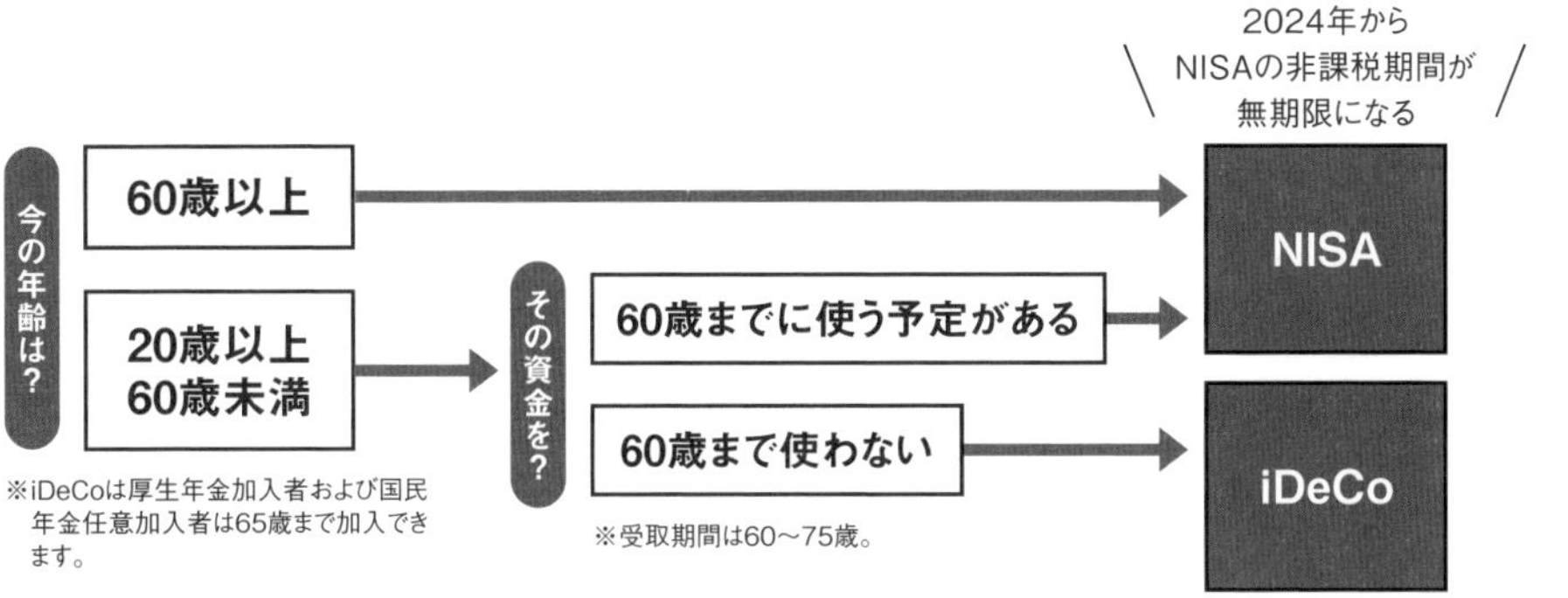

※iDeCoは厚生年金加入者および国民年金任意加入者は65歳まで加入できます。
※受取期間は60～75歳。

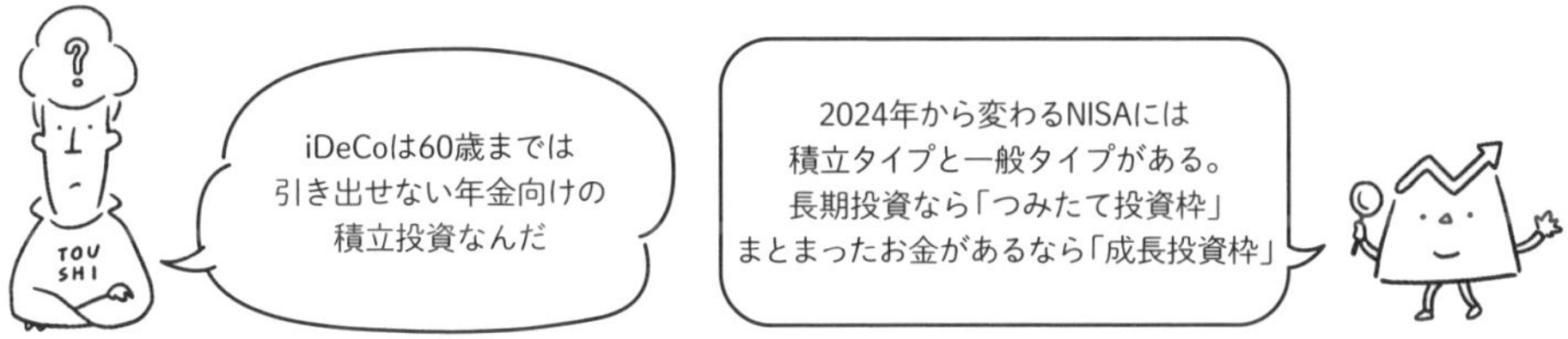

iDeCoとNISAは何がお得か

通常の投資では、運用益や売却益に所得税と住民税を合わせたおよそ20%の税金がかかりますが、国の税制優遇によって大きな節税効果が得られるのがiDeCoとNISAのメリットです。iDeCoは掛け金が所得控除になるほか、年金として受け取る分も税制優遇が受けられます。NISAは運用益や売却益が一定期間非課税になります。

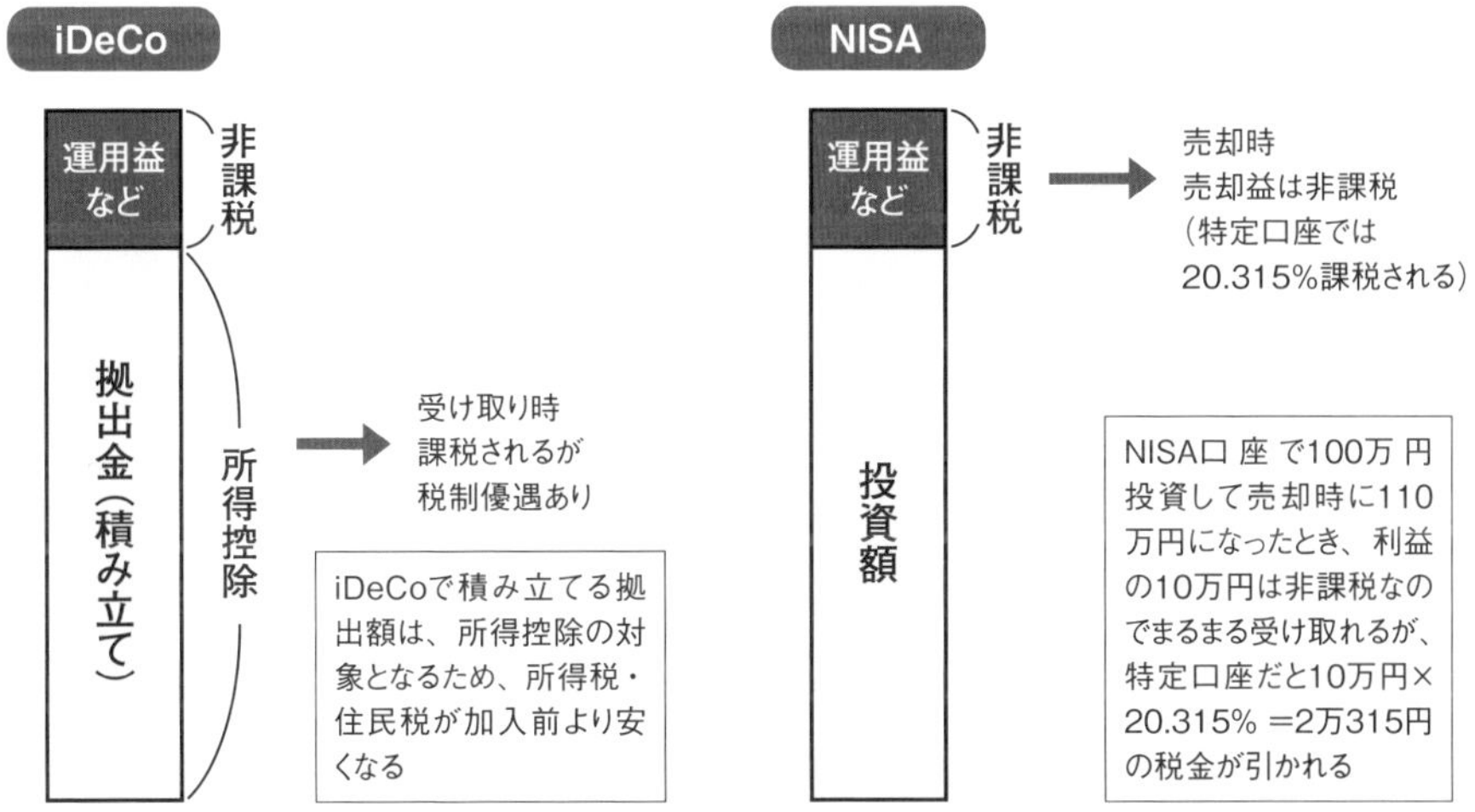

個人型年金制度

2

iDeCoの特徴を知る

60歳まで引出不可 運用益も非課税

iDeCoは正式には「個人型確定拠出年金」といって、年金の一種です。「個人型」とあるように私的な年金で、公的年金に加入している20～60歳の誰でも利用できます。ただし、勤め先に独自の企業年金がある場合、利用できない人もいます。勤め先に確認してみましょう。

iDeCoは用意された金融商品の中から自分で選んだものに投資して運用しますが、60歳以降にならないとお金を受け取れません。大きなメリットは、掛け金が所得控除されることです。さらに60歳以降に受け取るお金にも税制優遇があります。非常に有利に運用できるので老後資金作りに最適です。

商品、投資額、受け取り方は自分で決める

iDeCoは自分で商品や掛け金を決め、運用・管理することができます。また、60歳から15年間の間であれば、公的年金のように毎月分割するか、一括で受け取るかなども決められます。受け取れる年齢になり、通知が届いたときに選択します。

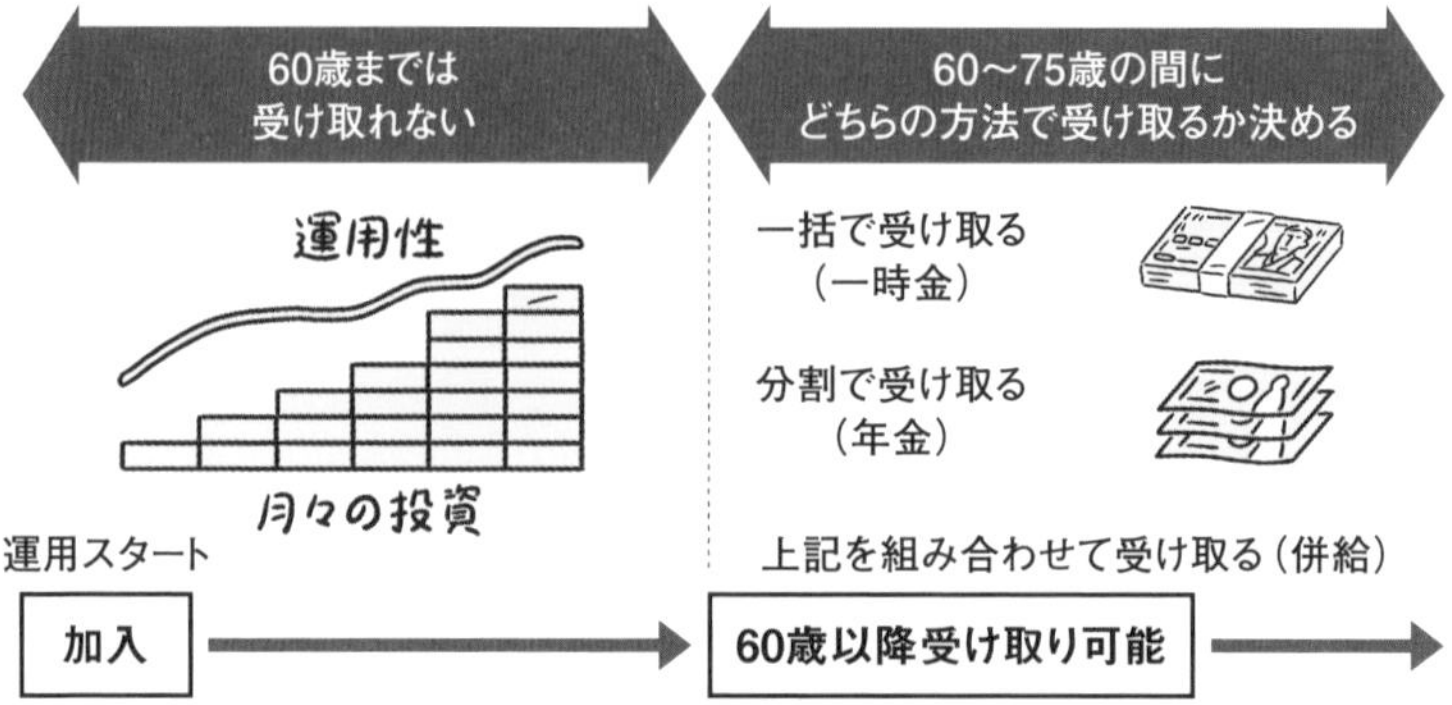

- **投資額は5000円以上、1000円単位で決められる**
  途中で投資額を増やすこともできる
- **運用商品は、元本確保型（定期預金など）と元本確保型以外（投資信託）がある**
- **運用は、iDeCoのサービスを提供している金融機関の商品を選んで行う**
- **運用益や許容できる損失を考えて商品を組み合わせる組み合わせや掛け金の変更も可能**
- **税制優遇のポイントは3つ**

投資額は所得控除	運用益は非課税	受け取り時は税制優遇

iDeCoは働き方などで投資上限額が異なる

私的年金であるiDeCoでは自分で掛け金を決められますが、上限があり、自営業かどうかや、勤め先の加入している年金によって異なります。また払い込む回数も選べるのが特徴。月々いくらと決めて積み立てることもできますし、年一括払いも可能です。

加入資格		掛け金の上限額
国民年金第1号被保険者 自営業者等		81万6000円 （月額6万8000円）
国民年金第2号被保険者 公務員等		14万4000円 （月額1万2000円）
国民年金第2号被保険者 会社員	企業年金がない	27万6000円 （月額2万3000円）
	企業型確定拠出年金のみ加入	24万円 （月額2万円）
	企業型確定拠出年金と 確定給付企業年金に加入	14万4000円 （月額1万2000円）
	確定給付企業年金のみ加入	14万4000円 （月額1万2000円）
国民年金第3号被保険者 国民年金第2号被保険者に扶養されている人		27万6000円 （月額2万3000円）

手数料は加入時、運用時、受け取り時にかかる

iDeCoは金融機関で専用口座を開くことによって運用が可能になりますが、加入時や保管に手数料がかかることも忘れないようにしましょう。国民年金基金連合会に支払うものⒶと、運営管理機関（金融機関）に支払うものⒷがあります。後者は金融機関によって大きく異なるので、金融機関選びの重要なポイントとなります。

口座開設

加入手数料
おおむね2829円（税込）

※後々、手数料見直しのためなどでほかの金融機関に移すときにも手数料がかかる

Ⓐ国民年金基金連合会　105円／月
Ⓑ事務委託先金融機関　66円／月
Ⓑ運営管理機関　0～458円／月
手数料TOTAL　171～629円／月

受け取り

OOOO様
BANK

給付事務手数料
振り込みの都度
おおむね440円（税込）

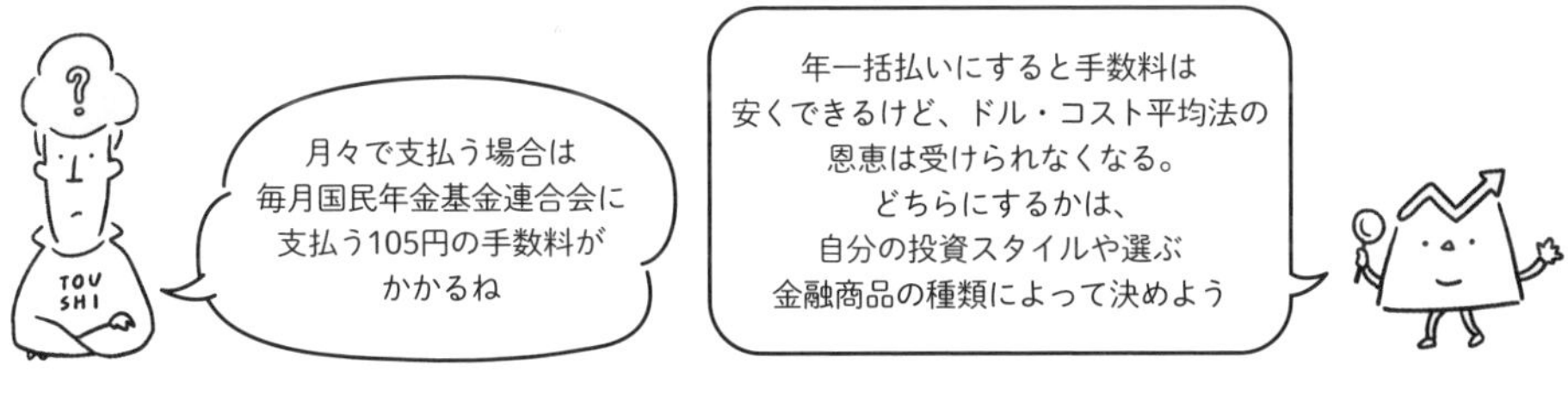
TOU SHI
月々で支払う場合は
毎月国民年金基金連合会に
支払う105円の手数料が
かかるね
年一括払いにすると手数料は
安くできるけど、ドル・コスト平均法の
恩恵は受けられなくなる。
どちらにするかは、
自分の投資スタイルや選ぶ
金融商品の種類によって決めよう

iDeCoの節税シミュレーション

掛け金の分は所得控除を受けられるのが、iDeCoの大きな魅力です。どの程度お得になるのかシミュレーションしてみましょう。

❶ 年間の掛け金14万4000円（月額1万2000円）

勤務先にDB（確定給付企業年金）がある会社員、公務員の上限額

年収	本人以外の扶養家族	iDeCo加入前の税額	iDeCo加入後の税額	節税額【利率換算%】
		上段は所得税、下段は住民税		
200万円	なし	27,500円	20,200円	21,800円
		61,500円	47,000円	15.1%
400万円	なし	85,700円	78,400円	21,800円
		175,500円	161,000円	15.1%
	配偶者	66,300円	59,000円	21,800円
		140,000円	125,500円	15.1%
	配偶者＋子1人	46,900円	39,600円	21,800円
		104,500円	90,000円	15.1%
600万円	なし	204,700円	190,000円	29,200円
		305,500円	291,000円	20.3%
	配偶者	165,900円	151,200円	29,200円
		272,500円	258,000円	20.3%
	配偶者＋子1人	127,100円	112,400円	29,200円
		239,500円	225,000円	20.3%
800万円	なし	466,000円	436,600円	43,900円
		449,500円	435,000円	30.5%
	配偶者	388,400円	359,000円	43,900円
		416,500円	402,000円	30.5%
	配偶者＋子1人	310,800円	281,400円	43,900円
		383,500円	369,000円	30.5%
1000万円	なし	803,000円	773,600円	43,900円
		614,500円	600,000円	30.5%
	配偶者	725,400円	696,000円	43,900円
		581,500円	567,000円	30.5%
	配偶者＋子1人	647,800円	618,400円	43,900円
		548,500円	534,000円	30.5%
1200万円	なし	1,203,400円	1,169,600円	48,300円
		796,500円	782,000円	33.5%
	配偶者	1,203,400円	1,169,600円	48,300円
		796,500円	782,000円	33.5%
	配偶者＋子1人	1,114,200円	1,080,400円	48,300円
		763,500円	749,000円	33.5%

※本人は40歳以上の会社員、扶養家族は配偶者控除対象の配偶者、子は16～18歳。社会保険料控除額は年収の15%（年収1200万円のみ14%）、ローン控除や生命保険料控除などの控除がないものとして令和2年分所得税（令和3年分住民税）に適用される税制による税額を算出（税額は諸条件により実際の額と異なる場合がある）。利率換算はiDeCo掛け金を年1回拠出として試算。

❷ 年間の掛け金27万6000円（月額2万3000円）

勤務先に企業年金がない会社員の上限額

年収	本人以外の扶養家族	iDeCo加入前の税額	iDeCo加入後の税額	節税額【利率換算%】
		上段は所得税、下段は住民税		
200万円	なし	27,500円	13,400円	41,800円
		61,500円	33,800円	15.1%
400万円	なし	85,700円	71,600円	41,800円
		175,500円	147,800円	15.1%
	配偶者	66,300円	52,200円	41,800円
		140,000円	112,300円	15.1%
	配偶者＋子1人	46,900円	32,800円	41,800円
		104,500円	76,800円	15.1%

年収	本人以外の扶養家族	iDeCo加入前の税額	iDeCo加入後の税額	節税額【利率換算%】
		上段は所得税、下段は住民税		
600万円	なし	204,700円	176,500円	55,900円
		305,500円	277,800円	20.3%
	配偶者	165,900円	137,700円	55,900円
		272,500円	244,800円	20.3%
	配偶者＋子1人	127,100円	99,200円	55,900円
		239,500円	211,500円	20.3%
800万円	なし	466,000円	409,700円	84,000円
		449,500円	421,800円	30.4%
	配偶者	388,400円	332,100円	84,000円
		416,500円	388,800円	30.4%
	配偶者＋子1人	310,800円	254,500円	84,000円
		383,500円	355,800円	30.4%
1000万円	なし	803,000円	746,600円	84,100円
		614,500円	586,800円	30.5%
	配偶者	725,400円	669,000円	84,100円
		581,500円	553,800円	30.5%
	配偶者＋子1人	647,800円	591,400円	84,100円
		548,500円	520,800円	30.5%
1200万円	なし	1,203,400円	1,138,600円	92,500円
		796,500円	768,800円	33.5%
	配偶者	1,203,400円	1,138,600円	92,500円
		796,500円	768,800円	33.5%
	配偶者＋子1人	1,114,200円	1,049,400円	92,500円
		763,500円	735,800円	33.5%

③ 年間の掛け金81万6000円（月額6万8000円）

フリーランスや自営業などの第1号被保険者の上限額

所得税の課税所得	iDeCo加入前の税額	iDeCo加入後の税額	節税額【利率換算%】
	上段は所得税、下段は住民税		
100万円	51,000円	9,300円	123,400円
	107,500円	25,800円	15.1%
200万円	104,600円	60,400円	125,900円
	207,500円	125,800円	15.4%
300万円	206,700円	123,400円	165,000円
	307,500円	225,800円	20.2%
400万円	380,300円	225,500円	236,500円
	407,500円	325,800円	29.0%
500万円	584,500円	417,800円	248,400円
	507,500円	425,800円	30.4%
600万円	788,700円	622,000円	248,400円
	607,500円	525,800円	30.4%
700万円	994,400円	826,200円	249,900円
	707,500円	625,800円	30.6%
800万円	1,229,200円	1,037,800円	273,100円
	807,500円	725,800円	33.5%
900万円	1,464,100円	1,272,400円	273,400円
	907,500円	825,800円	33.5%
1000万円	1,801,000円	1,526,100円	356,600円
	1,007,500円	925,800円	43.7%

※課税所得は、事業所得（売上から必要経費を控除した額）から社会保険料や扶養控除等の各種所得控除を差し引いた額

3 iDeCoは受け取り方が大事

3つの受給方法から自分に合うものを

iDeCoは年金として受給するほか、60歳前でも病気などで障害を負ったときは「障害給付金」として、加入者が亡くなったときは遺族が「死亡一時金」として受け取れます。障害給付金の場合は非課税ですが、死亡一時金は相続税の対象です。

　老齢年金の受け取り方には一時金か年金、金融機関によっては両者の組み合わせの併給の3つがあります。このうち一時金だと退職所得扱いとなり、加入年数に応じて一定金額が非課税になります。控除額は、加入年数または勤務年数や退職金の額によって異なります。退職金も合わせて計算し、3つのうちどれを選ぶかを検討しましょう。

一気に全額受け取る「一時金」

「一時金」として受け取ると、税制上「退職金」扱いになり、退職所得控除を受けることができ、大きく節税できます。退職金が別に出る場合は、退職金と一時金の合算から控除額を差し引くため、金額によっては「年金」で受け取る方がお得になることも。

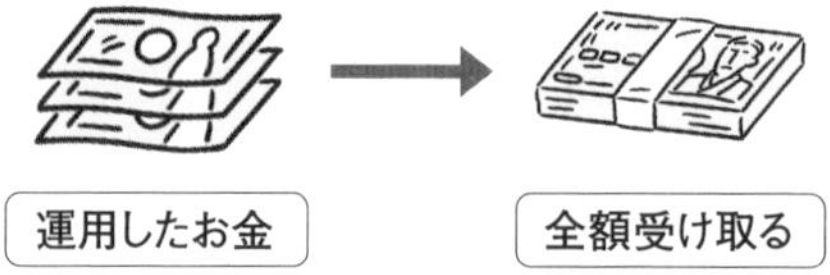
運用したお金
全額受け取る

- 退職所得控除
- 住民税
- 所得税

一気にもらっても
使ってしまわないよう
あらためて別に
運用しなくちゃね
TOU SHI

退職所得控除の額はiDeCo加入年数による

積立年数または勤務年数	退職所得控除額
20年以下	40万円×加入期間
20年超	800万円+70万円×(加入期間−20年)

※加入期間と勤務年数の長いほうで計算します。

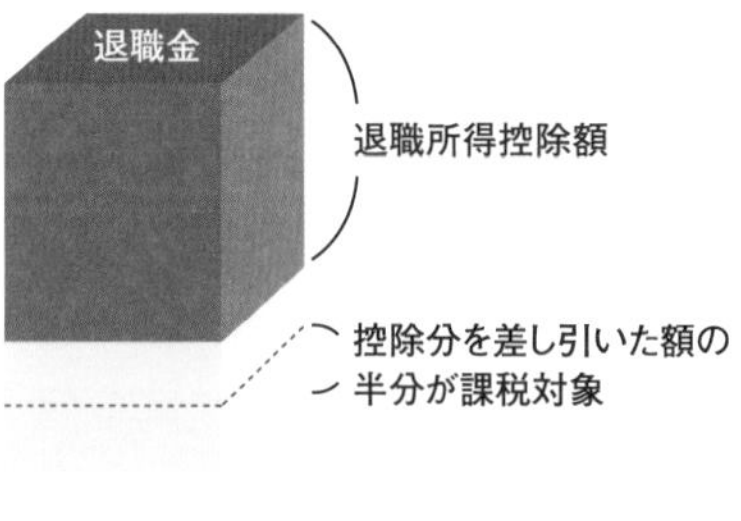
退職金
退職所得控除額
控除分を差し引いた額の
半分が課税対象

一気に受け取るか分割するかは
控除額と考え合わせて！

「年金」として分割して受け取る

積み立てたお金を、例えば月々など分割して受け取るのが「年金」。税制上は雑所得の扱いとなり、所得税と住民税がかかります。また、受け取るたびにかかる手数料440円と、運用期間を通して口座管理手数料といったコストもかかります。

タイプ1 分割取崩年金（期間均等）

運用が続くので、増えれば受け取り回数が終わったときに一括で残りを、減れば受け取り回数が残っていても残金ゼロになったところで終了

残金がなくなったら
おしまい

余ったら
一括でもらう

受け取り回数を決めて、開始時の試算を均等に割る。
運用を続けながら、決まった額を受け取る。
（ほかに、「年度ごと割合指定」「残存月数按分」がある）

タイプ2 終身年金 ※取り扱っていない場合もある

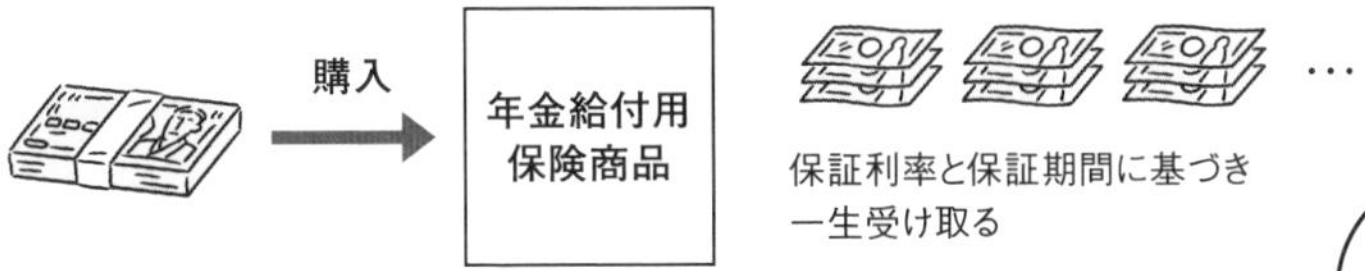
購入
年金給付用
保険商品
…
保証利率と保証期間に基づき
一生受け取る

一時金で受け取ると
退職所得控除枠に
収まらない人や、あれば
使ってしまいそうな人で
あれば、「年金」がいいね
TOU
SHI

タイプ3 確定年金

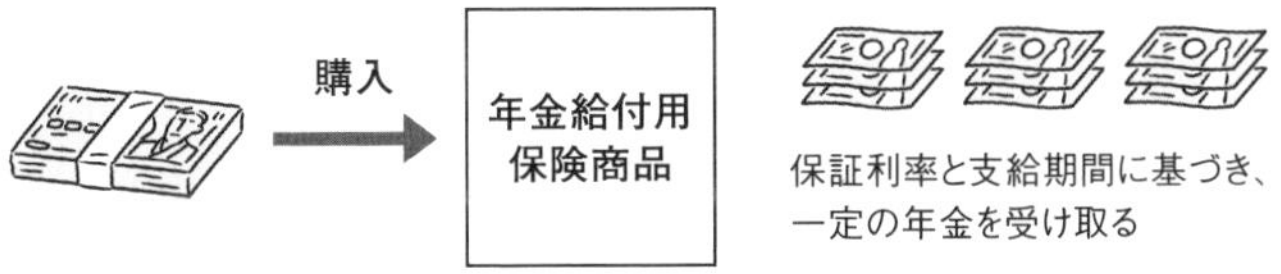
購入
年金給付用
保険商品
保証利率と支給期間に基づき、
一定の年金を受け取る

「一時金」と「年金」を併用する「併給」

一時金と年金、それぞれのメリットを兼ね備えた方法。年金収入は額によっては「公的年金等控除」を受けることができます。自分がもらえる予定の退職金や公的年金も含む年金を考え合わせて、「併給」で受け取ることも検討してみましょう。

P 課税されるのは「年金収入額」－「公的年金等控除額」

● 1年あたりの公的年金控除額

所得が年金のみ、または公的年金等以外の合計所得が1000万円以下の場合

年金収入金額	公的年金等控除額：65歳未満	公的年金等控除額：65歳以上
130万円以下	60万円	110万円
130万円超～330万円	年金収入金額×25%＋27万5000円	
330万円超～410万円	年金収入金額×25%＋27万5000円	
410万円超～770万円	年金収入金額×15%＋68万5000円	
770万円超～1000万円	年金収入金額×5%＋145万5000円	

年金収入が上がると
税金だけでなく
国民健康保険料も上がる。
一時金との併用で
なるべく抑えたい

口座開設の書類を取り寄せ、申し込む

ｉＤｅＣｏを始めるときに非常に重要なのが金融機関選びです。適当に選んでしまうと、割高な手数料を払い続けることになったり、自分の運用したい商品をその金融機関では扱ってなかったりということもあります。金融機関の変更は可能ですが、移管手数料がまた別にかかるので、最初にしっかりと検討して選んで決めることが大切です。

なお必要書類が多く、手続きに時間もかかります。金融機関に申し込んだ後、口座が開設されるまでに1ヵ月程度を要します。

掛け金を給与から天引きで納付してもらうと、確定申告や年末調整の必要がなくなります。

iDeCo専用口座を開く

金融機関を選んだらiDeCoの口座を開設しましょう。必要書類も多く手続きに時間がかかるので、二度手間になってしまわないよう、取引金融機関によく確認しながら行っていきましょう。

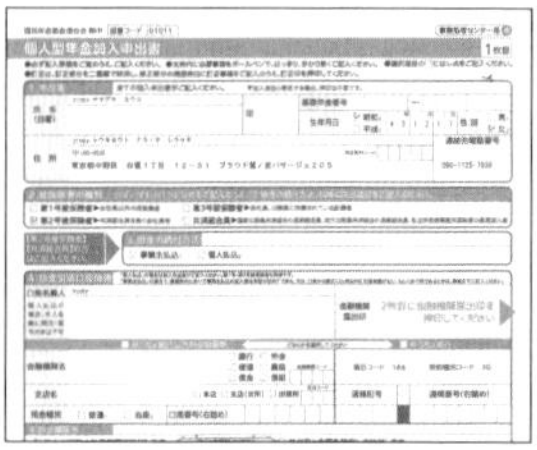

個人型年金加入申出書

1枚目

STEP1 **口座を開きたい金融機関から申し込み書類を取り寄せる**

STEP2 **加入申込書に記入。会社員・公務員は勤務先に事業主証明書を書いてもらい企業年金の有無などを確認**
（iDeCoの掛け金限度額がわかる）

フリーランスの人は
国民年金基金を
滞納していると
加入できない

STEP3 **加入申込書と事業主証明書を金融機関（運営管理機関）に提出する**
（運営管理機関から国民年金基金連合会に送られる）

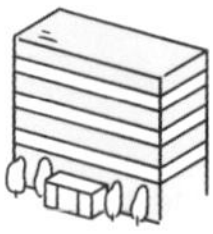

STEP4 **口座開設、加入資格確認結果の通知が届く**

掛け金を決める

老後の公的年金の受給額や自分に必要な生活費などから、将来受け取りたい年金の額がある程度決まってきます。P. 80〜81に記載の掛け金の上限額や今の収入などを考え合わせながら、無理のない範囲で掛け金の額を決めていきましょう。

ポイント1　目標額を掛けられる月数で割る

(例) 30歳で加入して60歳で500万円を受け取りたい場合
500万円÷30年÷12≒13,888円

● **積立額1万3000円／月とした場合**

運用利率	0%	0.5%	1.0%	2.0%	3.0%
60歳の残高	468万円	約504万円	約545万円	約639万円	約735万円

ポイント2　節税効果を高めるには、限度額いっぱいまでかけておく

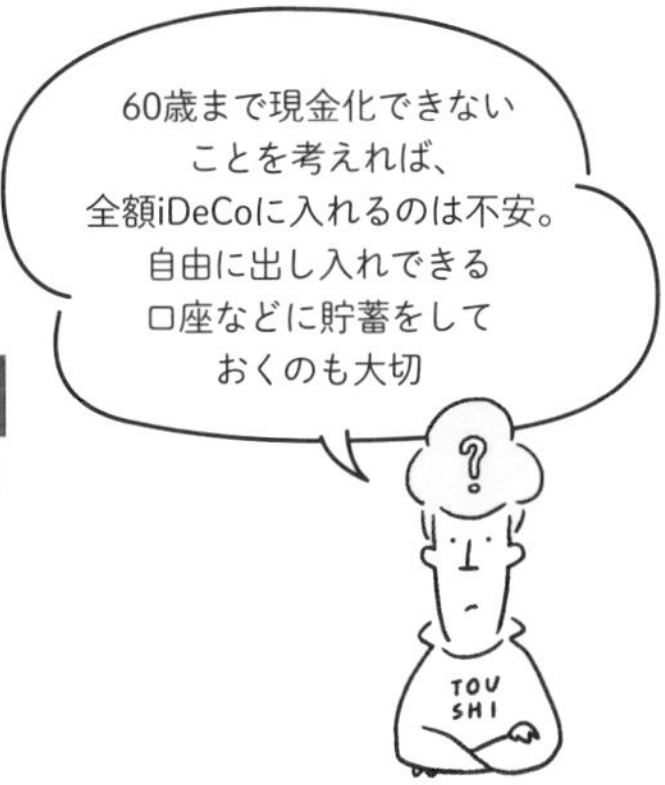
60歳まで現金化できない
ことを考えれば、
全額iDeCoに入れるのは不安。
自由に出し入れできる
口座などに貯蓄をして
おくのも大切
?
TOU
SHI

iDeCoの関係機関を知っておく

普通の投資と異なり、iDeCoでは金融商品を運用する「運営管理機関（証券会社などの金融機関）」のほか、「国民年金基金連合会」が関わっています。そのため金融機関に支払う手数料には必ず、国民年金基金連合会の手数料も含まれています。

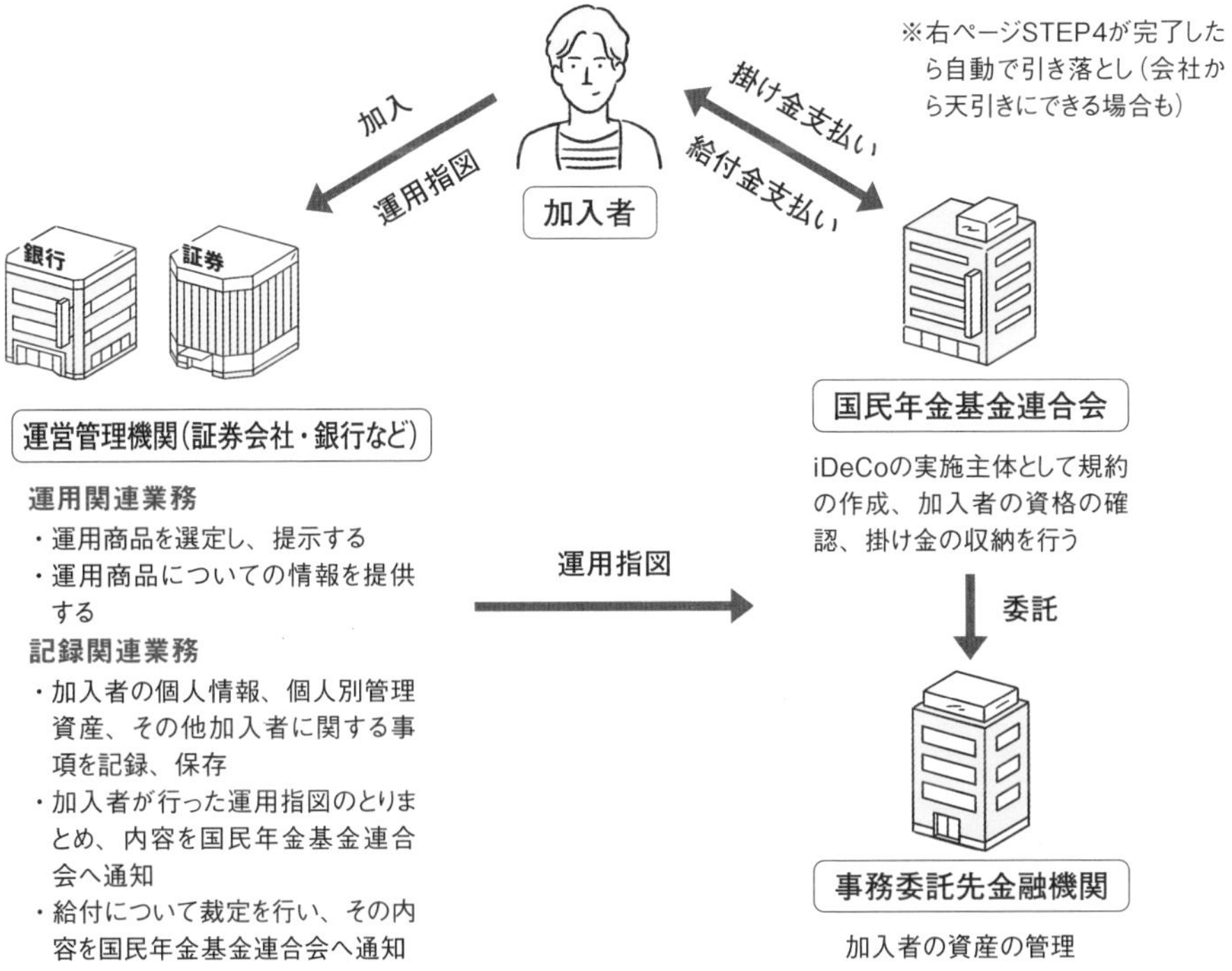
※右ページSTEP4が完了したら自動で引き落とし（会社から天引きにできる場合も）
加入
運用指図
加入者
掛け金支払い
給付金支払い
銀行
証券
運営管理機関（証券会社・銀行など）
運用関連業務
・運用商品を選定し、提示する
・運用商品についての情報を提供する
記録関連業務
・加入者の個人情報、個人別管理資産、その他加入者に関する事項を記録、保存
・加入者が行った運用指図のとりまとめ、内容を国民年金基金連合会へ通知
・給付について裁定を行い、その内容を国民年金基金連合会へ通知
運用指図
国民年金基金連合会
iDeCoの実施主体として規約の作成、加入者の資格の確認、掛け金の収納を行う
委託
事務委託先金融機関
加入者の資産の管理

5

個人型年金制度

iDeCoで運用する商品を選ぶ

リスク許容度で商品を選ぶ

iDeCoは選べる商品の幅が広く、どう選べばよいのか迷う人も多いでしょう。商品は大きく分けて、元本が保証されている定期預金や保険商品と、元本が変動する投資信託などがあります。また投資信託の中でも、リスクの低い商品を選ぶのか、より積極的な運用スタイルをとるのか、という選択肢もあります。

選択の基準となるのが運用期間です。老後まで20~30年ある場合は、多少リスクをとっても時間がリスク分散するでしょう。50代などは運用期間が短いので、リスクの低い堅実な運用方法をとるなどが考えられます。自分のリスク許容度を考えながら商品を選びましょう。

自分に最適なポートフォリオを考える

投資信託の商品の組み合わせのことをポートフォリオといいます。どんな組み合わせにするか、その基準となるのが運用期間。運用期間が長いほどリスクは分散されるので、受け取るまでに時間がある場合は、多少リスクをとった商品を選んでもよいでしょう。

ポートフォリオ(資産配分)とリスク・リターンイメージはこれ

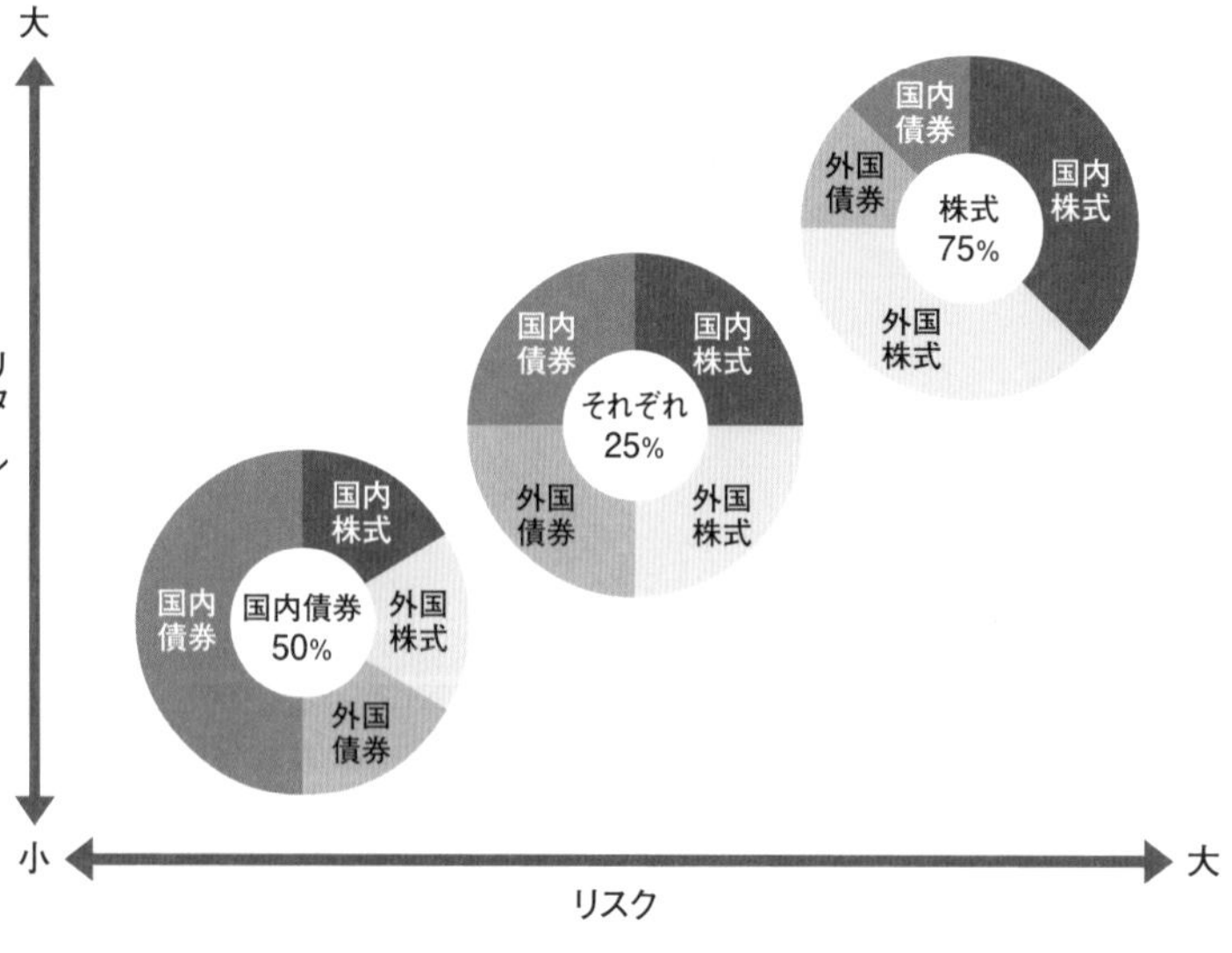

投資先は複数に振り分ける

金融商品には「国内株式」「外国株式」「国内債券」「REIT」などさまざまなカテゴリがあります。複数のカテゴリを組み合わせることで、商品ごとにリスクやリターンを調整しているのです。さらに「安定型」「成長型」など、リスク水準が何段階か設けられていることもあります。

● 元本確保型

定期預金	保険商品
メリット 身近で安心感がある。元本の安全性が高い デメリット 金利が低い。60歳まで引き出せないところが一般の定期預金とは異なる	メリット 元本の安全性が高い デメリット 金利が低い。60歳まで引き出せないところが一般の保険とは異なる

国内外の株式や債券、REITといった性格の異なる資産を組み合わせたバランス型商品はよりリスクが低いので初心者におすすめ

● 元本変動型（投資信託）

	国内	外国
株式	メリット 投資対象がわかりやすい。換金するときの為替リスクがない デメリット 株価の変動リスクがある	メリット 先進国、新興国など、日本以外の成長企業のリターンが期待できる デメリット 株価や為替の変動リスクがある
債券	メリット 値動きが安定している。換金するときの為替リスクがない デメリット リターンが低い。金利が上昇すると債券価格が下がる	メリット 日本に比べ金利が高い国のリターンを享受できる デメリット 国・地域リスクや為替変動リスクがある
株式＋債券	メリット リスクが分散され運用が安定的 デメリット 株式と債券の配分を自由に変えられない	メリット リスクが分散され高いリターンが期待できる デメリット リスクは分散されるが、外国の政治経済の変化や為替の変動リスクがある

TOU SHI
1つに集中させると危ないね

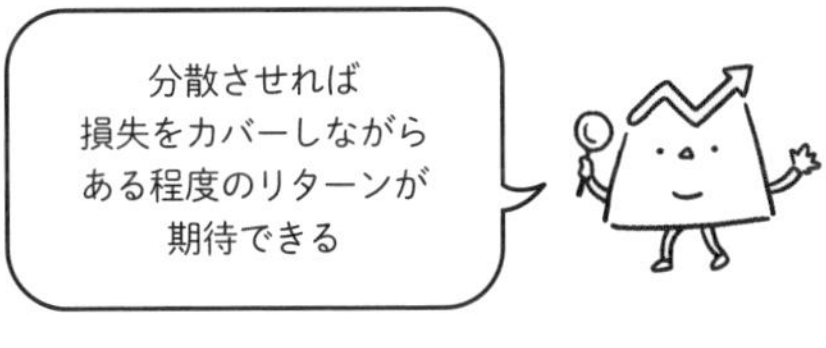
分散させれば損失をカバーしながらある程度のリターンが期待できる

6

個人型年金制度

iDeCoの掛け金や運用商品を見直す

見直すのは掛け金と運用先、運用先の配分

ｉＤｅＣｏは投資対象商品や掛け金を途中で変更できるメリットがあります。年に１～２回郵送で送られる資産残高や金融機関の口座を確認し、必要なら見直しを行いましょう。

例えば家計の状況に応じて掛け金の増減も可能です。一時的に拠出（積立）を停止することもできます。

長期運用が前提となるｉＤｅＣｏでは運用商品をたびたび変える必要はありませんが、年に１～２回はチェックするのがおすすめ。マーケット動向により投資先のバランスも変動しているので、自分のリスク許容度に合わせてもとのバランスに調整する手段もあります。商品の変更には手数料がかかりません。

掛け金を見直す

iDeCoでは掛け金を増やしたり減らしたりするほか、一時的に止めることもできます。掛け金の上限いっぱいまで拠出したほうが節税効果は大きいものの、無理は禁物です。家計の状況や家庭環境の変化に応じて調整しましょう。

掛け金を増減する

子育てに
お金がかかるので
一時減額

ローンが
なくなったので
増額！

副収入が
あてにできるので
増額！

など

年単位拠出で月々の拠出は自由に組む（拠出限度内で。計画書を提出）

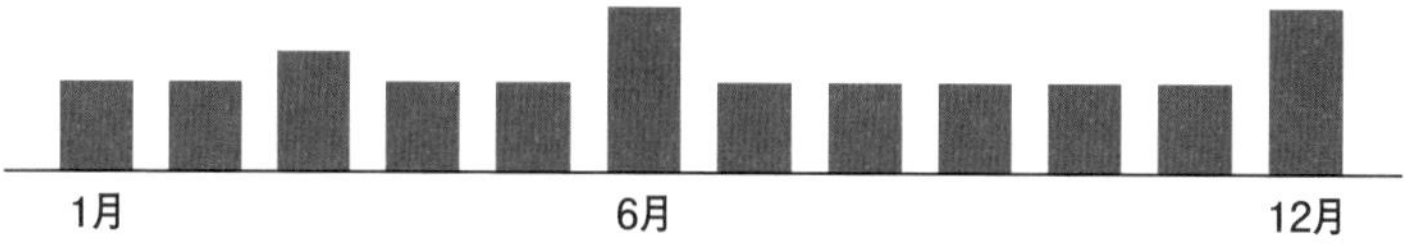

1月
6月
12月

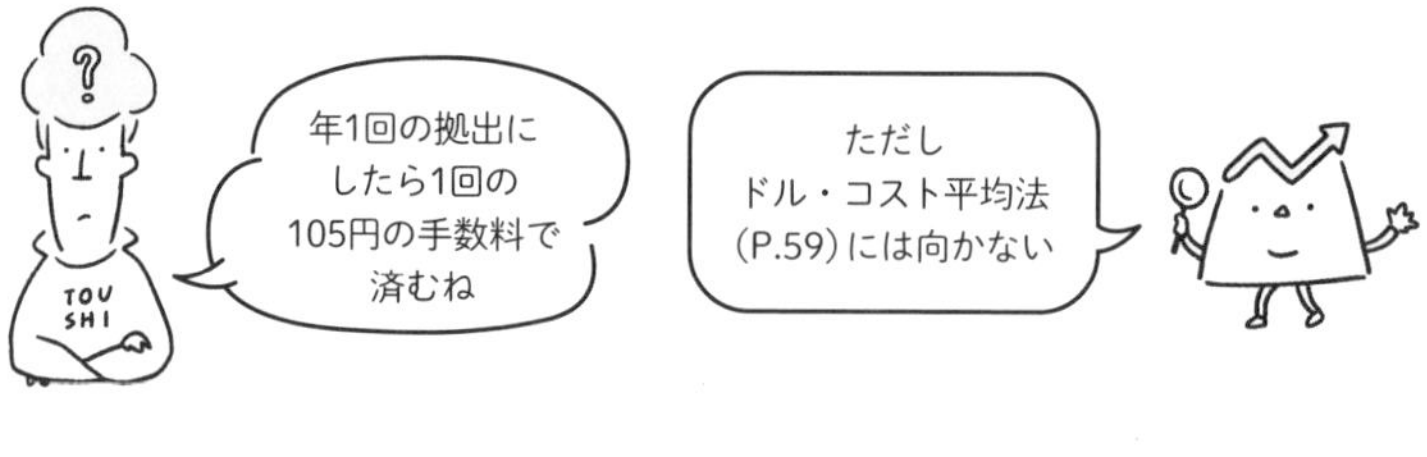

年1回の拠出にしたら1回の105円の手数料で済むね
ただしドル・コスト平均法（P.59）には向かない
TOU SHI

一時的に拠出を停止できる

手続きを行い一時的に拠出を停止し、運用の指図だけを行う（「運用指図者」と呼ぶ）こともできます。ただし運用指図者となった期間は「退職所得控除」を計算する上での勤続期間に含まれなくなってしまうので注意しましょう。

保有商品を入れ替える

iDeCoは途中で商品の構成を変更することができます。その方法の1つが商品の入れ替え。下図のように、商品Cを売却してDを購入することです。資産全体の残高は変わりません。iDeCoでは商品の変更には手数料はかかりませんが、一部の信託財産留保額が設定されている商品を売却するときは手数料が発生するので注意を。

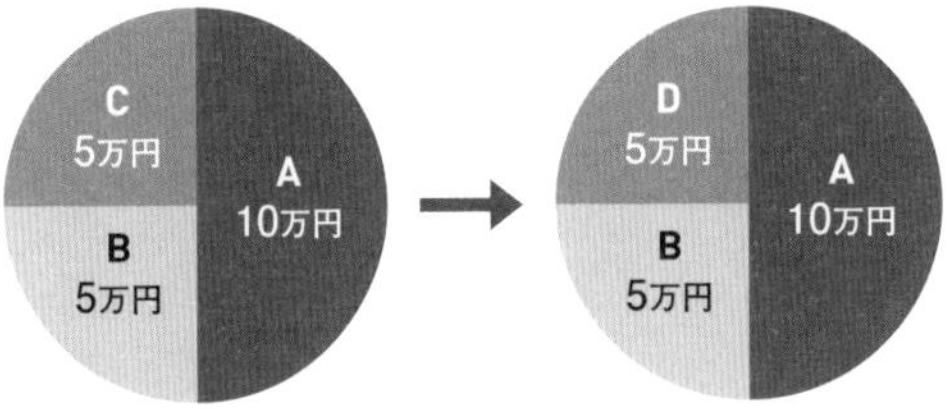

こんなときに

- 値上がりして損益プラスになったとき値下がりするのを防ぐため、利益分で元本確保型商品を購入する
- 運用するうちに資産のバランスが当初と変わってきたときに、もとのバランスに調整する（リバランスという）

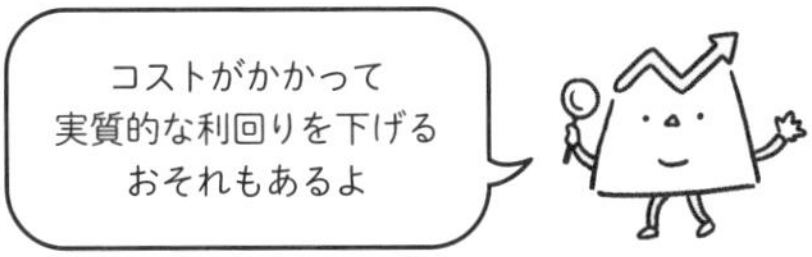

配分を変更する

配分変更とは、掛け金で購入する運用商品の種類や配分割合を途中で変更すること。下図のように、Bの掛け金を増やした分、Aの掛け金を減らすなどです。またそれまで購入した商品は変更せず、新たに別の商品を購入することもできます。

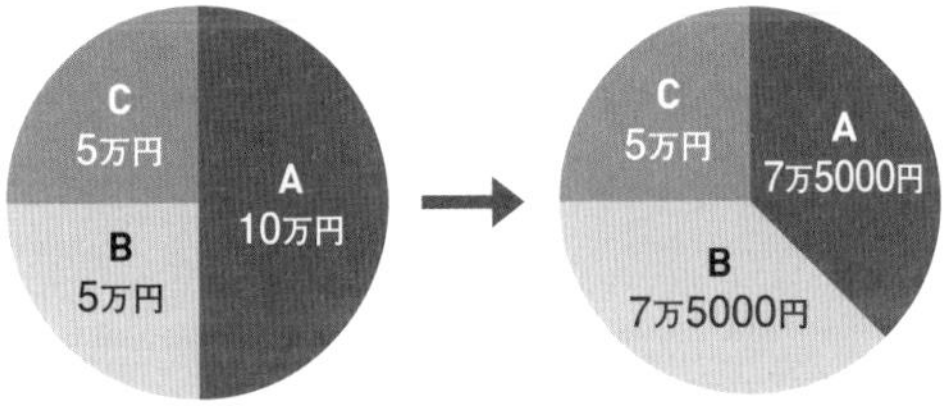

こんなときに

- 年齢や運用環境の変化に応じて、リスク・リターンの大きい運用から小さい運用に変更する（またはその逆）

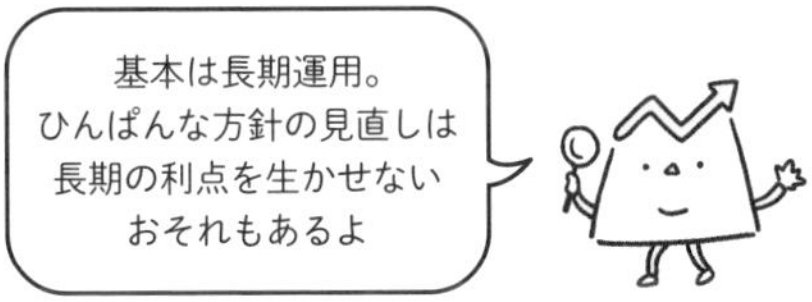

各種変更は書類を取り寄せる

各種変更の方法は変更したい事項や、金融機関によって異なります。掛け金に関する変更は専用の届けが必要になるため、取引金融機関のホームページを確認するか、コールセンターに問い合わせましょう。

掛け金を見直したい → 加入者掛金額変更届

拠出を停止したい → 加入者資格喪失届

商品の入れ替え、配分変更 → プラン変更（ウェブサイト上でできるところも）

国の制度としての公的年金もある

高齢者のために現役世代がお金を出し合う

ここまで私的年金であるiDeCoの説明をしてきましたが、そもそも日本には公的年金として、20歳から60歳の人が加入する国民年金と、会社員や公務員が加入する厚生年金があります。つまり会社員や公務員はこの2種類の年金を受け取れます。

公的年金の制度は、年をとったり障害を負ったりしても安心して暮らしていける国家として、互いに支え合う精神から成り立っています。年金には現役世代が払う保険料のほか、税金が投入されています。少子高齢化や人口減に向かう中、保障が薄くなることも考えられます。そのため個々で老後に備えることが必要になってきているのです。

加入できる老齢年金は働き方によって異なる

日本の公的年金は、すべての国民に加入義務がある国民年金と、会社員と公務員が入る厚生年金の2種類があります。そのため働き方によって受け取れる老齢年金が異なります。

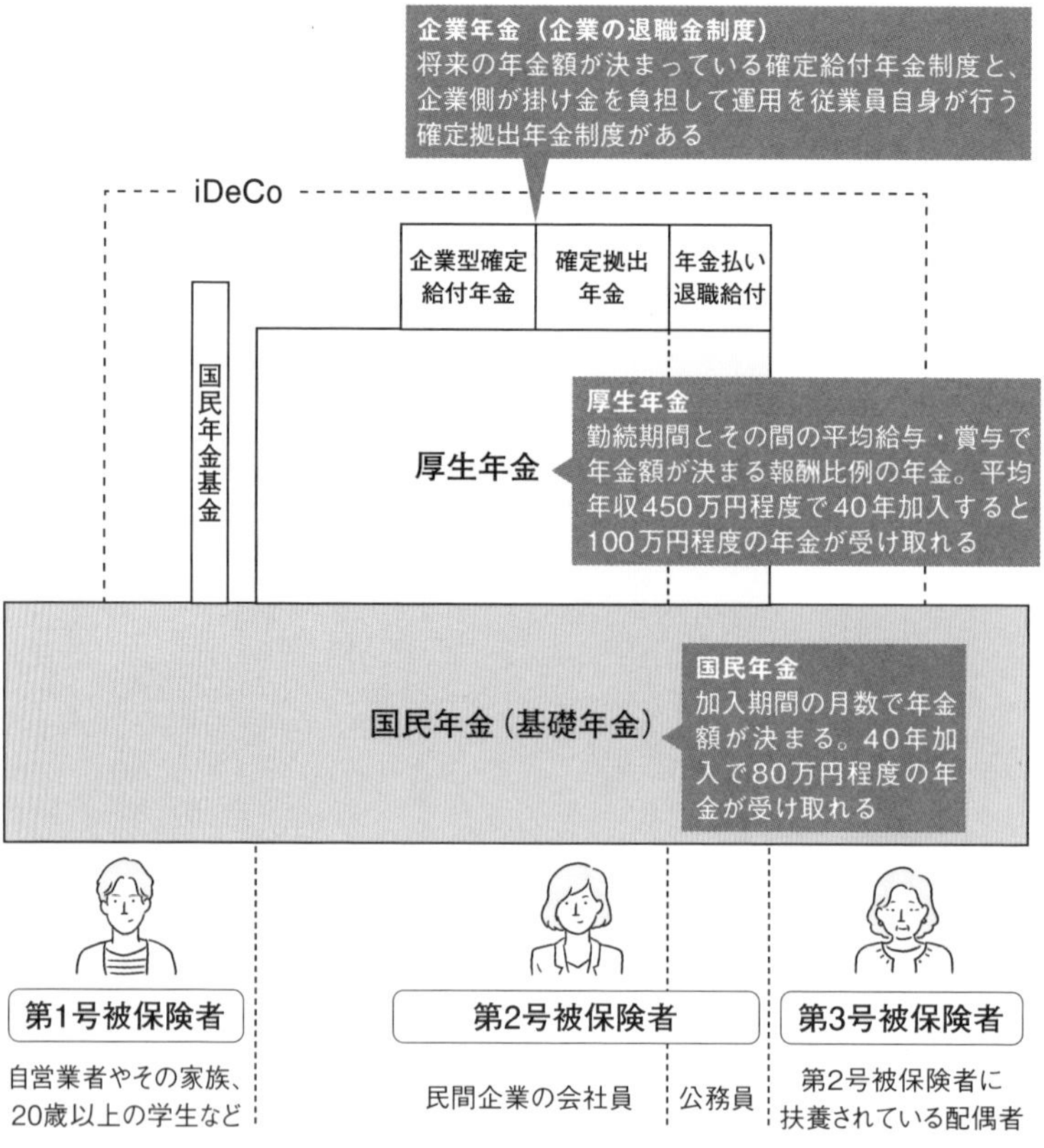
企業年金（企業の退職金制度）
将来の年金額が決まっている確定給付年金制度と、企業側が掛け金を負担して運用を従業員自身が行う確定拠出年金制度がある
iDeCo
企業型確定給付年金
確定拠出年金
年金払い退職給付
国民年金基金
厚生年金
厚生年金
勤続期間とその間の平均給与・賞与で年金額が決まる報酬比例の年金。平均年収450万円程度で40年加入すると100万円程度の年金が受け取れる
国民年金（基礎年金）
国民年金
加入期間の月数で年金額が決まる。40年加入で80万円程度の年金が受け取れる
第1号被保険者
自営業者やその家族、20歳以上の学生など
第2号被保険者
民間企業の会社員
公務員
第3号被保険者
第2号被保険者に扶養されている配偶者

「ねんきん定期便」で受け取れる公的年金を確認

毎年誕生月に日本年金機構から送られる「ねんきん定期便」は、今はインターネットでも確認できるように。注意したいのが、50歳未満と50歳以上とでは掲載情報が異なることです。50歳未満は「これまでの実績」に応じた年金額を、50歳以降は受け取れる年金見込み額を確認することができます。

● 50歳未満の人

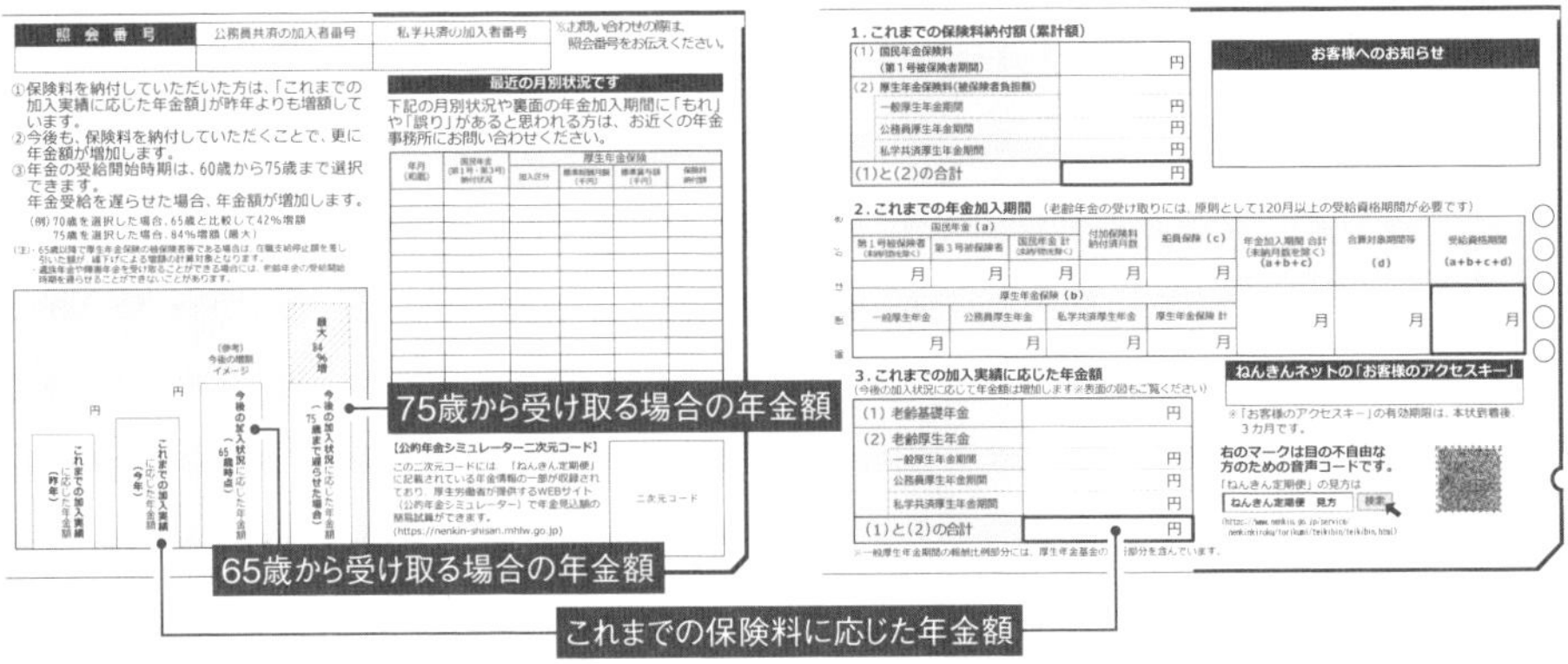

● 50歳以上の人

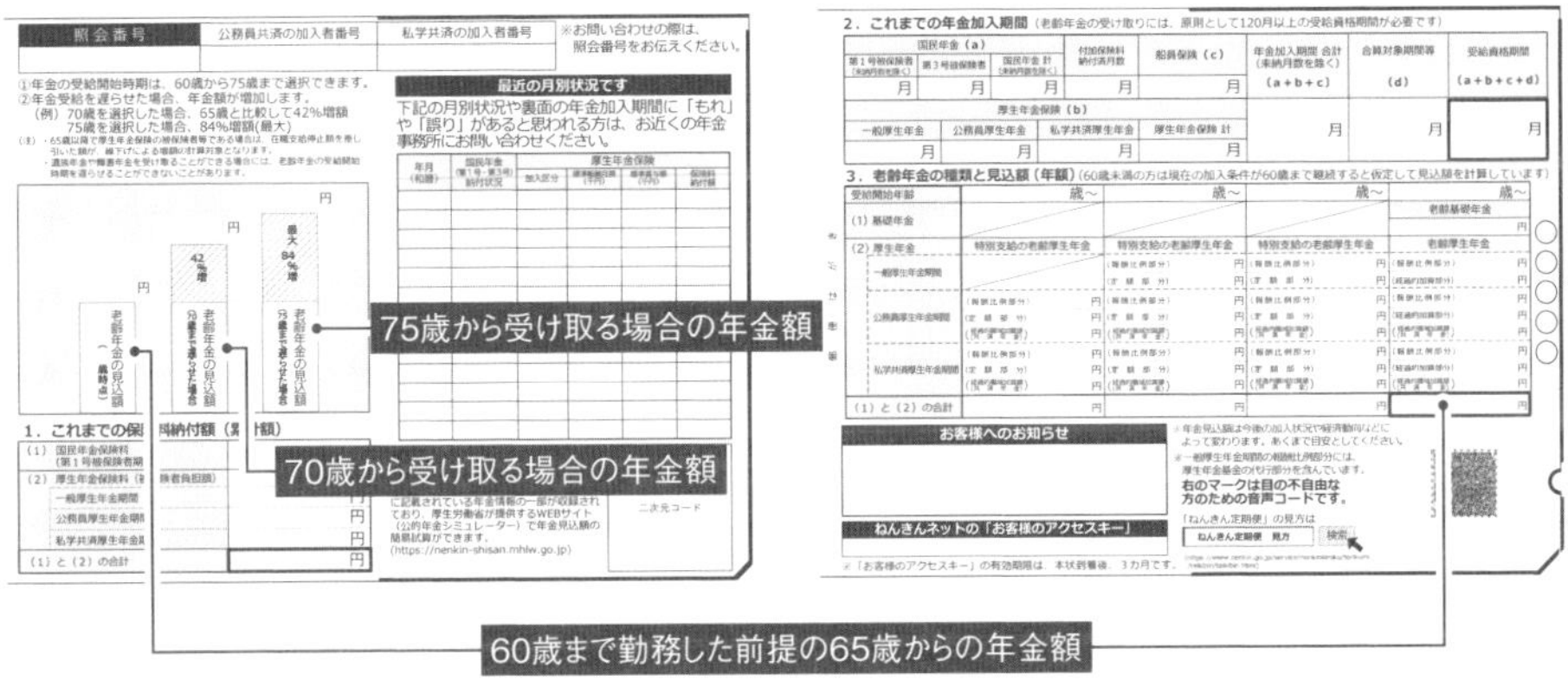

出典：日本年金機構ホームページ

プ ラ ス α

退職金制度、企業型確定拠出年金（DC）も確認する

会社の退職金のほか、企業年金・企業型確定拠出年金（DC）に加入しているか、加入していれば受け取れる額についても確認しておきましょう。社内規定集や福利厚生に関するパンフレット、社内ネットなどで説明されているはずです。また、人事や総務の担当者に確認してもよいでしょう。

7

投資の非課税口座

NISAは大きく2タイプに分かれる

運用益に課税されない NISA口座

少額投資非課税制度、NISA《ニーサ》は、２０２４年から２種類に。成長投資枠では上場株式など選べる商品の幅が広く、年間投資限度額も２４０万円。金融商品を自由に運用したい人向けです。つみたて投資枠で運用できる商品は投資信託とETFで、長期間積み立てることによってリスクが分散できる投資。年間投資限度額は１２０万円で、１００円からでも積み立てられるので、資金のない人や初心者にも向いています。

感染症の影響で将来への不安が広がり、若年層でつみたてNISAの加入が増加。金融庁のデータでは口座数の19・２％を20代が占めています。（２０２３年６月末時点）

NISAは2024年に大幅に改正され、恒久化される

（2023年末まで） 一般NISA ⟷選択制	（2023年末まで） つみたてNISA	（2023年末まで） ジュニアNISA
年間120万円	年間40万円	年間80万円
600万円	800万円	400万円
5年間	20年間	5年間
2023年末まで	2023年末まで	2023年末まで
上場株式・投資信託・ETF・REIT	金融庁の基準を満たした投資信託・ETF	一般NISAと同じ
18歳以上の日本居住者	18歳以上の日本居住者	0～17歳の日本居住者
いつでも可	いつでも可	18歳になるまで払出し不可
・自由に投資したい ・年間投資額が大きい	・長期積立でリスクを分散したい ・投資初心者 ・少額から投資できる	・両親や祖父母が子や孫のために口座を開設、運用し、本人が18歳になったとき、資金を活用できる ・子や孫に生前贈与したい

*2023年末までに現行の一般NISA及び つみたてNISA制度において投資した商品は、新しい制度の枠外で、現行制度における非課税措置を適用。現行制度から新しい制度へのロールオーバーは不可。

NISAの関連機関を知る

掛け金全額が所得控除の対象となり運用益も非課税のiDeCoとは異なり、NISAは、運用益が非課税となるシンプルな仕組みのため、金融機関にマイナンバーなどの必要書類を提出し、税務署で二重口座がないかなど確認できればすぐに口座を開設できます。

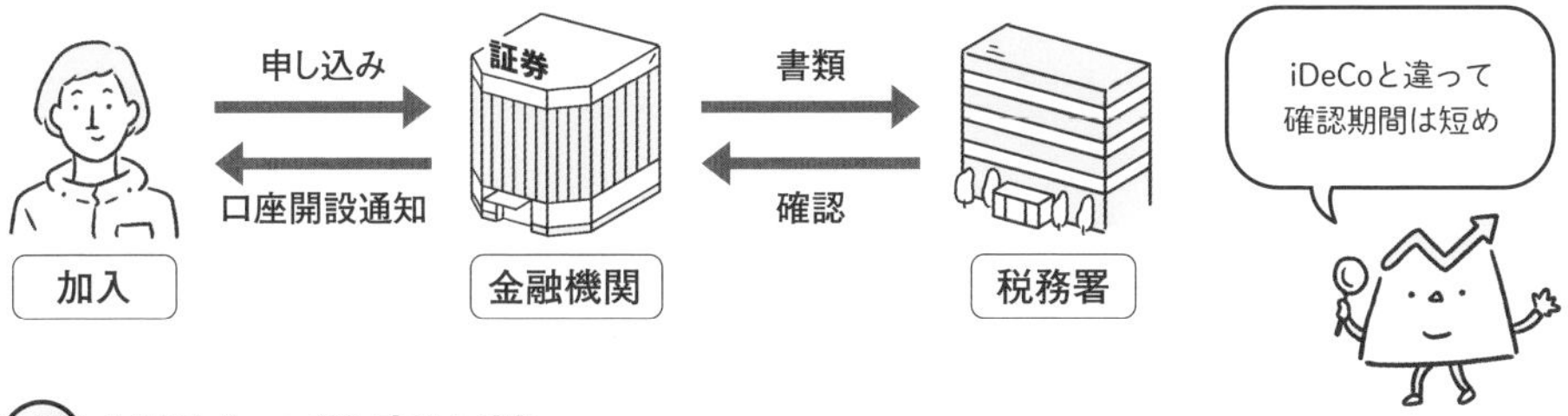

NISAの徹底比較

NISA制度は2024年より新しくなり、内容が変わるほか、ジュニアNISAが廃止に。新旧のNISAについて見ていきましょう。

新NISA（2024年から）

	つみたて投資枠	併用可 成長投資枠
非課税枠	年間120万円	年間240万円
	1800万円（うち成長投資枠の上限は1200万円まで）＊枠の再利用が可能な簿価残高方式	
非課税期間	無期限化	
拠出可能期間	恒久化	
対象商品	長期の積み立て・分散投資に適した金融庁の基準を満たす投資信託・ETF	上場株式・投資信託・ETF・REIT（毎月分配型やデリバティブ取引を用いた投資信託等を除外）
利用できる人	18歳以上の日本居住者	
資金の引出	いつでも可	
こんな人におすすめ	・長期積立でリスクを分散したい ・投資初心者 ・少額から投資できる	・自由に投資をしたい ・年間投資額が大きい

8

投資の非課税口座

NISA（つみたて投資枠）の特徴を知る

18歳以上なら無期限非課税で運用

１００円単位の少額から積立が可能で、生涯１８００万円まで運用益や分配金、譲渡益が非課税になるのがつみたて投資枠の大きなメリットです。また、対象商品が金融庁の条件をクリアした投資信託やＥＴＦに絞られているので、初心者にとって始めやすい投資といえます。商品も豊富で、口座管理手数料がなく、かかる手数料が安いものが多いこと、ｉＤｅＣｏと異なり、途中で解約して引き出せることもポイントです。

教育資金など、将来絶対必要になる資金は投資より貯蓄で備えるのがおすすめですが、つみたて投資枠はそれらを補うプラスαの資金を準備するのに向きます。

2024年から無期限、非課税で運用できる

NISAつみたて投資枠は、非課税で運用できる制度です。ただしいくらでも積み立てられるわけではなく、限度枠が年間120万円に決められています。

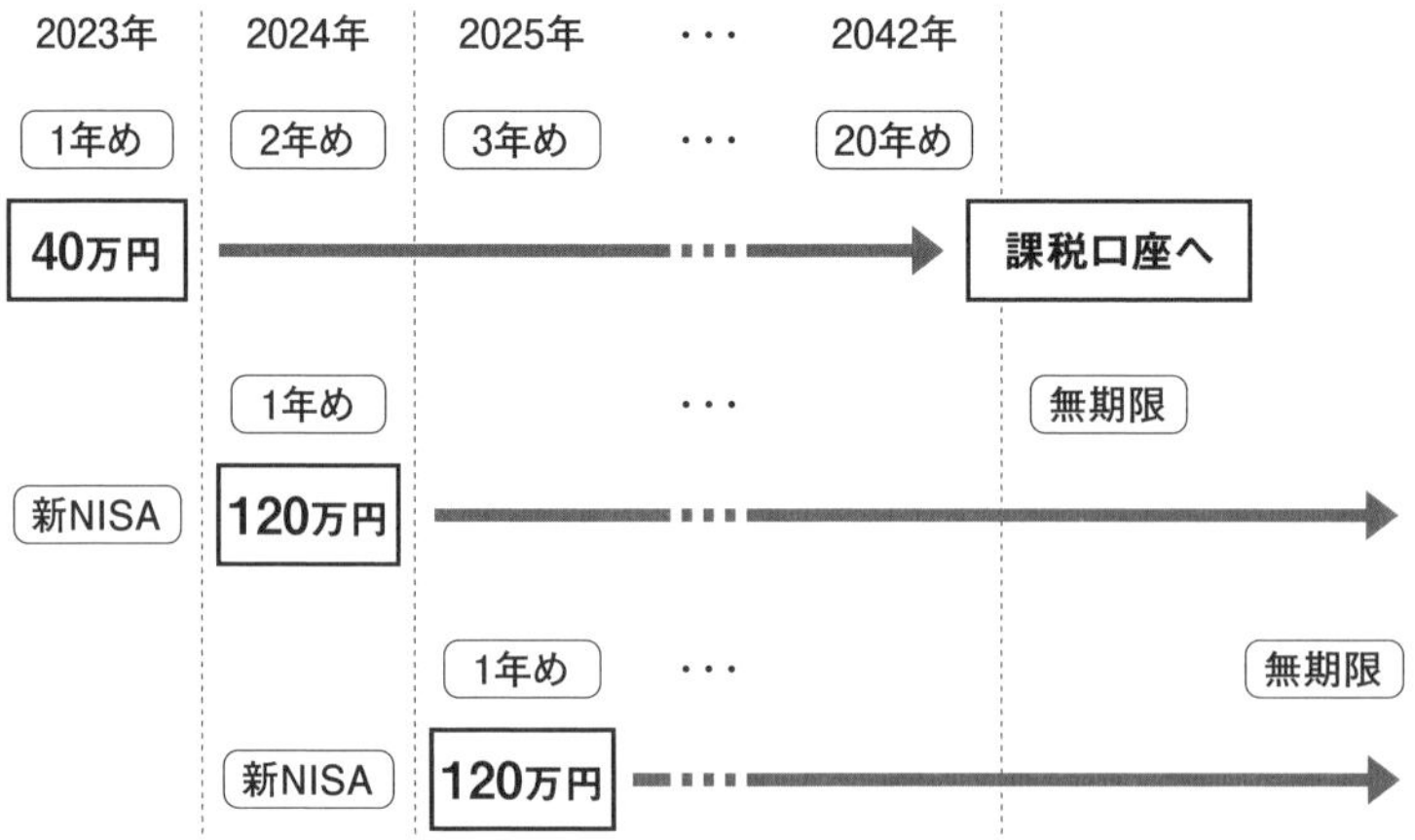

- Ⓟ 非課税期間は2024年から無期限
- Ⓟ 1年間の投資額は120万円まで。生涯投資枠は1800万円まで
- Ⓟ 解約も自由

低コスト商品が魅力

投資信託では「購入時手数料」「運用管理費用」などの手数料を証券会社に支払う必要があります。NISAではそのコストを低く抑えることができるのも大きな魅力です。あらかじめ、対象商品には購入時手数料が0円、運用管理費用も低いものが選ばれているためです。

● 運用管理費用（信託報酬）が1%違う場合の資産総額（100万円を投資した場合のイメージ）

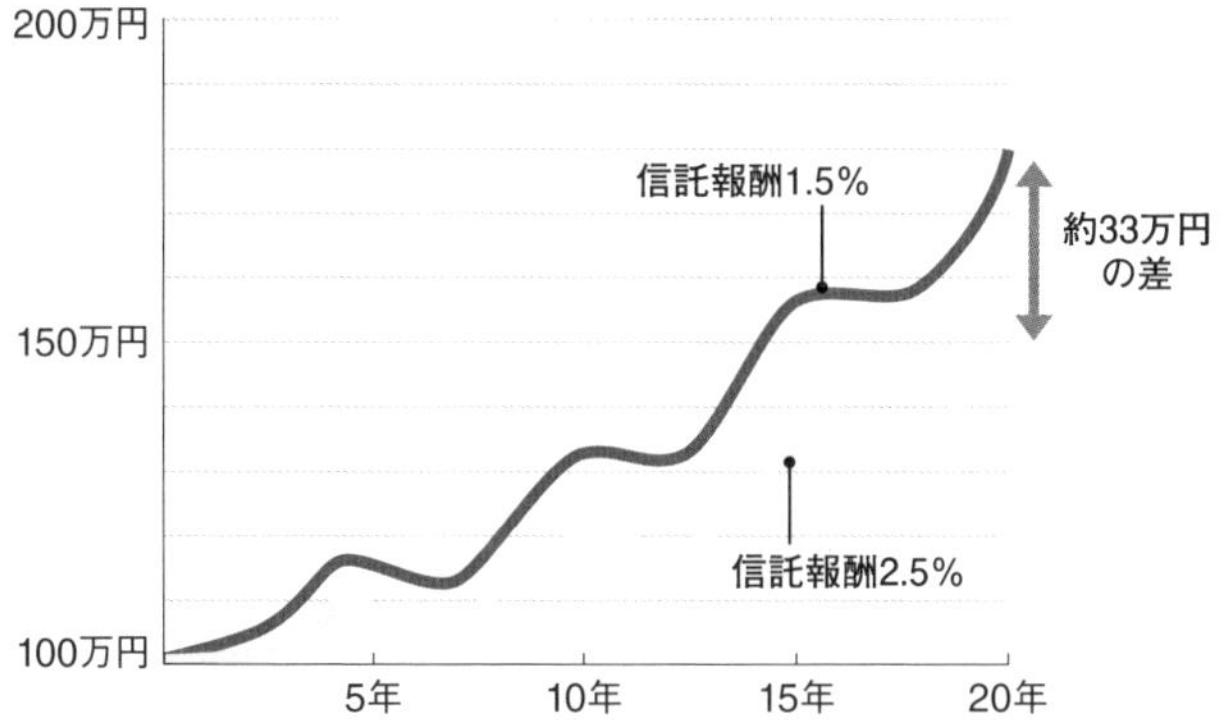

出典：金融庁「つみたてNISA早わかりガイドブック」

購入時手数料も0円

ただし、ETF（P.98）には売買手数料がかかる

非課税のメリット

非課税で運用できるNISAつみたて投資枠では、いくらぐらいお得になるのでしょうか。月々2万円を10年間積み立てた場合（運用利率5%、1年複利）、非課税と課税（20.315%）との違いを比べてみると、トータルで約17万円もの差が出ました。

●「課税と非課税」元利金の違い

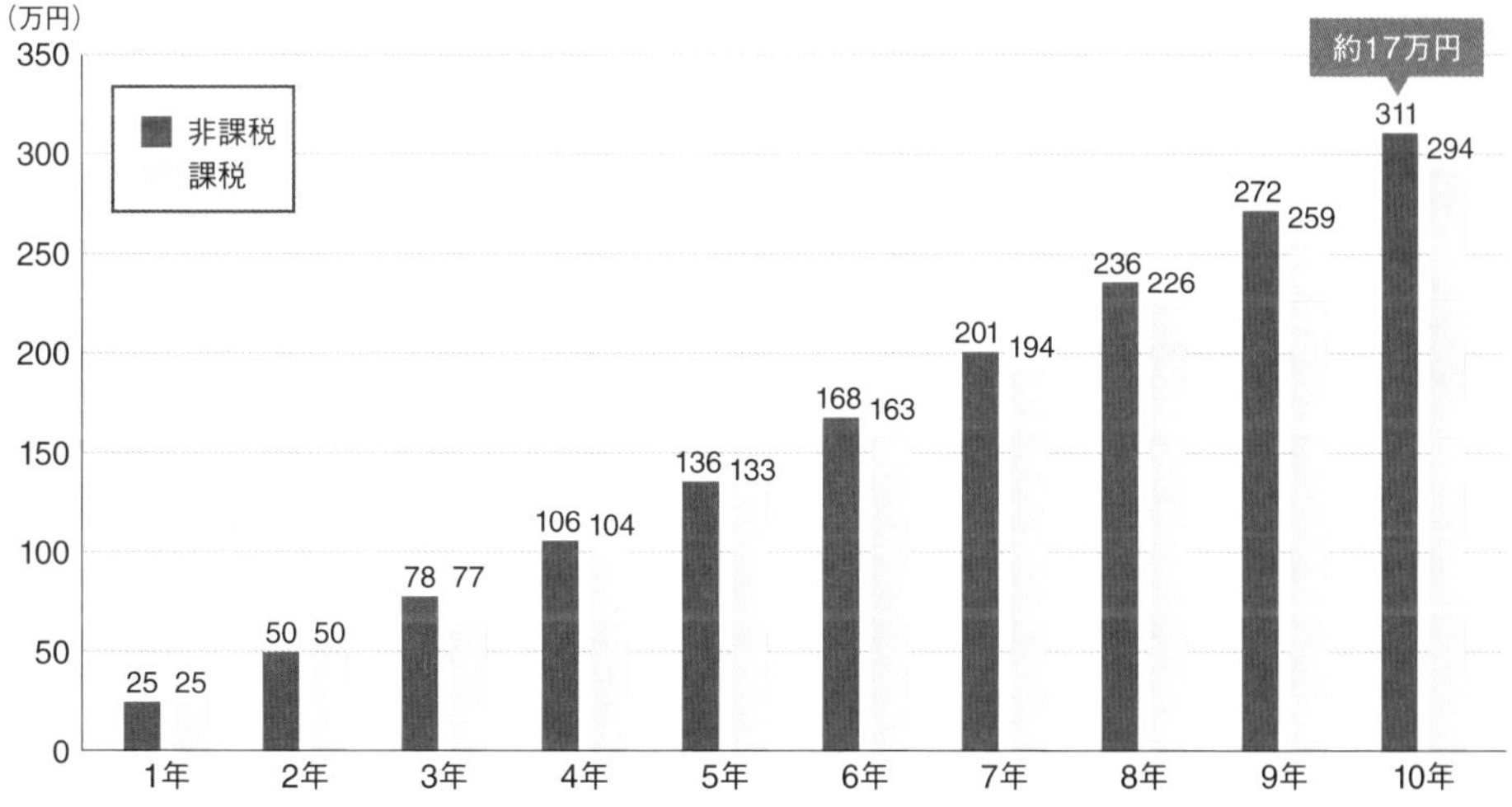

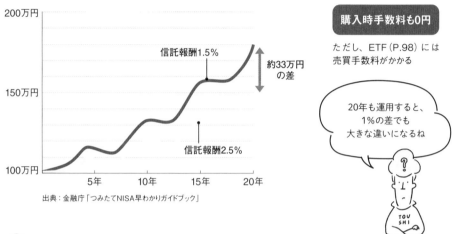

9

投資の非課税口座

NISA（つみたて投資枠）を始める

口座開設用の書類を取り寄せ、申し込む

ＮＩＳＡは1人で1つの口座、年間に拠出できる限度額があります。また、つみたて投資枠と成長投資枠は併用できます。金融機関により扱う商品数、手数料がかなり異なります。最初に見極めるのが大切です。

金融機関が決まったらネットや電話などで申し込みましょう。送られてきた必要書類に記入し、本人確認書類のコピーなどを同封して送り返すと、それに基づき確認が行われます。基本的にＮＩＳＡの利用有無などを確認するものなので、それほど時間はかかりません。金融機関からの口座開設の通知を待ちましょう。

NISA口座を開く

NISA口座の開設は比較的簡単です。専用の書類に記入し、本人確認書類などを添えて提出しましょう。口座開設の通知がきたらすぐにでも始めることができます。

STEP1 口座を開きたい金融機関に申請する
（手順は金融機関により異なる）

※画面はイメージです

STEP2 金融機関が税務署に申請する

STEP3 税務署の確認を経て口座開設

STEP4 口座開設の通知が届く

金融機関によって
品揃えがまったく違う！
上場株式を買うなら
証券会社を選ぼう

非課税枠をうまく使う

つみたて投資枠では、年間120万円のつみたて投資が非課税になります。少額ずつ分散してリスクを抑えながら投資をしたい場合に向く方法です。ただし、いくつかルールがあるので注意しましょう。

少額から投資を始めたい → つみたて投資枠

年間120万円の限度額は
月々で割ると10万円！

その年の非課税枠は翌年には繰り越せない

その年に限度枠を使い切れなくても、翌年以降に繰り越すことはできません。

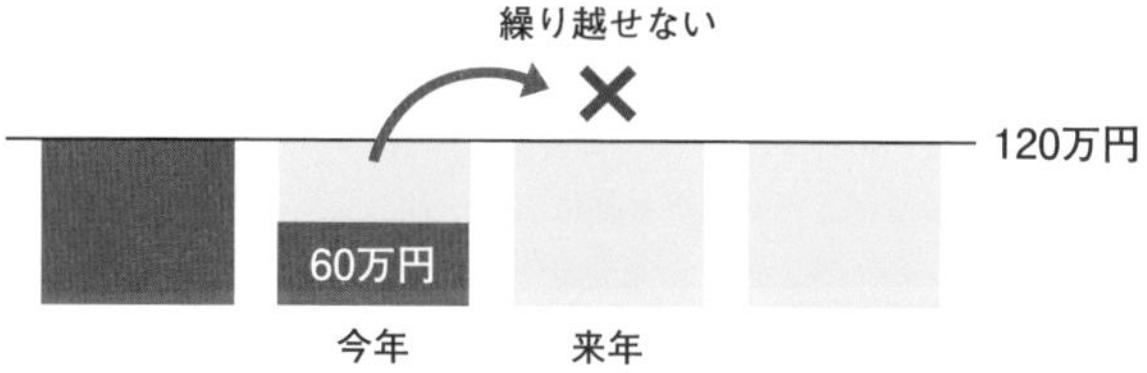

余っても
繰り越せないんだね

生涯非課税限度枠は再利用できる

NISA口座内の商品を売却した場合、当該商品の簿価分の非課税枠は、生涯非課税限度枠（1800万円）の範囲内で翌年に再利用できます。

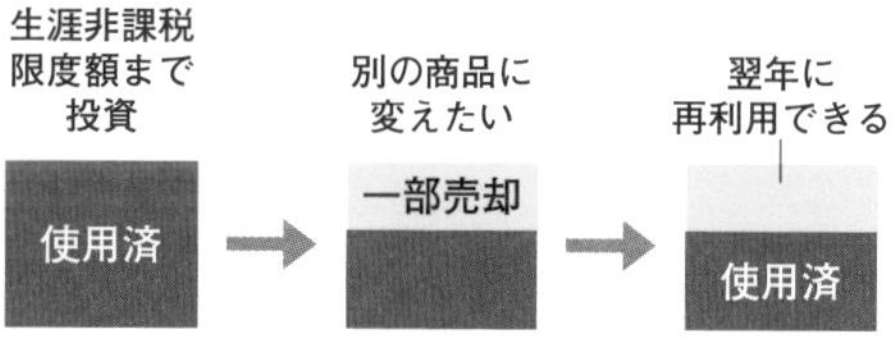

非課税枠が
再利用
できるんだね

プラスα

期間中の休止や現金化も可能

つみたて投資枠では120万円の限度枠いっぱい投資をしたほうが節税メリットを得られます。でも、生活環境の変化で続けられなくなったとき、手元のお金が不足したときなどは無理をしないようにしましょう。100円という少額から投資できるのがつみたて投資枠の大きな魅力で、金額もいつでも変更できます。例えば月々3万円ずつ投資していたところを、子どもの教育費などでお金が必要になったので、1万円に減額するなど、自由に設定を変えられます。また休止したり、一部を売却して現金に換えることも可能です。ただし、その年の限度枠を使い切れなくても、翌年以降に繰り越すことはできません。また、売却すると翌年、別の商品に投資することはできます。こうした金額の変更や休止、売却については、金融機関によって手続きが異なります。取引金融機関のホームページなどを確認してください。

10 投資の非課税口座

NISA（つみたて投資枠）で商品を選ぶ

つみたて投資枠の対象商品はインデックス型が充実

つみたて投資枠の対象商品は大きく３種類。株価指数など特定の指数と連動させてリターンを得る「インデックス型」、運用会社が銘柄の選定を行い、市場平均を上回るリターンを狙う「アクティブ型」、投資者自身が上場された投資信託を運用する「ＥＴＦ」です。

インデックス型は指数に自動的に合わせるだけなので、運用コストが低くなるメリットがあります。リターンは低めですが、長期的な運用を行うため、低コストの利益を享受しやすいといえるでしょう。２０２３年までのつみたてＮＩＳＡの商品のうちインデックス型は８割超と豊富です。

NISA（つみたて投資枠）の対象商品は3タイプ

対象商品にはインデックス型、アクティブ型の投資信託のほかに、ETF（上場投資信託）があります。それぞれ一長一短があるので、自分の投資スタイルや性格などと照らし合わせて選ぶとよいでしょう。また、限度額以内で複数を組み合わせて投資することもできます。

投資信託（インデックス型）

「日経平均株価」や「NYダウ」といった指数と自動的に連動させて運用。手数料が低い。

投資信託（アクティブ型）

証券会社などのファンドマネージャーが銘柄を選び、インデックス運用より高いリターンを狙って運用する。手数料が高い。

ETF

上場投資信託（Exchange Traded Funds）を運用する。一般の投資信託より手数料が低い。

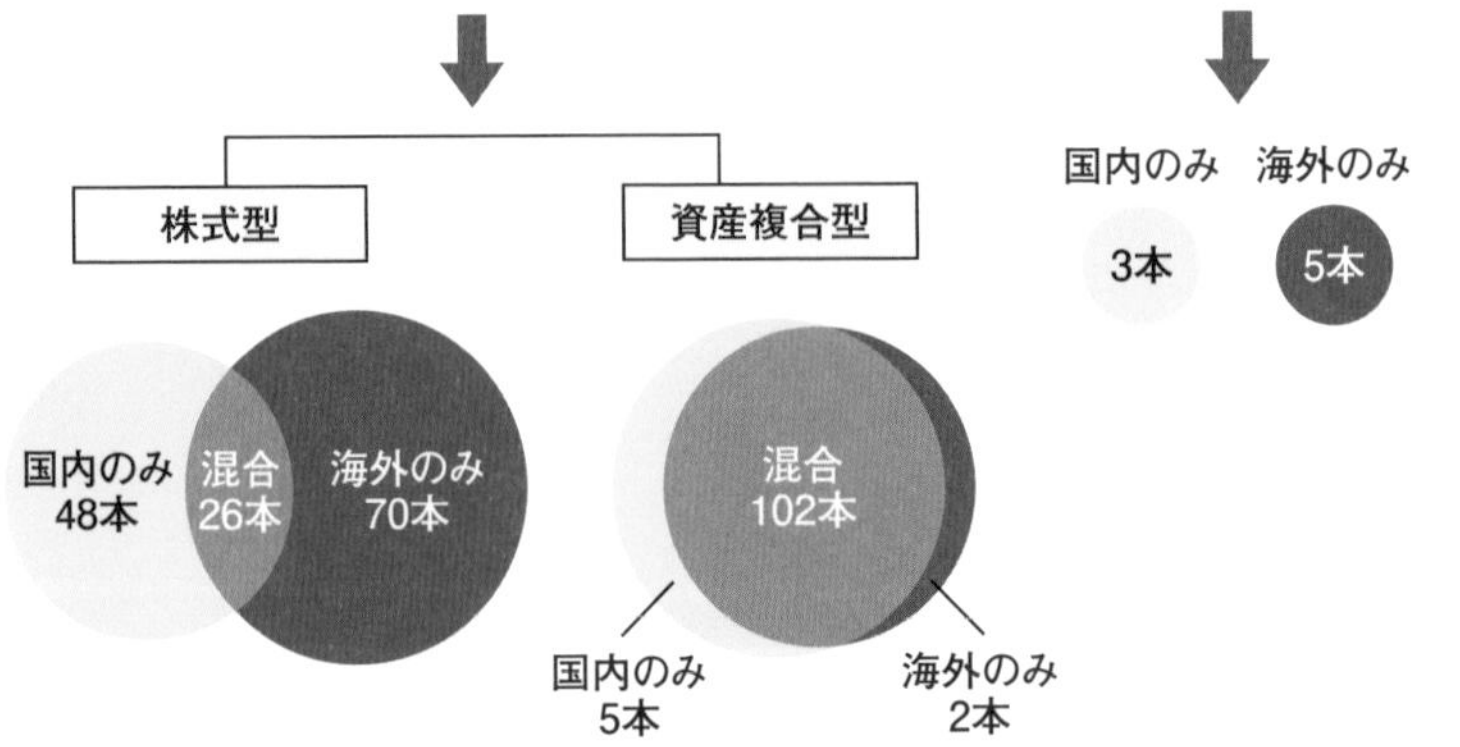

株式のみに投資する。比較的ハイリスクハイリターン。国内・海外・混合がある。

株式、債券、REITなどさまざまな資産を組み合わせてリスク分散を狙う。

※本数はつみたてNISA対象商品 2023年11月22日時点

インデックス型は市場平均を目指す

株価指数などは市場の平均値をとったもの。インデックス投資信託はそうした指数と動きを合わせてリターンを狙うので、安定的な運用が期待できます。

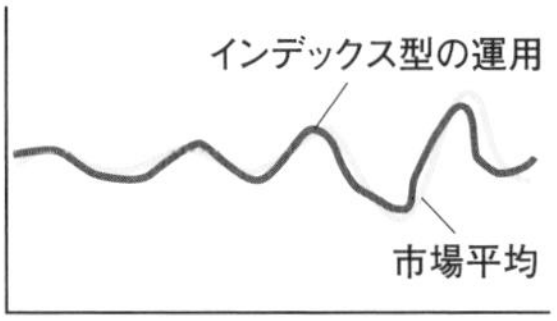

● 日経平均株価

東証プライム市場に上場している約1800社のうちから、市場流動性の高さや業種バランスを考慮して日本経済新聞社が225銘柄を選定し、その株価を平均したもの。

● TOPIX（東証株価指数）

1968年1月4日時点の東証1部上場全銘柄の時価総額（株価×発行済株式数）を100として、その後の時価総額を指数化したもの。2022年4月4日の東京証券取引所の市場区分再編で、旧東証1部の全銘柄から段階的にTOPIX構成銘柄の見直しが行われている。

A商品のベンチマークが日経平均株価の場合

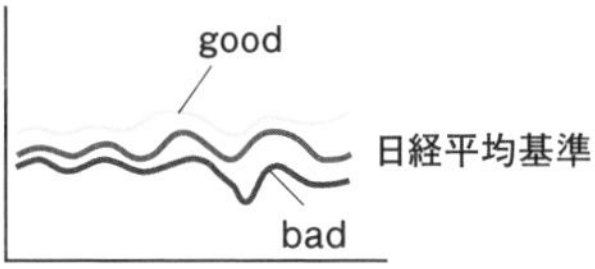

日経平均という指数（インデックス）を基準（ベンチマーク）とする商品

プラスα

NISA以外の資産も見る

投資信託には、インデックス、アクティブなどの運用手法のほかに、株式や債券など金融商品の組み合わせによるタイプ分けもあります。例えば株式重視型、債券重視型、均等型などタイプごとに特徴があるので、どんな商品なのかをよく理解する必要があります。NISA以外の自分の資産全体も見てポートフォリオを考えましょう。また、それぞれ手数料がかかることも忘れずに。

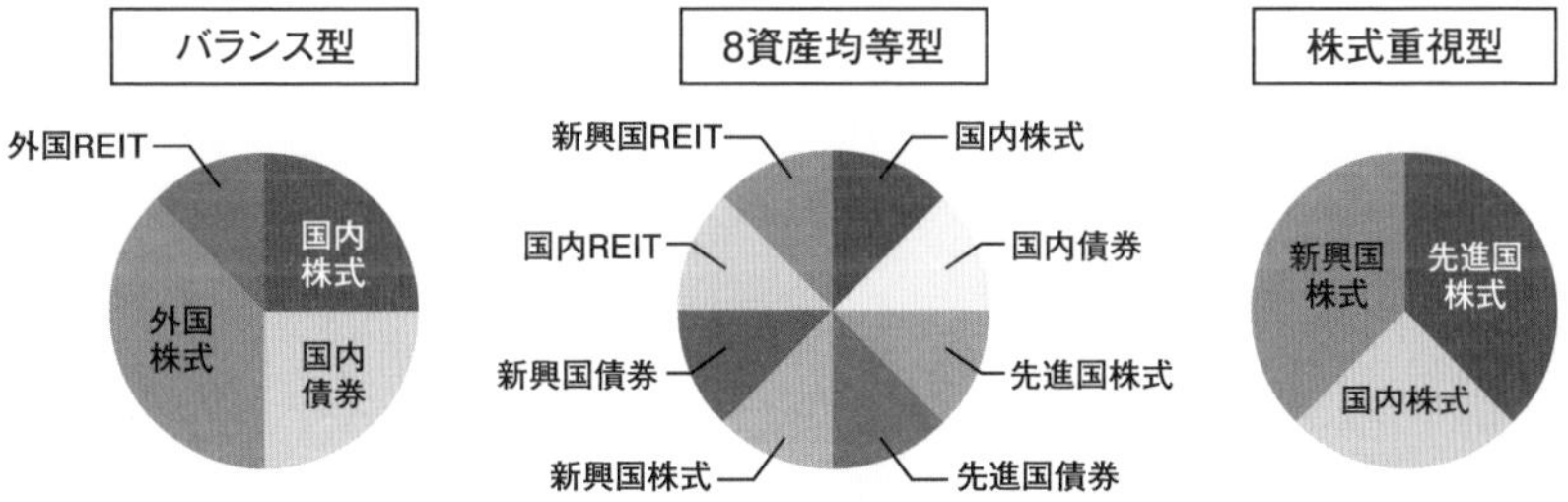

11

投資の非課税口座

口座を休止する・変える・商品を売る

損益によっては変更も考える 使いたいタイミングで売却を

NISA（つみたて投資枠）では金額変更や休止も可能です。また、投資したい商品がない、手数料が高いなどの理由で金融機関を変えたい場合、年に1回なら変更できます。休止した場合は、それまでに投資した金額で運用され、解約したことにはなりません。

NISAで運用していて意外に難しいのが、解約時の見極めです。目的があってこその資産運用ですから、住宅購入の頭金や車の買い替え、教育資金など、資金が必要なタイミングがあれば売却してもよいでしょう。利益が出ているときがおすすめです。

金融機関を変更する

NISA口座を開設する際は金融機関をよく吟味したいもの。しかし、それでも金融機関選びを失敗したと感じたり、手数料が高い、対象商品が少ないなどの場合は、金融機関の変更も可能です。

STEP1 金融機関変更の申請書類を取り寄せる

STEP2 書類を返送する

STEP3 「勘定廃止通知書」または「非課税口座廃止通知書」が届く

STEP4 新しく口座を開きたい金融機関に、届いた「勘定廃止通知書」または「非課税口座廃止通知書」と「NISA口座開設届出書」、本人確認書類等必要な書類を送る

変更の手続きは金融機関によって異なる

- Ⓟ 手続きの締め切りは9月末
- Ⓟ 変更したいと思った年に1回でも現行のNISA枠を使っていたら翌年まで変更できない

もとの口座で
投資していた商品を
引き継ぐことはできない。
長期投資とはいえないね

商品を売るときに知っておきたいこと

NISAはiDeCoと異なり、いつでも解約して現金化できます。そのタイミングによって利益を得られたり、逆に損をしたりすることも。利益が出ているか確認して上手に売却しましょう。

NISA口座

損失

そもそも課税されないのがNISAなので、売買損失が発生しても、他の口座で出た利益との税制上の損益通算はできない

課税口座
（特定口座、一般口座）

A株　損失
B株　利益

（利益−損失）×20.315%の税金

（2023年までのNISA）

非課税期間終了 → 課税口座に引き継いで運用：これ以降の利益には課税される

非課税期間終了／**非課税期間中** → 売却して現金化

売却して現金化 →
- 今すぐ現金が必要ならすべて売却
- 大きく利益が出ているなら全売却も
- 損が出ている、売り時かどうか迷うなら、持ち続けるか分割して売る

Q&A

Q　2023年までに投資したつみたてNISA、一般NISAはどうなるの？

A　新NISA制度が2024年からスタートするにあたり、現行のつみたてNISA口座、一般NISA口座での購入は2023年12月までです。2024年1月以降は18歳以上の人は新しいNISA（つみたて投資枠、成長投資枠）を利用することになります。すでに購入しているもの、2023年中に始めたものは非課税期間終了まで、別枠でつみたてNISA（20年）、一般NISA（5年）、非課税で運用を続けることができます。非課税期間いっぱいまで運用を続けるか、解約するかは、時期を見て利益が出ているかで判断しましょう。非課税期間終了後、新NISAへの移管はできませんので、終了前に売却する、もしくは非課税期間終了時に課税口座に払い出すのどちらかを選びます。
すでにつみたてNISA、一般NISAの口座を開設している人は、2024年以降、同じ金融機関での口座が設定されます。新しく投資商品を選んで投資を続けることができます。もちろん、金融機関の変更もできます。

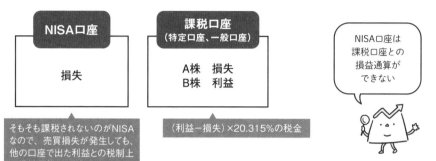

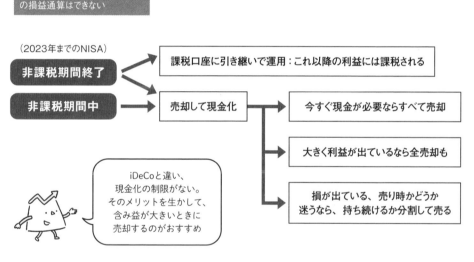

教えてください！ 投資あれこれ④

日本の投資（お金）教育についてどう思われますか？

奥村先生

海外の投資教育の現状は知りませんが、日本人は投資に対して、怖いとか、騙されるとか、バクチみたいなどといったネガティブな感情を持っている人が多いようです。これは投資を体験してこなかった親世代に原因があるかもしれません。金融リテラシーを身につけるのは難しいと思わずに、まずは自分が所属している会社が株式会社なら、その株式は誰が持っているのか？というあたりから考えてみるとよいでしょう。

泉先生

「投資教育とは」という質問の答えはさまざまだと思いますが、私が考える投資教育とは、まず金融・経済の仕組みを学ぶことが先だという考えに変わりはありません。知識があると、金融商品をすすめられたとき、自分に合っているか、タイミングは今か、経済環境はどうかなど高いレベルの質問ができます。より自分に必要な情報を得られるわけです。情報があるところに情報は集まりますからね。身につけた知識は裏切りません。

須藤先生

高等学校家庭科の教員向けにライフプランの学習会を行っていると、「貯金をしよう、年金掛けなさい、高利な借金ダメくらいしか言えない、ましてや金融商品のことなんて…」など、生徒へ伝える自信のなさと難しさを抱えているように感じます。
こんなときには「習うより慣れろ」で、まずは自身がiDeCoでもNISAでも始めて投資体験することが伝えるための近道になっていきます。体験に勝る勉強なし、ですね。

Chapter

4

株式投資

企業の株式を買うことで、
企業を応援し自分も利益を得ることを目指します。
興味のある企業の株価は今、いくらですか?

1 株式投資とは何か

株式投資の仕組みを知る

企業に活動資金を提供して受け取る預かり証が株式

企業は莫大な事業資金を投資家から調達します。その代わりとして投資家に渡す預かり証（証券）が株式です。株式を持った人はその企業の株主となります。株主としてのメリットは、キャピタルゲイン（株式の売却益）とインカムゲイン（配当と株主優待）の2つ。また株主総会での議決権を有します。ただし、投資した資金が必ず戻ってくるとは限りません。業績が下がったり、倒産することもあるからです。株主はそうしたリスクも負うわけです。

株式の売買は東京証券取引所など金融商品取引所で行われます。投資家が株式を買うときは、証券会社などを通じて申し込みます。

株式は証券会社を通じて売買する

上場企業の株式は、証券取引所で売買されます。個人の投資家は証券会社などを通じて、株式を売買することができます。上場していない企業は、経営者や従業員など、関係者が株主となって資金を調達します。

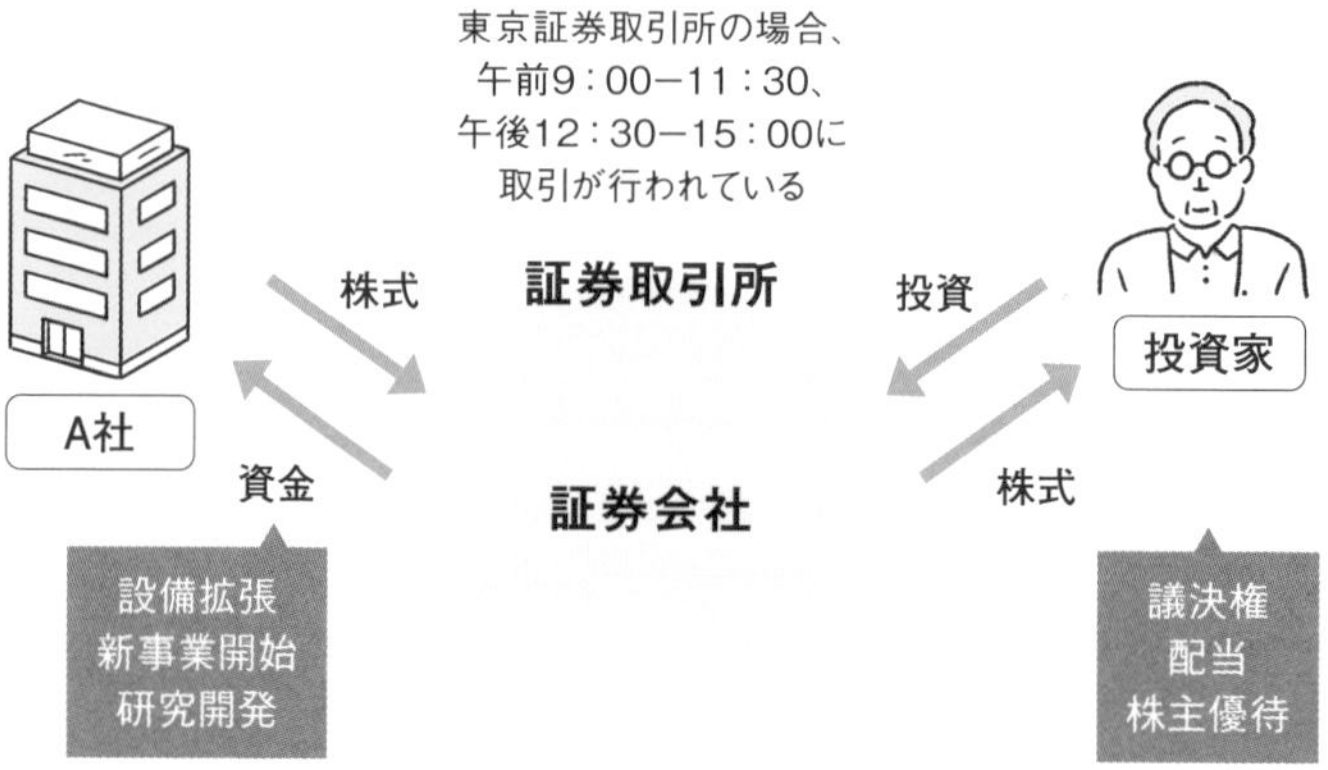

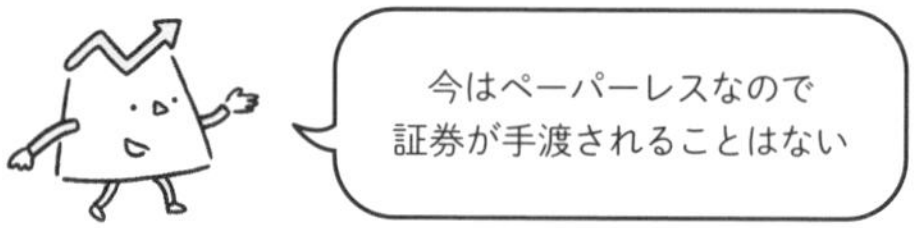

プラスα

持株会で自社株などを買う

持株会は、従業員が給料の一部を出し合い、共同で自社や親会社などの株式を買います。少額で投資できることや、自社の株式が上がれば自分の利益にもなるため、働きがいや、やる気の向上につながることが大きなメリット。また、奨励金をプラスする企業もあります。

世界中の株式市場で株価は刻々と変動している

株式は世界各国で取引されていて、株価は常に変動しています。取引額が大きなところとしては、アメリカのニューヨーク証券取引所やナスダック、イギリスのロンドン証券取引所などが挙げられます。日本の企業が海外の取引所に上場することも可能です。

海外の主な証券取引所

ニューヨーク
ナスダック
ロンドン
上海
香港
ユーロネクスト
ボンベイ
フランクフルト

東京証券取引所

プライム市場
グローバルな投資家との建設的な対話を中心に据えた企業向けの市場

スタンダード市場
公開された市場における投資対象として十分な流動性とガバナンス水準を備えた企業向けの市場

グロース市場
高い成長可能性を有する企業向けの市場

※2022年4月4日からの新しい市場区分（日本取引所グループ・ホームページより）

札幌証券取引所
名古屋証券取引所
大阪取引所
福岡証券取引所

株価はさまざまな要因で変動する

株価はさまざまな理由で変動します。主な要因は以下のようなものですが、現実にはそれらが複雑に絡み合うため、予測することは非常に難しいといえます。

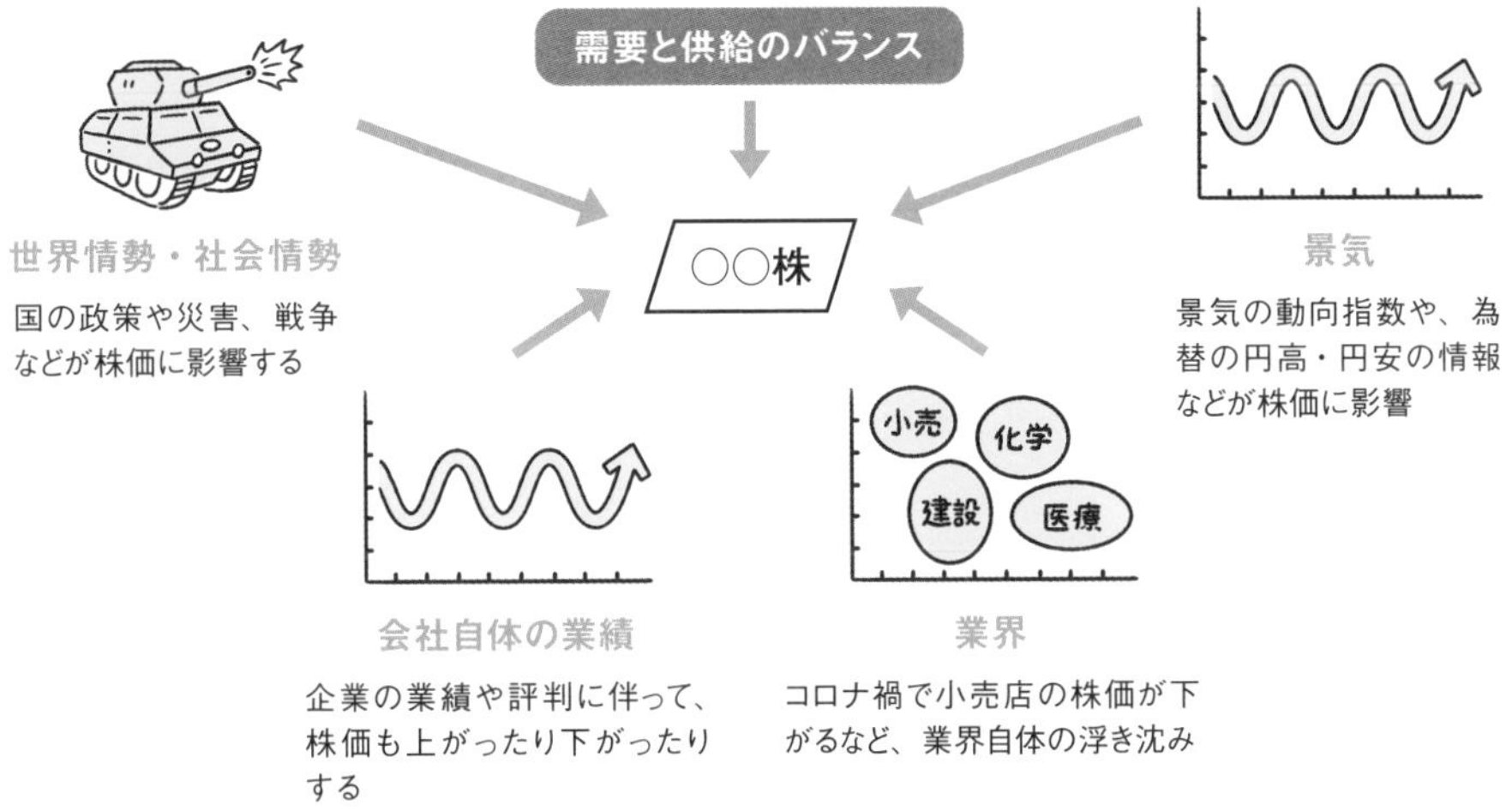
需要と供給のバランス
○○株
世界情勢・社会情勢
国の政策や災害、戦争などが株価に影響する
景気
景気の動向指数や、為替の円高・円安の情報などが株価に影響
小売
化学
建設
医療
会社自体の業績
企業の業績や評判に伴って、株価も上がったり下がったりする
業界
コロナ禍で小売店の株価が下がるなど、業界自体の浮き沈み

NG

インサイダー取引

株式投資ではさまざまなルールがありますが、中でもよく知られるのが「インサイダー取引」の禁止でしょう。企業の内部情報を知る立場にある人が、株価に影響を与えるような重要な事実を知った上で、その事実が発表される前に株式などを売買することです。投資者保護や金融商品の信頼性確保の観点から禁止されています。

2

株式投資とは何か

投資したお金のゆくえ

株式を買ったお金は企業に入る?

すでに発行されている株式の売買は、証券会社を通じて行い、お金は投資家から投資家に回っていきます。これが「流通市場」です。

「発行市場」は、新規上場や企業の資金調達の新株発行などの市場です。新株を買った投資家のお金は企業に行き、企業はこの資金で事業拡大や設備投資などを行います。新株の発行価格は流通市場での株価を基準とするため、株価が高いほど多くの資金を調達できます。新株を不特定多数の投資家に買ってもらう「公募増資」、取引先など特定の企業に買ってもらう「第三者割当増資」、既存の株主に買ってもらう「株主割当増資」があります。

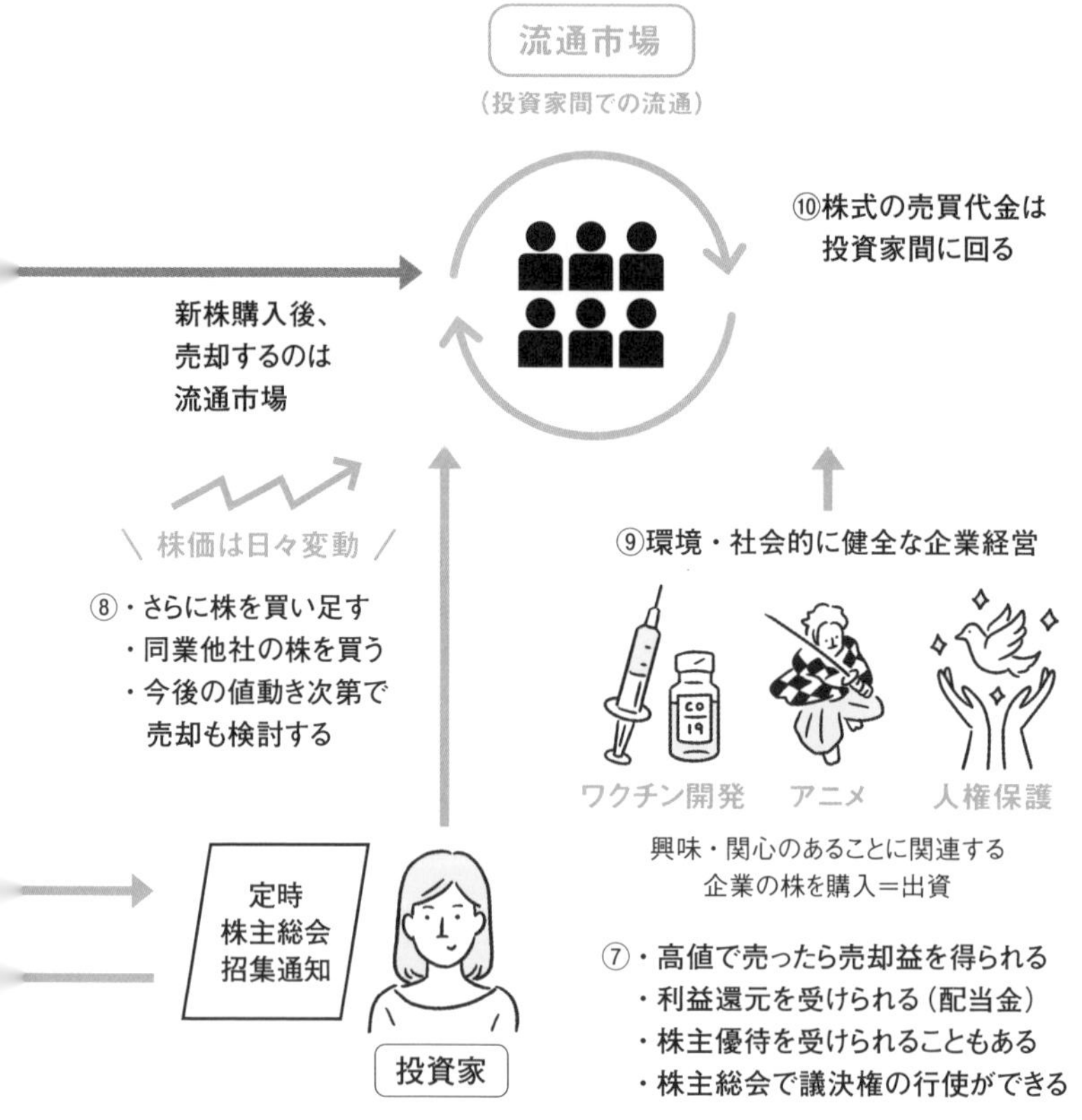

流通市場
(投資家間での流通)
⑩株式の売買代金は
投資家間に回る
新株購入後、
売却するのは
流通市場
株価は日々変動
⑧・さらに株を買い足す
・同業他社の株を買う
・今後の値動き次第で
売却も検討する
⑨環境・社会的に健全な企業経営
CO
19
ワクチン開発
アニメ
人権保護
興味・関心のあることに関連する
企業の株を購入＝出資
⑦・高値で売ったら売却益を得られる
・利益還元を受けられる(配当金)
・株主優待を受けられることもある
・株主総会で議決権の行使ができる
定時
株主総会
招集通知
投資家

株価の変動で増えたり減ったりするお金

株価は景気の変動や企業の業績、受給バランスなど、さまざまな要因によって上がったり下がったりしています。投資したお金も、この株価の上下に応じて増減します。

A社の株を10万円で１００株購入できたとします。A社株には購入時、１０００円の価値があったわけですが、その後、業績が悪化し、株価が５００円まで下落してしまいました。10万円を投資しましたが、５万円、損したことになります。

損をした分のお金が戻ってくることはありません。損を覚悟で株を売却してお金に換えるか、株価が上がるのを期待しながら、持ち続けるしかないわけです。会社が倒産したら株価は０円になります。

企業の株式を買うことは「出資」ですから、日々の株価の動きだけではなく、業績や経営方針についても関心を持つ必要があります。

投資したお金の旅

投資したお金は企業の事業活動に利用され、商品やサービスを生み出します。それらが企業の利益となり、株主に配当金が分配されます。また企業の事業方針により株価が上昇すれば、売却益にも結びつき、反対に企業が赤字になれば配当はなくなり、株価が下がって、投資家は損をします。

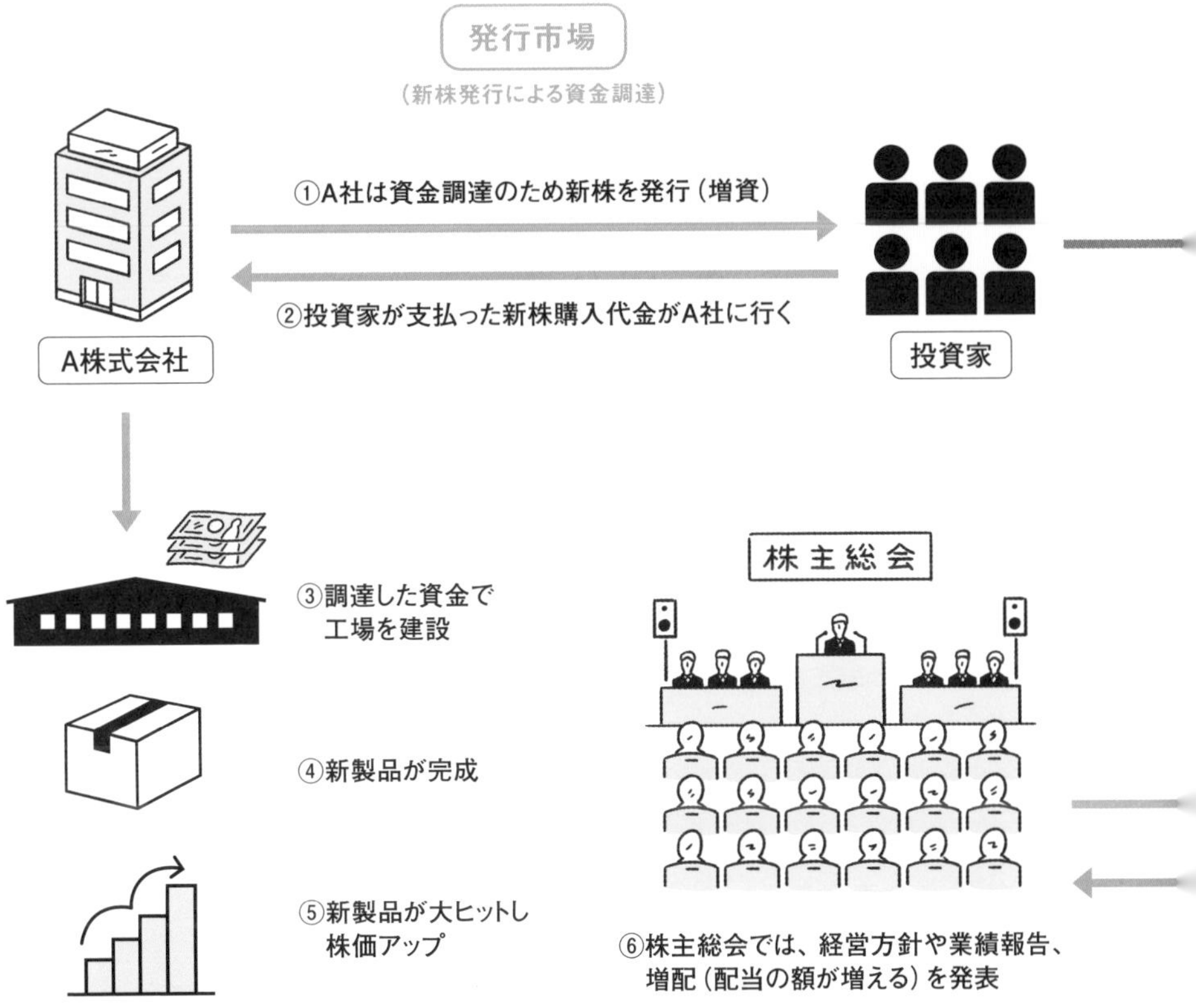
発行市場
（新株発行による資金調達）
①A社は資金調達のため新株を発行（増資）
②投資家が支払った新株購入代金がA社に行く
A株式会社
投資家
③調達した資金で
工場を建設
④新製品が完成
⑤新製品が大ヒットし
株価アップ
株主総会
⑥株主総会では、経営方針や業績報告、
増配（配当の額が増える）を発表

株式投資とは何か

3

株式投資で投資家が得る利益

出資額に応じて会社の利益が分配される

株主はその出資額（持株数）に応じて、利益を受け取る権利を持っています。配当や株主優待をどうするか、出資額に対しどの程度の金額にするかといったことは企業が決めます。

上がった利益を成長のために投資したいと企業が考えた場合や、利益が得られなかったときは、配当金がなくなる可能性もあります。

無配当が続き、株価が下がる一方の場合、投資家としては株式を保有しているメリットがないと判断し、売却するようになります。このように、売却する人が増えると需給バランスによって株式の価値はさらに下がります。

1年間の利回りを見てみる

投資した資金に対しての利益を1年あたりで見たものを「利回り」といいます。中でも、1年間でいくらの配当があったかを示すのが「配当利回り」。一定の配当が継続的に出ている株式は業績も安定しており、株価も下がりにくいといえます。

化粧品メーカーF社の株式を100株保有
1年前に30万3000円※1で購入（NISA口座）

①購入時の証券会社への取引手数料275円※2

②配当金3400円（1株あたり34円）

③株主優待3000円相当の製品

株式を1年間保有 → 1年間の利益　6125円相当
（配当金3400円＋株主優待3000円相当－取引手数料275円）

＋

もし株式を売ったら → 購入から1年後…株価3680円※3のときに売却
売却益は6万5000円※4

＝

実質の利益
7万850円
利回り
約23.38%

S銀行のネット定期預金に
30万3000円を1年預ける
（金利0.2%）

手取り利息484円
（利息606円－利子税122円）

＋

元金30万3000円

＝

総額
30万3484円
利回り
約0.16%

※1　2019年11月5日の株価3,030円
※2　ネット系証券会社の例
※3　2020年11月5日の株価
※4　売却時の取引手数料が275円かかる

定期預金は元利金の支払いが保証されている安全なもの。
一方、株価は毎日刻々と変動するので、
株価が下がっているときに売却すると損をすることになる。
株価3680円のタイミングで株式を売ると6万5000円の売却益
（NISA口座なので非課税）を得ることができるが、全部売ってしまうと
それ以降は配当金も株主優待も得ることができなくなる

株主優待がついていることもある

株主に自社製品やサービスをプレゼントする制度を導入している企業は年々増えており、現在は上場企業の3割以上が実施。年1回ないし2回出しているところが多いようです。ただし、株主優待を受けるためには保有株数や保有年数などの条件があるので、あらかじめチェックしておく必要があります。

権利確定日を知っておこう（P.111）

買ったときより高く売れば利益が出る

株式投資では、配当以外に、値上がりによる売却益（キャピタルゲイン）を狙う方法もあります。値動きをよく見ておくことも重要ですが、経済情勢、企業の業績などを研究し、タイミングよく売却しなければなりません。また、手数料や税金も考慮する必要があります。

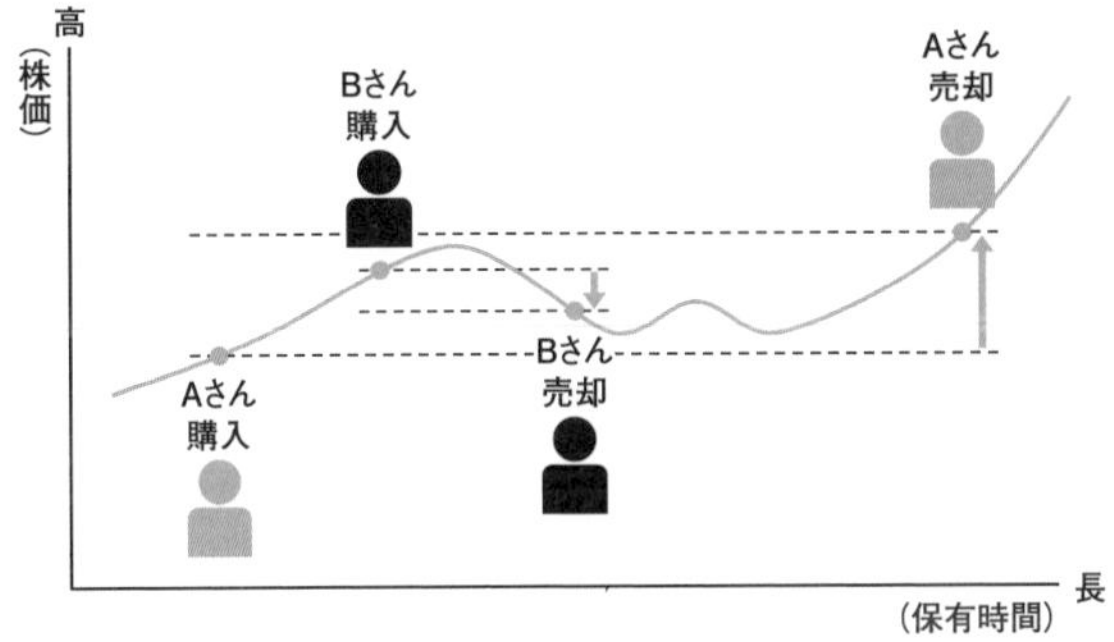

損益＝（売値－買値）×株数

Aさん
（2500－2000円）×100株
＝50,000円

Bさん
（2100－2300円）×100株
＝マイナス20,000円

Q&A

Q いつ売買したらいいかわかりません。とくに下がり始めたときの見極めが難しくて…

A 株式投資には、投資したお金が戻って来ないというリスクがあります。それをわかった上で、事前に対策しておくことが大切。まずは、投資先の企業についてよく調べること。社会情勢と見比べて、これから価値が上がると思った企業に投資しましょう。また、リスク分散も行っておきます。その上で、細かい値動きに過敏に反応しないことが大切です。それよりも、企業の方針や業績などをよく観察しましょう。また、株価が戻らないと判断したときなどは、損をしてでも売り切ってしまうのも手。これを、「損切り」といいます。あらかじめ「いくら損をしたら売る」「買ったときの半値を切ったら売る」など、損切りのルールを決めておくのもおすすめです。

銘柄を選ぶ

長くつきあうなら興味のある企業を選ぶ

いよいよ投資を始めましょう。といっても、まずどの株式を選べばよいのでしょうか。株式の値段も数百円から万単位までとピンキリ。安いのか高いのかよくわかりません。そこで、上場している会社を理解することから始めましょう。

初心者なら自分の身近にあって、わかりやすい会社がおすすめ。食品や生活雑貨、ファッション、薬など、興味のある分野の企業を選び、株価の動きや関連するニュースを追ってみましょう。一方で、社会の情勢も視野に入れます。株式では、利益を得るというだけでなく、自分が投資することで社会の役に立つかどうか、という視点も大切です。

出資したい会社を見つける

株式に投資するためには、会社の動きを知る必要があります。自分自身の仕事以外の、余暇の時間を使って調べるのですから、楽しみながら行いたいもの。自分が楽しめる、生活に役立つ、お得な情報がわかる、などなど、興味を持てる分野から選ぶのがおすすめです。

興味がある、身近で注目している会社

食品や生活必需品、薬、文具、ファッション、飲食、旅行、音楽、アニメ、車など、自分の生活の身近にある商品やサービス、興味のある分野の会社をホームページなどで調べる。

社会情勢から需要が高まりそうな産業、会社

コロナ禍で必要性が高まっているITコミュニケーション、SDGsの時代だから環境系など、社会の情勢を見て、注目されている産業や会社にはどのようなものがあるか調べる。

金融の専門家に注目されている会社

アナリストのおすすめや、経済誌で取り上げられている会社などをひと通りチェックする。

銘柄スクリーニングサービスでピックアップされた会社

スクリーニングとは、たくさんある銘柄の中から、設定した条件に合うものをふるい分けること。証券会社のサイトや、アプリなどでスクリーニングをしてみよう。出てきた結果をうのみにせず、どんな会社か、値動き、業績などについて自分で調べるのも重要。

候補の会社について調べる

投資したい会社の目処がついたら、その会社のホームページや証券会社のサイトでさらに深く調査していきます。

株価

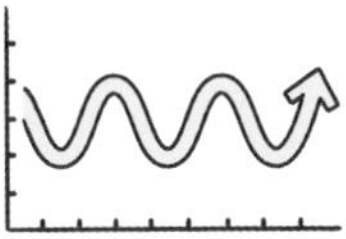

現在の株価と過去のチャートで、数年単位での値動きを見てみよう。

配当や優待

優待の有無や内容、配当について調べよう。純利益の中から配当にどれだけ割り当てられているかの「配当性向」を見るのもおすすめ。

何をしている会社か?

会社の事業内容やグループ企業を調べたり、「IR情報」で業績の推移や株主向けの事業説明をチェックしよう。

権利確定日について知る

株式を購入しただけでは株主としての権利を享受できません。各企業が定めている「権利確定日」に株主として名簿に記載されていないと、配当や株主優待を受けられないのです。名簿に記載されるまでには、株式の購入後、2営業日かかります。ですから株を購入するときには必ず権利確定日を確認し、その2営業日前までに購入します。

日	月	火	水	木	金	土
			③	②	①	
			29	30	31	
			↑ 権利付き最終日		↑ 決算日＝権利確定日	

権利確定日の2日前の取引終了時まで株式を保有していた人に配当金や優待の権利が発生する。

決算日は月末とは限らない。

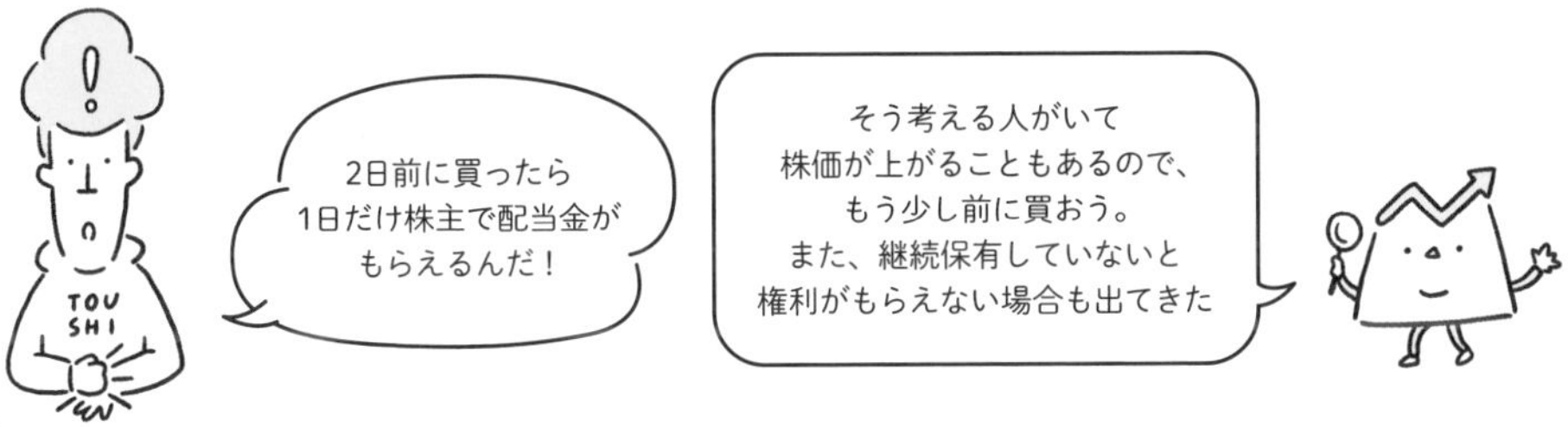
2日前に買ったら1日だけ株主で配当金がもらえるんだ!
そう考える人がいて株価が上がることもあるので、もう少し前に買おう。また、継続保有していないと権利がもらえない場合も出てきた
TOU SHI

5

株式投資を始める

会社の情報を知るとおもしろい

社会と自分を関連づける会社情報の研究はおもしろい

会社の株式を購入しようとすると き、お金を増やしたいと思う気持ちと同時に、自分の投じたお金を有益に役立ててほしいと思うものです。

購入を検討している会社のことを調べたいと思ったとき役に立つのが各企業が発表しているIR情報、プロが分析した情報がまとまっている新聞、東洋経済新報社が発行している『会社四季報』などです。

儲かる株式や安全な株式はどれか、アナリストの意見を聞くばかりではなく、これらの情報を読み解き自分なりに判断することができたら、株式投資がより楽しくなります。テレビやニュースアプリで見る経済情報にも関心がわくことでしょう。

株式を購入するとより興味がわく

ステイホームで時間に余裕が生まれたり、副業で収入を増やしたいと感じたりした方も多いことでしょう。気になった企業や業界に投資すると、関連ニュースが気になります。

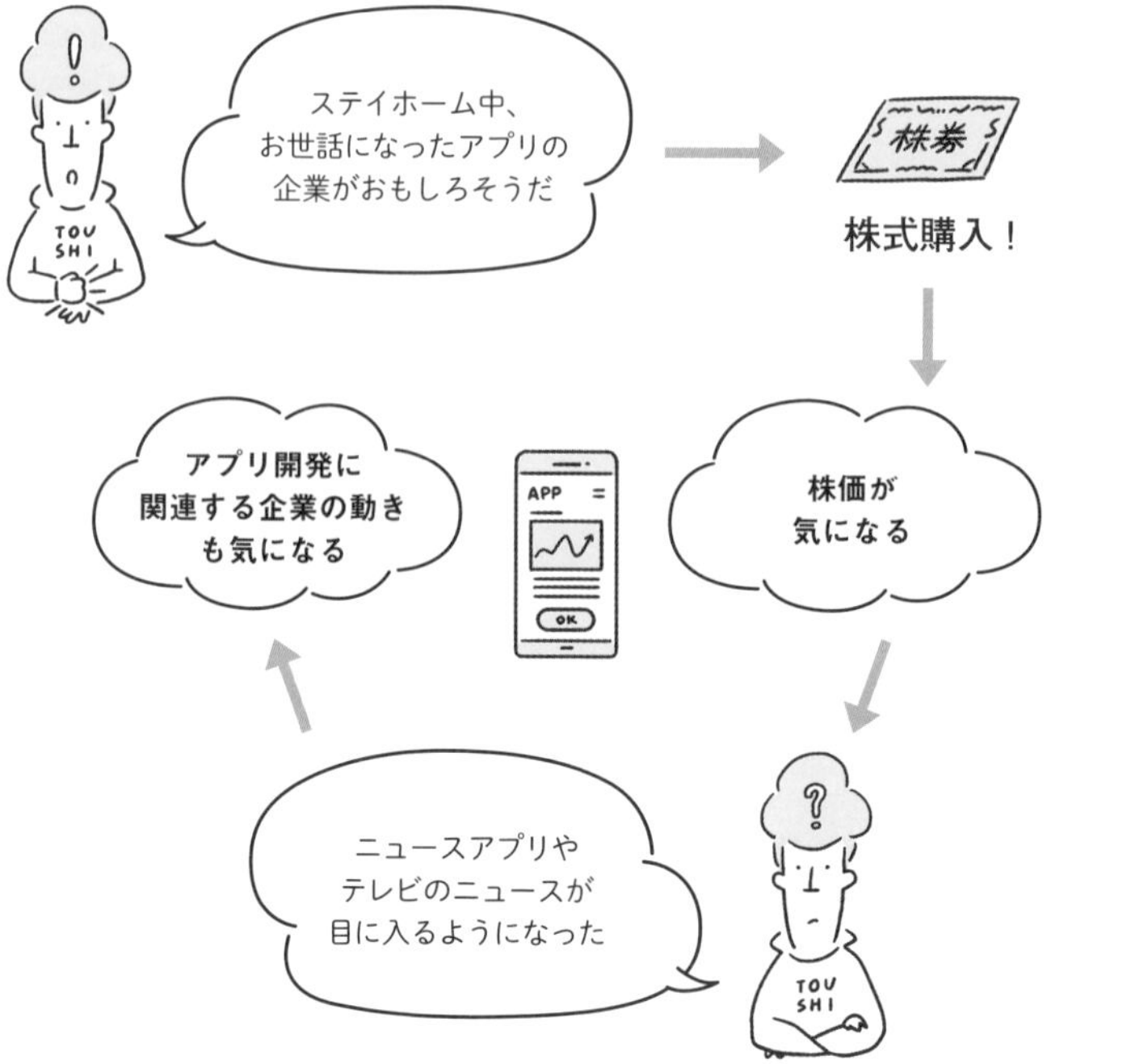

ステイホーム中、お世話になったアプリの企業がおもしろそうだ
株券
株式購入！
株価が気になる
ニュースアプリやテレビのニュースが目に入るようになった
アプリ開発に関連する企業の動きも気になる
APP
OK
TOU SHI

会社四季報にはヒントが満載

『会社四季報』は東洋経済新報社が年4回（3月、6月、9月、12月）、発行している情報誌です。投資の判断材料にしたい情報が掲載されています。

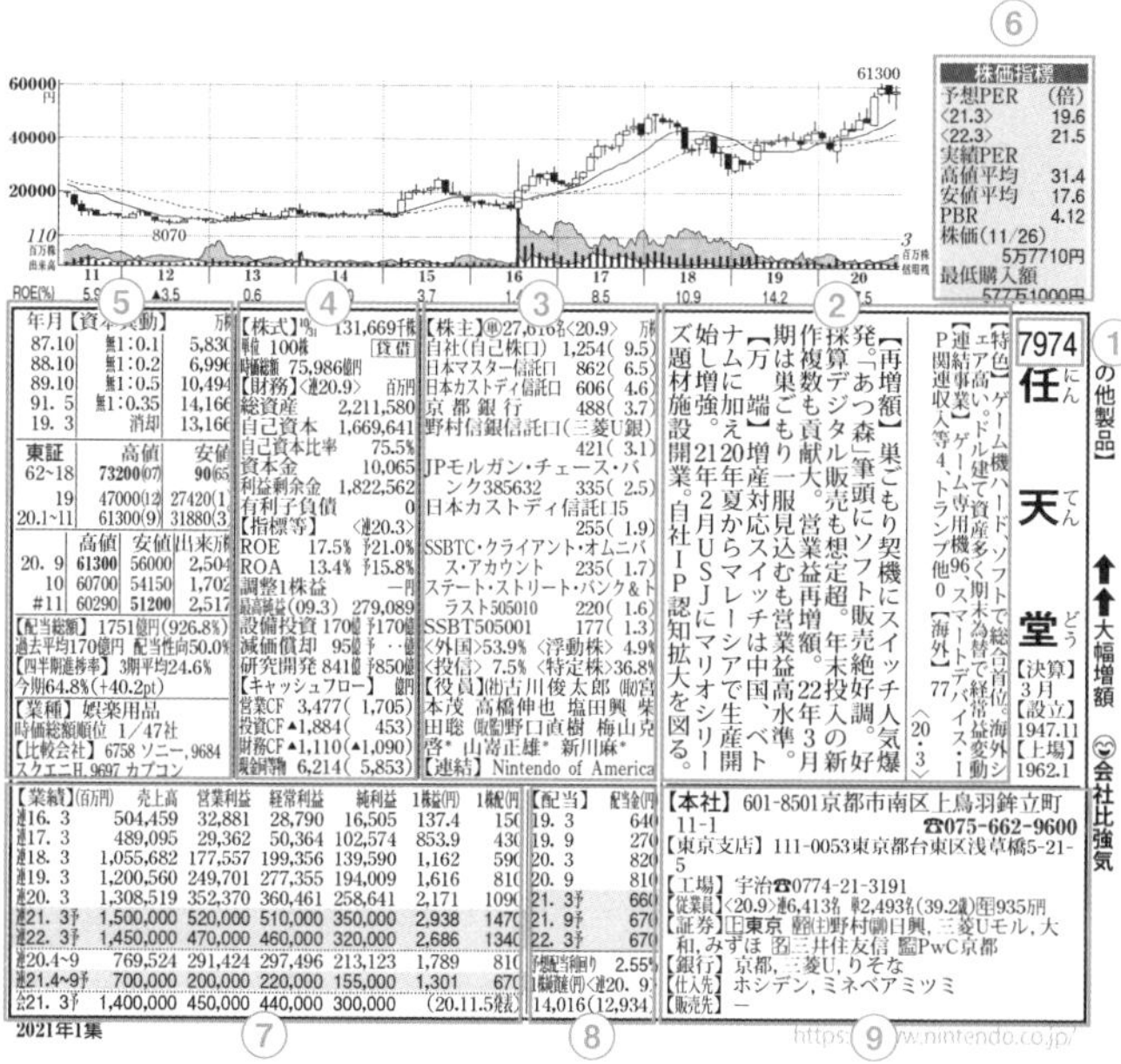

出典：東洋経済新報社『会社四季報』2021年1集新春号をもとに作成

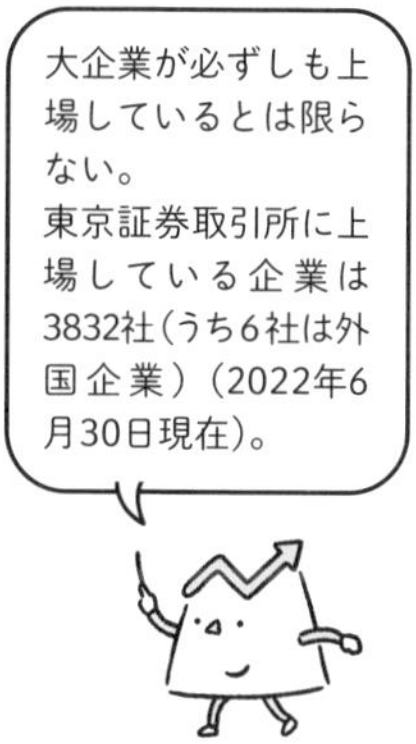

①証券コード
上場企業につけられている4ケタの数字です。

②記者の分析
企業の特色や規模が記載されています。また、2つの見出しがついた解説では、企業の動向が分析されています。自分なりの分析をしたあとに読んで、プロの見立てを勉強してもよいでしょう。

③株主や役員
どのような企業や個人が株式を所有しているのかがわかります。外資系企業が入ってきている、創業者一族が大株主に名を連ねているなど、観察しましょう。

④財務情報
発行済株式数や優待の有無、資産や資本金等財務状況が記されています。企業の安全性を見ます。

⑤株価
過去の株価や資本異動（増資や株式の分割などで変化した発行済み株式数の推移）が書かれています。市場が株式をどう評価しているかがわかります。

⑥株価指標
過去3年間の株価の推移が見られます。今の株価が割安か割高かがわかります。

⑦業績の推移
過去数年の売上高や利益を追って見ることができます。「予」と書かれているのは予測の数字です。

⑧配当金
いくら配当金を出したかを見ます。

⑨会社概要
本社や従業員数、取引金融機関が掲載されています。近年はホームページなどでも電話番号を掲載しない企業もありますが、ここには記載されています。

株式投資の楽しみ
株主優待の魅力

　株主優待は、株主に対して自社商品の割引やサービスなどを提供する仕組みです。食品メーカーでは自社製品の詰め合わせ、アパレルメーカーでは割引券など、企業により優待内容はさまざまです。例えば、イオンでは購入額と保有株数に応じて3〜7%のキャッシュバック、3年以上の長期株主にはギフトカードも進呈されます。このような魅力ある株主優待を得るには、「権利確定日」に株主になっている必要があります。株式購入の際には、しっかり確認しておきましょう。

　株主優待と配当金は、株主にとって継続して受け取ることのできる利益（インカムゲイン）となります。これを合わせて利回り換算すると10%以上になるものもあります。ただし、株主優待制度は、すべての企業が実施しているわけではありません。

株主優待の一例

ここに挙げるのはほんの一例です。身近でよく利用するものであれば使い勝手もよく、うれしさも増しますね。

銘柄	主な優待内容	必要株数 100株	最低投資額 ※2023年10月31日株価で試算	権利確定日
イオン	購入額と保有株数に応じて3〜7%のキャッシュバック	100株〜	31万6700円	2月末日、8月末日
ANA ホールディングス	国内線片道1区間株主優待運賃割引券	100株〜	29万5200円	3月末日、9月末日
日清食品 ホールディングス	保有株数や保有期間に応じて製品詰合せ	100株〜	131万5000円	3月末日、9月末日
オンワード ホールディングス	自社webサイトでの買物20%割引券	100株〜	4万7500円	2月末日
すかいらーく ホールディングス	優待カード（100株保有では年間で4000円分）	100株〜	22万2550円	6月末日、12月末日
タカラトミー	特別企画の玩具（ミニカーなど）	100株〜	20万7150円	3月末日、9月末日
東日本旅客鉄道	自社営業路線内の片道運賃・料金割引券40 %割引	100株〜	78万7200円	3月末日、9月末日
日本マクドナルド ホールディングス	優待食事券1冊（バーガー類、サイドメニュー、ドリンクの商品引換券が6枚ずつ）	100株〜	58万9000円	12月末日、6月末日
キリンホールディングス	酒類・清涼飲料詰合せ等より選択	100株〜	21万1950円	12月末日
三越伊勢丹 ホールディングス	株主優待カード（10%割引）	100株〜	16万9400円	3月末日

権利確定日はP. 111

企業のアクション

株式に関する企業のアクションのうち主なものを見てみましょう。

● IPO

株式を上場し新規に売り出す際の株式をIPO株といいます。公開価格（上場前の価格）に比べて上場日に付く初値が高くなることを期待する投資家が多いと、「株を買う権利」が抽選になります。

● 増資

資金調達のため新たに株式を発行するのが増資。購入対象を一般投資家にする「公募」、取引先など特定企業に限定する「第三者割当」、既存の株主にする「株主割当」があります。

● 株式分割

株式の流通量をより増やすために実施されるのが株式分割。分割することで単元株の額も下がるため売買しやすくなります。

● 株式併合

分割の逆で、多くなった発行済株式数をまとめることが併合。株主数が多いことでかかるコスト（株主への案内や優待など）の削減を目的としている場合もあります。そのためマイナス印象を持たれることもあり併合後に株価が下がることもあります。

● 端株

株式の分割や併合をしたときに発生する単元株に満たない株が端株。端株は通常の取引ができないので、証券会社を通じて発行企業に買い取ってもらいます。

● TOB（株式公開買付）

他社を買収するために、株式の買付期間や価格、株数などを指定して多数の投資家から直接株式を買い集める方法。両社の関係が良好な場合の「友好的TOB」に対し、一方的に行われる「敵対的TOB」があります。

プラスα

株式投資で禁止されている行為

公正な株式投資を行えるよう、禁止されている行為があります。行うと取引できなくなるだけではなく刑事罰を受けることもあります。重要な企業情報を知りうる立場にある人がその情報を使って株式取引をするインサイダー取引は禁止されています。仲間内でつるんで特定銘柄の株式の売買を繰り返して株価の吊り上げや下落させるなど、相場を操作してもいけません。インサイダー取引やマネーロンダリング、脱税、相場操縦など犯罪につながることもあるため、他人名義の口座での取引も禁じられています。

6

株式投資を始める

会社の決算書は数字の理由も見る

上場企業は年1回は決算報告をしている

上場企業は、年に1回、決算書を作成します。決算書とは、事業がうまくいっているかどうかを数字の上で確認するための書類です。投資家にとっては、会社が好調なのか不調なのかを見極める判断材料となるもの。企業のホームページ内の「IR情報」「投資家向け情報」コーナーで誰でも見ることができるので、投資を決める前にぜひ確認しましょう。

決算書は「貸借対照表」「損益計算書」「キャッシュフロー計算書」の3つから成っています。細かい数字を見なくても構いませんが、例えば借り入れが増えているなど、過去と比較して変化があれば「なぜか?」を考えてみましょう。

損益計算書で年度の成績を見る

損益計算書は、その期間、会社がいくら儲かったかを示すもの。これを見るには、売上高とともに、「売上総利益」「営業利益」「経常利益」「税引き前当期純利益」「当期純利益」という、5つの利益を見ます。このうち「当期純利益」が会社の純利益。ここがプラスなら黒字、マイナスなら赤字ということになります。

売上高
会社が商品やサービスを提供して得たすべての収入。原材料や人件費などのコストも含んでいる。

売上総利益（粗利益）
売上高から売上原価（仕入れなどの費用）を差し引いたもの。

営業利益
売上総利益からコストを差し引いたもの。

経常利益
営業利益に配当や利息など本業以外の収支を加えた額。

税引き前当期純利益
経常利益に土地の売却益や保険差益などの、特別な理由による収支を加えた額。

当期純利益
税引き前当期純利益から税金を支払った残りの金額。

- **売上高**
  - 売上原価
- **売上総利益**
  - 販売費および一般管理費
- **営業利益**
  - 営業外収益
    - 受取利息
    - 雑収入
  - 営業外費用
    - 支払利息
    - 雑支出
- **経常利益**
  - 特別利益
    - 固定資産売却益
  - 特別損失
    - 災害による損失
- **税引前当期純利益**
  - 法人税、住民税および事業税等
- **当期純利益**

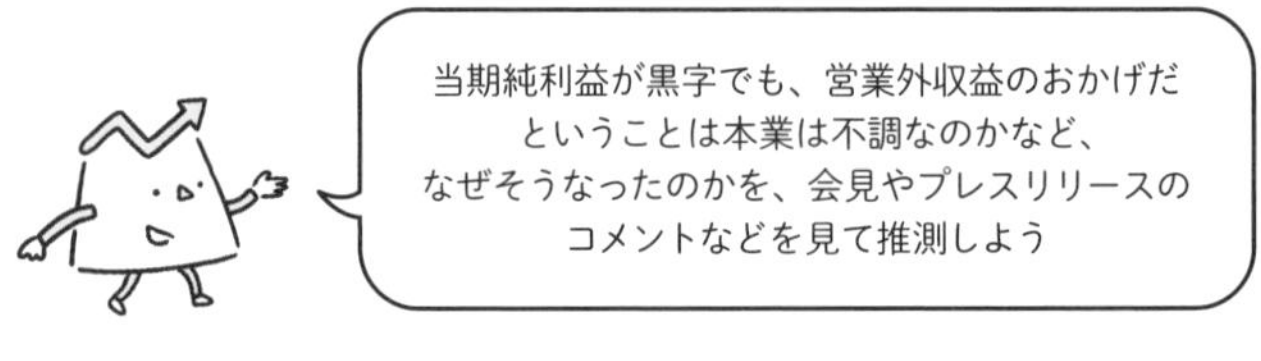
当期純利益が黒字でも、営業外収益のおかげだということは本業は不調なのかなど、なぜそうなったのかを、会見やプレスリリースのコメントなどを見て推測しよう

貸借対照表で会社の安定性を見る

「貸借対照表」とは、会社の事業資金がどこから集められているか、またどのような形で保有しているかを示すもの。資産・負債・資本の3つから成り立っています。

資産	負債	
流動資産	**流動負債**	総資本
現金・預金	支払手形	
受取手形	買掛金	
売掛金	短期借入金	
棚卸資産	**固定負債**	
その他の流動資産	長期借入金	
貸倒引当金…	退職給付引当金…	
固定資産	**純資産**	資本
建物	**株主資本**	
土地	資本金	
車両運搬具	資本剰余金	
工具器具備品	資本準備金	
ソフトウェア	利益剰余金	
投資有価証券…	利益準備金	
繰延資産	繰越利益剰余金	
開業費…		

Ⓟ 資本÷総資本×100＝自己資本比率　財務面の健全性を見る

Ⓟ 流動資産（1年以内に現金化できる）が流動負債より大きいと資金繰りがうまくいっている

プラスα

キャッシュフロー計算書

キャッシュフローとは企業に入ってくるお金から出ていくお金を引いた収支のこと。お金の流れから、経営状態を見るもの。営業活動によるCF（キャッシュフロー）、投資活動によるCF、財務活動によるCFがある。営業CFがプラス、投資CFがマイナスであることが、会社が好調にいっている1つの目安となる。

まずは損益計算書と
貸借対照表を
見てみよう

経営効率を測る数値を見る

　決算書をもう少し詳しく分析していくと、会社の経営効率も見てとることができます。それを示す数値がROE＝「自己資本（株主資本）利益率」とROA＝「総資産利益率」です。

　ROEは、自己資本に対して利益が占める率を見る数値で、これが高い企業は、自分が投資したお金を効率よく使えているということになります。ROAはすべての資産に対して利益が占める率。高い場合は効率的に利益を上げていると見ることもできますが、負債が多い企業もROAは高くなるため、同時にチェックする必要があります。また、投資家が参考にしたいもう1つの数値がPER。株式の収益率を測ることができます。これは、株価に占める1株あたりで得られる利益の割合および同じ利益が出続けた場合、何年で回収できるかを示すものです。株式の買い時を知るのに役立ちます。

資産や株主資本がどれだけ利益につながったかを見る

せっかく投資するのであれば、お金を稼げる企業を選んだほうが、自分の利益につながります。資産や資本に対しての利益率＝経営効率のよさを測れる数値が、ROEやROA。決算書ではこれらもチェックしてみましょう。

ROE
自己資本利益率

＝ **当期純利益** ÷ **自己資本** ×100

（損益計算書の一番下）　（貸借対照表の純資産の中）

自己資本でどれだけ利益を生むか。10%以上がよいとされ、効率よく自己資本を使っているといえる

例 株主資本2億円の企業が2000万円の純利益を上げたら、2000万円÷2億円×100で10%

ROA
総資産利益率

＝ **当期純利益** ÷ **総資産** ×100

（損益計算書の一番下）　（貸借対照表の左列）

総資産でどれだけ利益を生むか。5%以上がよいとされ、効率よく資産活用ができているといえる

例 総資産4億円の企業が2000万円の純利益を上げたら、2000万円÷4億円×100で5%

プラスα

売上高当期純利益率

会社がその会計年度に上げた売上高に対し、最終的な利益がどれだけあったかを示すのが売上高当期純利益率です。（当期純利益÷売上高）×100の計算式で割り出します。経費や税金などすべてを差し引いた純利益から配当が配られるので、投資家にとっては関心のある数値といえるでしょう。ただし売上高当期純利益率が高いだけでは、優良な企業と決めることはできません。当期純利益は「特別損益」も含んでいるため、例えば証券や土地を売却して一時的に利益を出した場合も、高く出てしまうことがあるからです。売上高当期純利益率を利用するときは、その会社の過去の数値や、同業他社とも比較してみる必要があります。

1株あたりの収益率を見る

1株あたりの収益率を示す数値がPER（株価収益率）です。例えば1株あたりで得られる利益が100円で、株価が1000円ならば、PERは10倍。投資したお金を10年で回収できる計算です。つまり、PERは低いほどよいということになります。一般的に、日本の企業の平均PERは15倍程度といわれており、それより高ければ割高、低ければ割安の株式と見ることができます。

PER 株価収益率 = **株価** ÷ （**当期純利益** ÷ **発行済株式数**）

（当期純利益 ÷ 発行済株式数 → 1株あたりの純利益）

［株価が1株あたりで得られる利益の何倍か。投資したお金が何年で回収できるか］

例

A社 $\dfrac{\text{株価2000円}}{\text{1株あたり純利益100円}} = 20\text{倍}$

B社 $\dfrac{\text{株価2000円}}{\text{1株あたり純利益200円}} = 10\text{倍}$

↓

B社 $\dfrac{\text{株価3000円}}{\text{1株あたり純利益200円}} = 15\text{倍}$

同じ株価でも
B社のほうが割安といえる
株価が上がると
PERも上がる

プラスα

PBR（株価純資産倍率）とPCFR（株価キャッシュフロー倍率）

PERでは会社の1株あたりの純利益と株価を比較しましたが、会社のすべての資産（負債を除く）と比べる指標もあります。これが、PBR（株価純資産倍率）。株価÷1株あたり純資産の計算式で割り出します。仮に会社が解散したとして、それぞれの株主にどれだけの取り分が行くかを示すもので、1倍以下なら割安とされ、理論上は株価以上の金額が戻ってくることになります。

例 A社 株価500円÷1株あたり純資産250円＝2倍
解散したとき、株主は1株あたり250円を得る

B社 株価500円÷1株あたり純資産500円＝1倍
解散したとき、株主は1株あたり500円を得る
➡ B社のほうが割安!

また、キャッシュフローで株価の割安度を測る指標がPCFRです。株価÷1株あたりキャッシュフロー（（税引き後の利益＋減価償却費）÷発行済株式数）で割り出します。外国の企業など、減価償却方法が異なる企業同士を比較する際などに用いるもので、低いほど割安とされます。

例 A社 株価100円÷1株あたりキャッシュフロー10＝10倍
（キャッシュフローが1億円÷発行済株式数1000万株＝10倍）

B社 株価100円÷1株あたりキャッシュフロー20＝5倍
（キャッシュフローが2億円÷発行株式数1000万株＝20倍）
➡ B社のほうが割安!

※キャッシュフローは「営業キャッシュフロー」を利用する場合もある

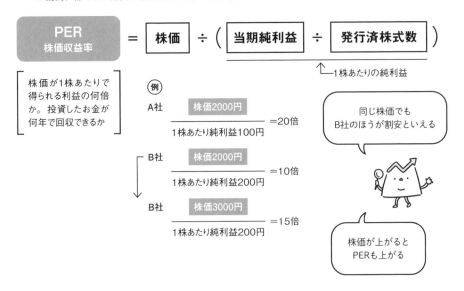

7 株式を購入してみる

銘柄が決まったら いくらで何株買うか

投資したい会社が決まったら、いよいよ注文してみましょう。ここではインターネットでの方法を紹介します。

注文するときは銘柄や証券コードを指定し、①何株を②いくらで注文するかを選びます。間違えないよう、確認しながら入力していきましょう。

株式は「単元株」といって、注文できる最低単位が決まっています。以前は企業により異なっていましたが、2018年10月から、全国の証券取引所での株式の売買単位が100株に統一されています。

市場が開いている時間以外でも、ネットなら売買注文を24時間出しておけます。

買い注文の出し方

ネット証券会社の注文画面から株式を買ってみましょう。注意するポイントは、金額と数量。1ケタ間違えただけでもとんでもない額になってしまいます。入力が終わったら、最後に1つひとつ確認をしましょう。

STEP1 銘柄名（銘柄コード）を入力する

STEP2 表示された企業名をクリックする

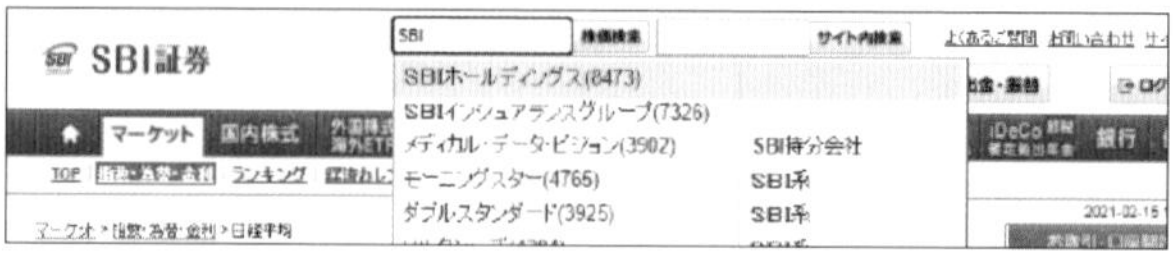

STEP3 株価などを確認する

STEP4 「現物買」をクリックする

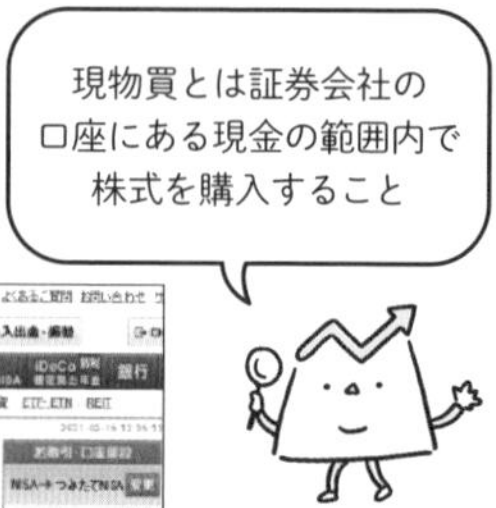

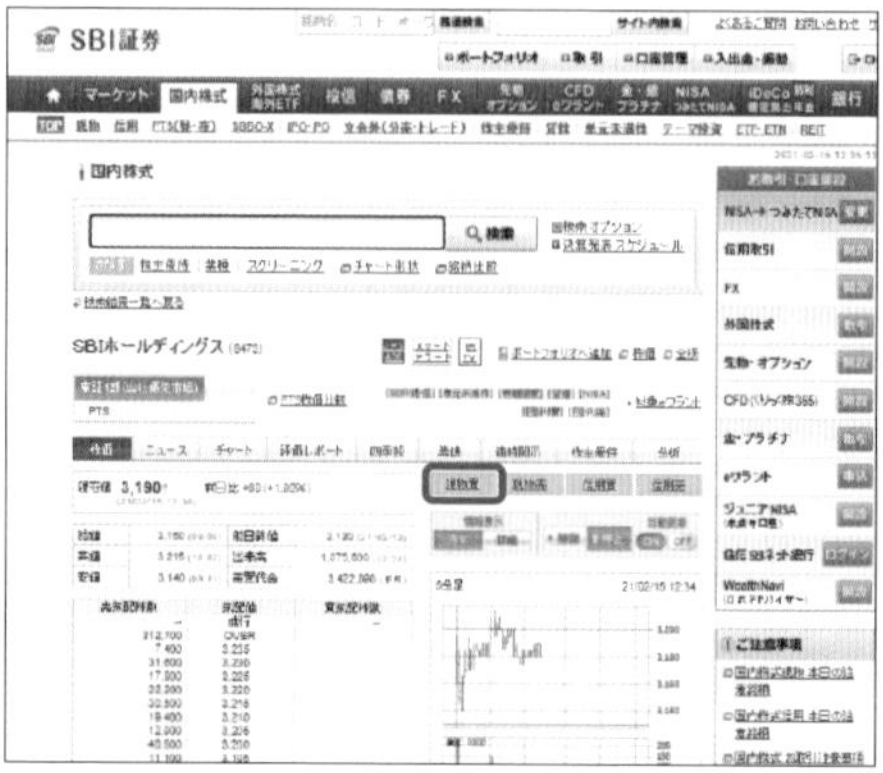

STEP5 株数を入力する。株価は１株の価格が表示されているので、単元に気をつける

STEP6 買い方を選ぶ
「成行」もしくは
「指値」のどちらか
（次ページ）を選ぶ

STEP7 預り区分を選ぶ
「特定」（源泉徴収あり・なし）、
「一般」（確定申告する）、
「NISA」を選ぶ

STEP8 取引パスワードを入力し
注文確認画面へ。
OKなら「注文発注」。

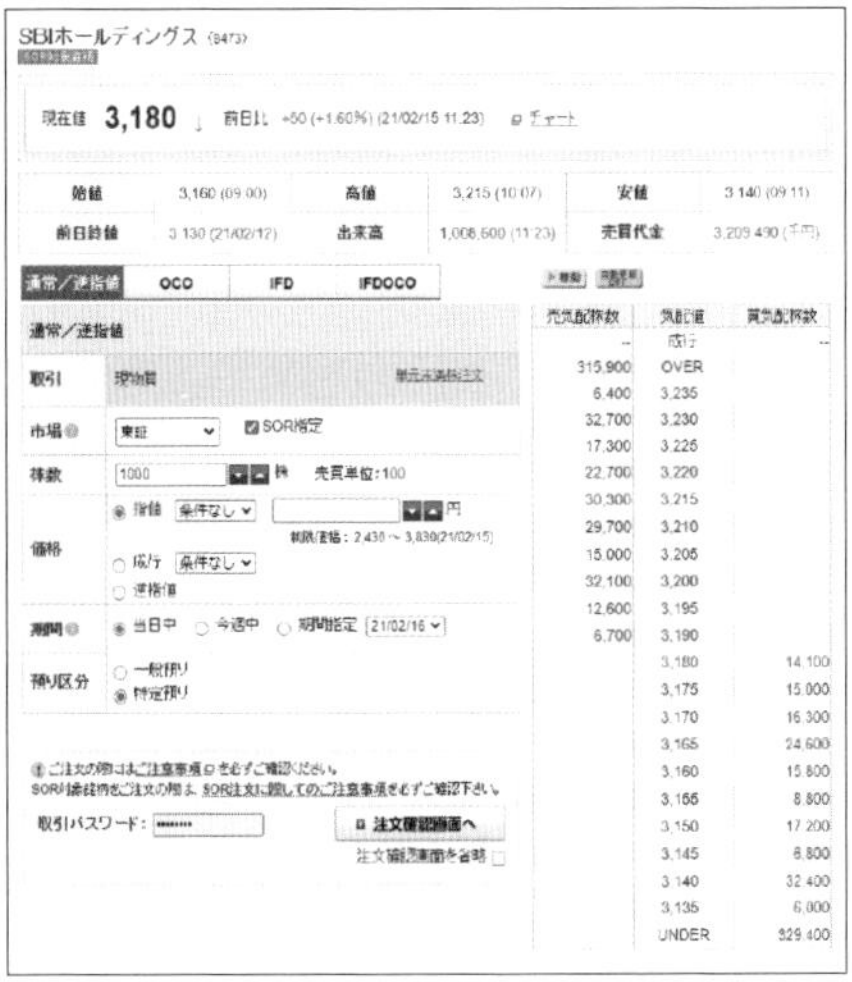

単元株に気をつける　見ている株価の100倍

株式は売買するときの最低の数量単位が決まっています。これを「単元株」といいます。100株と設定されていて、例えば1000円の株式なら、購入するときは100株分、10万円のお金が必要です。

「単元株」を確認！

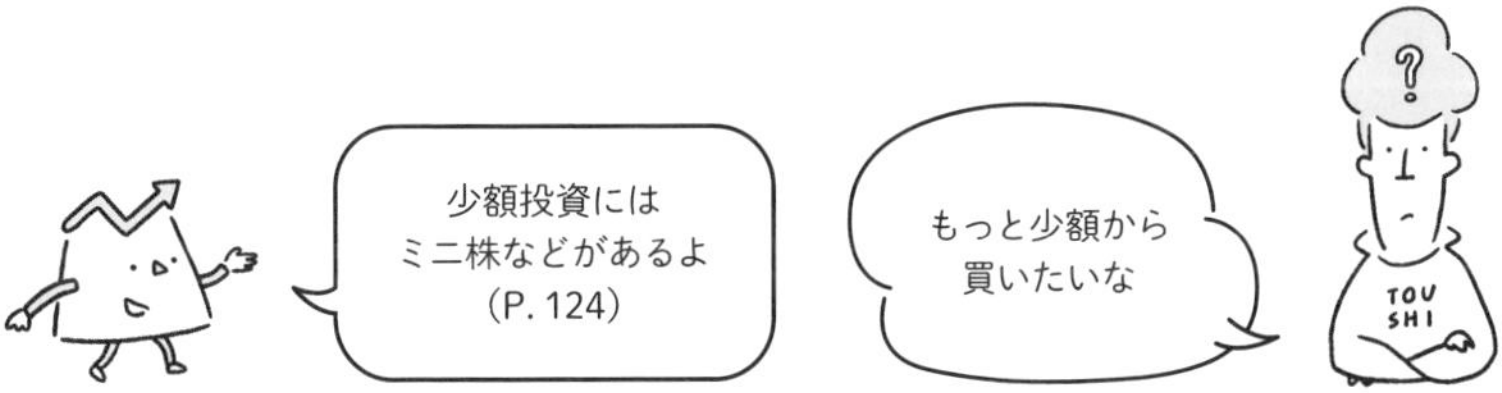

株式を売買する

8

「成行《なりゆき》」で買うか「指値《さしね》」で買うか

「板」情報を見て選ぶ成行か指値

株式は市場で売買されています。注文方法には価格を指定しない「成行」と価格を自分で指定する「指値」の2通りがあり、どちらを選ぶかは「板」で判断します。

「板」とは、売りたい人や買いたい人がどれだけいるか、株価の状況などがリアルタイムでわかる情報。証券会社のそれぞれの銘柄の「詳細」ページに掲載されています。

板で価格を確認し、自分の希望とは異なる場合、指値で注文しておくことができます。希望価格にならなければ売買が成立せず、有効期間を設定しなければその日で注文は失効します。このとき、成行に変更することもできます。

「成行」と「指値」とは何か

株式の注文方法には「成行」と「指値」があります。売買価格を指定しないのが「成行」。売買価格を指定するのが「指値」です。

● 成行

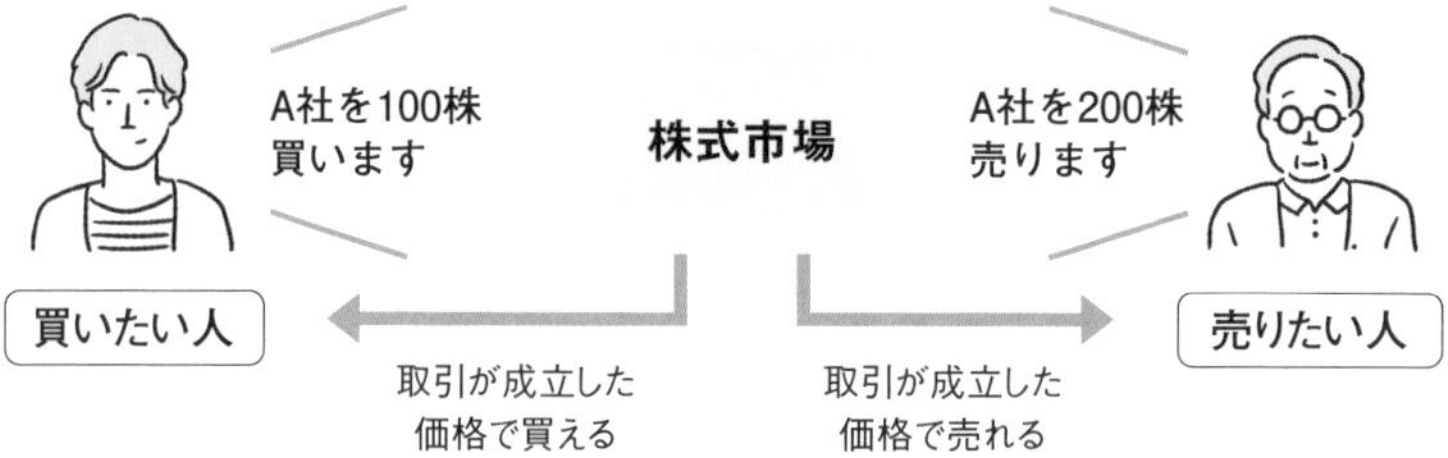
A社を100株
買います
株式市場
A社を200株
売ります
買いたい人
売りたい人
取引が成立した
価格で買える
取引が成立した
価格で売れる

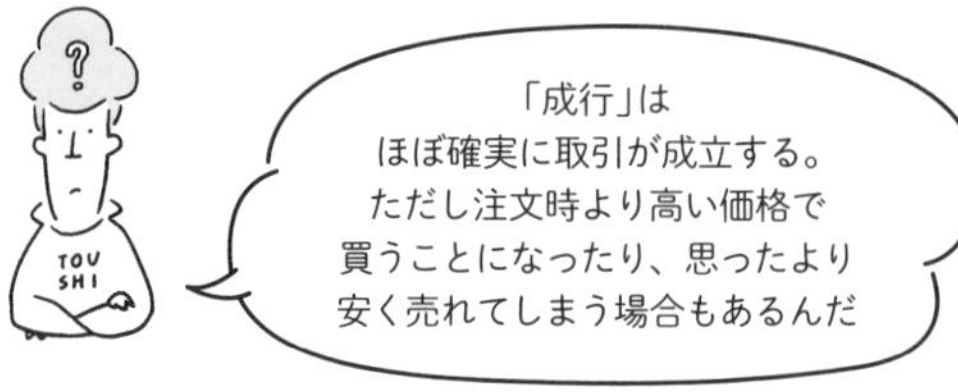
TOU
SHI
「成行」は
ほぼ確実に取引が成立する。
ただし注文時より高い価格で
買うことになったり、思ったより
安く売れてしまう場合もあるんだ

● 指値

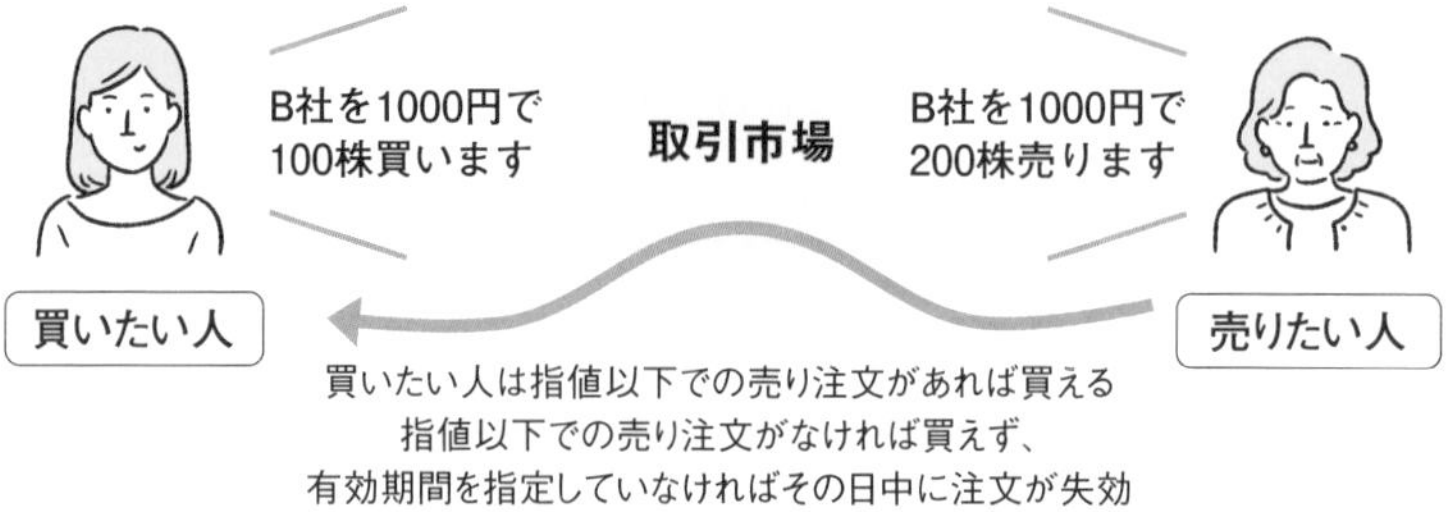
B社を1000円で
100株買います
取引市場
B社を1000円で
200株売ります
買いたい人
売りたい人
買いたい人は指値以下での売り注文があれば買える
指値以下での売り注文がなければ買えず、
有効期間を指定していなければその日中に注文が失効

「板」で売買注文の状況を知る

「板」では、株式の注文状況を見ることができます。各銘柄について、いくらで何株、売買の注文があるかをリアルタイムで把握できるので、例えば指値で株式を買いたいとき、いくらにすればよいかや、買うタイミングを決めるときに参考になります。

● ある一時点の板情報

売気配株数	気配値	買気配株数
--	成行	--
631,000	OVER	
200	2,618	
200	2,617	
1,300	2,616	
600	2,615	
700	2,614	
1,100	2,613	
600	2,612	
1,000	2,611	
700	2,610	
1,000	2,609	
	2,598	1,000
	2,597	300
	2,596	300
	2,595	500
	2,594	300
	2,593	500
	2,592	300
	2,591	300
	2,590	500
	2,589	400
	UNDER	366,100

OVER
2618円より
高い売り注文が
まとまっている

最も安い売値
2609円なら
1000株売りたい

最も高い買値
2598円なら
1000株買いたい

UNDER
2589円より
安い買い注文が
まとまっている

Ⓟ すぐ買いたいなら成行、安く買いたいなら指値

売買時、保有時にかかるコストと税を抑える

株式投資を行うときに注意が必要なのが、手数料と税金。株価だけ見て利益が上がったと思っても、手数料や税金を差し引くとトントンになったり、損をしてしまう可能性もあります。手数料は証券会社によって異なるので、比較して自分に合うところを選びましょう。

売買手数料

売買単位　取引ごとの金額で手数料が決まる。
1日の注文回数が少ない人向き。

1日定額制　1日の取引額の合計で手数料が決まる。1日の注文回数が多い人向き。
また証券会社で○円以下は手数料いくらなど条件が設定されている場合も。

口座手数料

証券会社が口座を維持するために必要な手数料。
ただしネット証券の場合は無料のところが多い。

税金

売却益に対しては所得税15%、復興特別所得税0.315%、住民税5%の合計20.315%の税金がかかる。ただし、損失が出た場合には税金がかからない。
配当に対しても同様に20.315%がかかる。
NISA（つみたて投資枠）は年間120万円、生涯1800万円まで非課税。

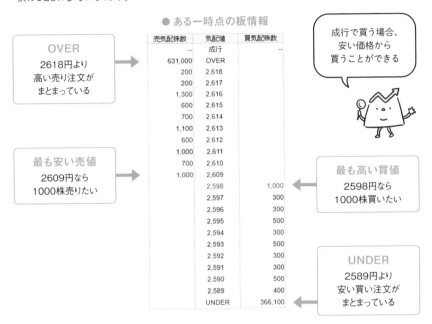

株式を売買する

9

少額からの投資・ポイント投資

ミニ株、るいとうで少額から投資する

株式はまとまったお金が必要というイメージがありますが、今は、少額からの投資も可能に。単元株数より少ない単位数でも買える「単元未満株（ミニ株）」などのサービスを行う証券会社も増えています。場合によっては、数百円から株式を購入することができます。ただし銘柄は限られるので、事前に確認しましょう。そのほか、こちらも銘柄は限られますが「株式累積投資（るいとう）」を利用することもできます。毎月1万円から積み立てて株式を購入できるサービスです。

また、新しい投資方法として、貯まったポイントで投資する「ポイント投資」も注目されています。

単元未満株で少額投資する

まとまったお金がなくても、ミニ株、ワン株などと呼ばれる単元未満株や、月々1万円から積み立てられる株式累積投資（るいとう）を利用すれば少額から投資でき、かつ、リスク分散も可能となります。

● ミニ株

1000円×10株＝1万円

1000円×1000株＝100万円

・単元未満株を扱っている証券会社や銘柄は限られている
・配当はあるが、優待はないことが多い

➡購入するには、購入画面で「単元未満株」が買えるかを確認する

100万円は無理でも、
1万円なら買いたい

● るいとう

1万円ずつ
積み立てて購入

・月々決まった額を投資し、株価が上がると少なく、株価が下がると多く買える
・配当金は受け取れるが自動的に購入にあてられることが多い
・実店舗を持つ大手証券会社の取り扱いのみ。ネット証券では扱っていない

➡購入するには、カタログで商品を選び、店頭や電話で申し込む

投資信託（Chapter 6）との違いは、
銘柄が自分で選べること。
気軽に始められるのはいいけど、
手数料がネックになるね

ポイントを投資に活用する

買い物をすると貯まるポイントを、投資に利用する動きが活発になっています。ポイントを現金化して株式などに投資するタイプと、ポイントを運用してポイントを増やすタイプの2つがありますが、ここでは前者を説明します。

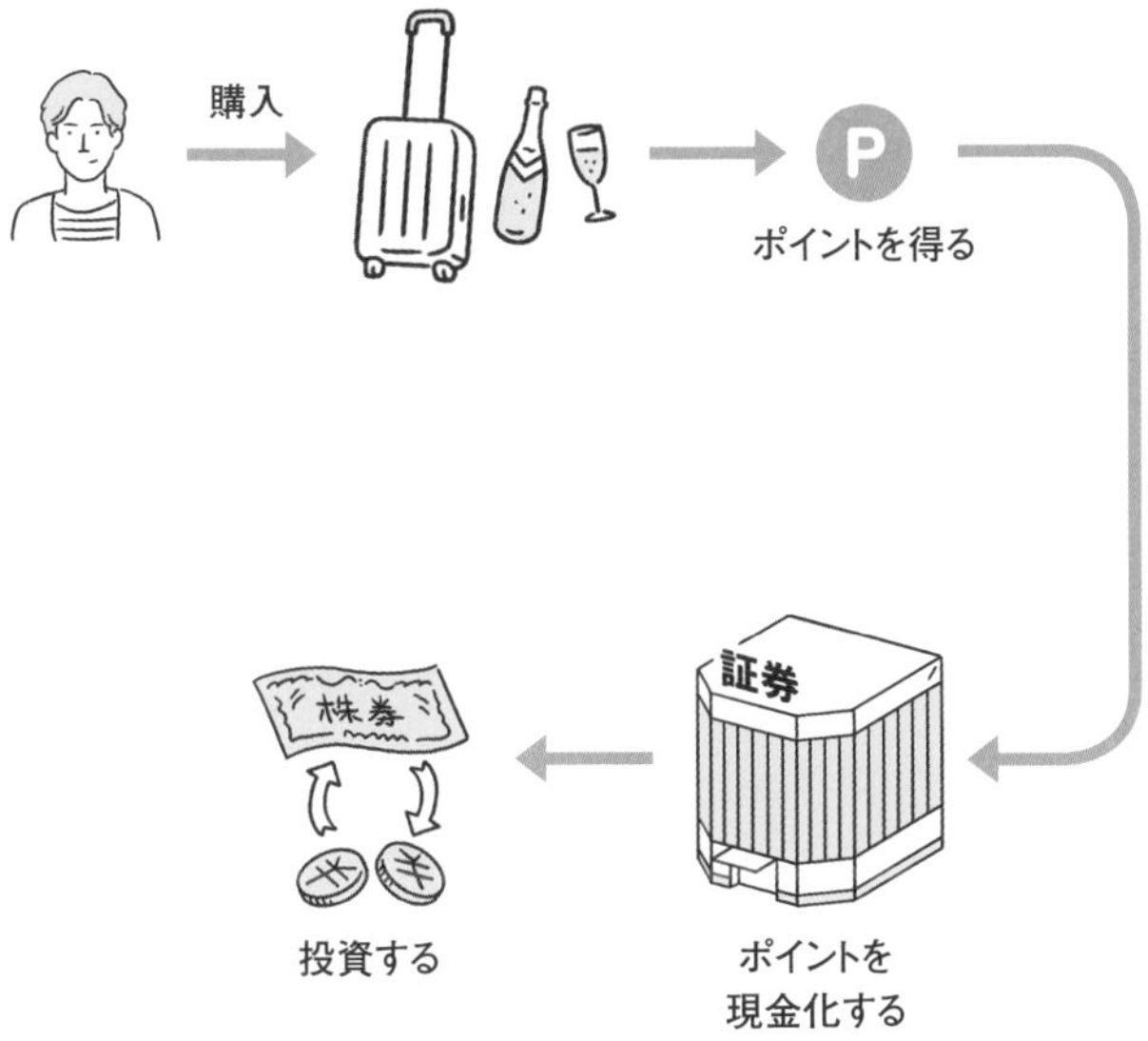

Tポイント
SBI証券、SBIネオモバイル証券のサービス。提携企業が多く、貯まりやすいTポイントで投資。投資信託は100円から、株式投資は1株、数百円程度から始められる。株主優待や配当も受けられる。

Rポイント
楽天証券のサービス。楽天市場で買い物をしたり、楽天カードで決済すると貯まるRポイントで投資。100円からの投資信託や、株式投資に使える。

LINEポイント
LINE証券のサービス。ショッピングやLINE payなどLINEのサービスを使うと貯まるLINEポイントで投資。100円からの投資信託、株式投資は1株数百円程度から購入できる。投資信託の保有でポイントが貯まるメリットも。

プラスα

ポイント活用

現金を使った投資よりハードルが低く、気軽に始められるため人気の投資です。ただしポイントといえども、投資なのでリスクはあります。また取引手数料など、コストがかかるところも普通の投資と同じなので、リスクや仕組みをよく理解した上で行いましょう。

株式を売ってみる

株式を売ると損益が確定する

株式は、インカムゲインをあてにして運用するほかに、キャピタルゲインを得る楽しみもあります。ただし、株式は買うより売るのが難しいといわれます。「もう少し待ってみたらもっと儲かるかも」などと迷っているうちに株価が下がってしまい、売るタイミングを逸してしまうのです。

あまり大きく儲けようとせず、利益が出るところまで上がったところで分割して売っていくのがおすすめです。ただし、手数料や税金などのコストも見込んだ上での利益が出るよう計算しましょう。

売り方は買い注文と同様に成り行きと指し値がありますが、最初は成り行きを選ぶとよいでしょう。

売り注文の出し方

ネット証券会社の画面上で必要事項を入力していきます。買い注文と同様、ケタ数に気をつけましょう。また、複数単元（売買単位）を持っている場合は、すぐに全部売らなくてもOK。売ろうかどうしようか迷っているときなどは、一部を売却するだけでもよいでしょう。

STEP1 ログインして「口座管理」をクリックする

STEP2 保有銘柄の中から売りたい銘柄をクリックする

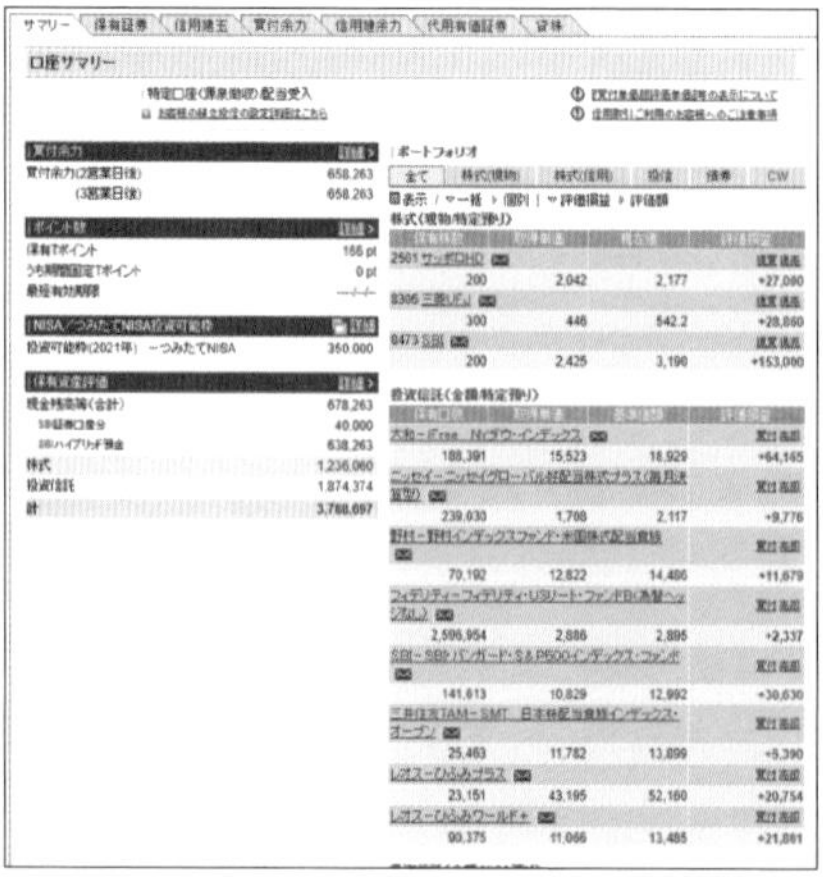

STEP3 「現物売」をクリックする

現物売とは証券会社の口座で保有している株式を売却すること

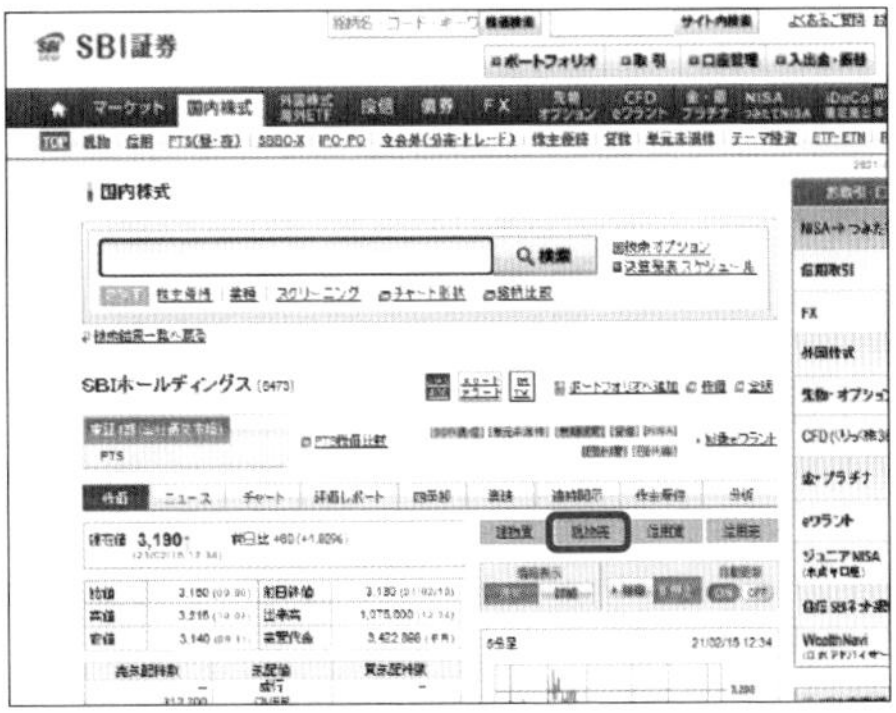

STEP4 売りたい株数を入力する

STEP5 売り方を選ぶ
「成行」か「指値」か

STEP6 預り区分を選ぶ
「特定」（源泉徴収あり・なし）、
「一般」（確定申告する）、
「NISA」を選ぶ

STEP7 取引パスワードを入力し
注文確認画面へ。
OKなら「注文発注」

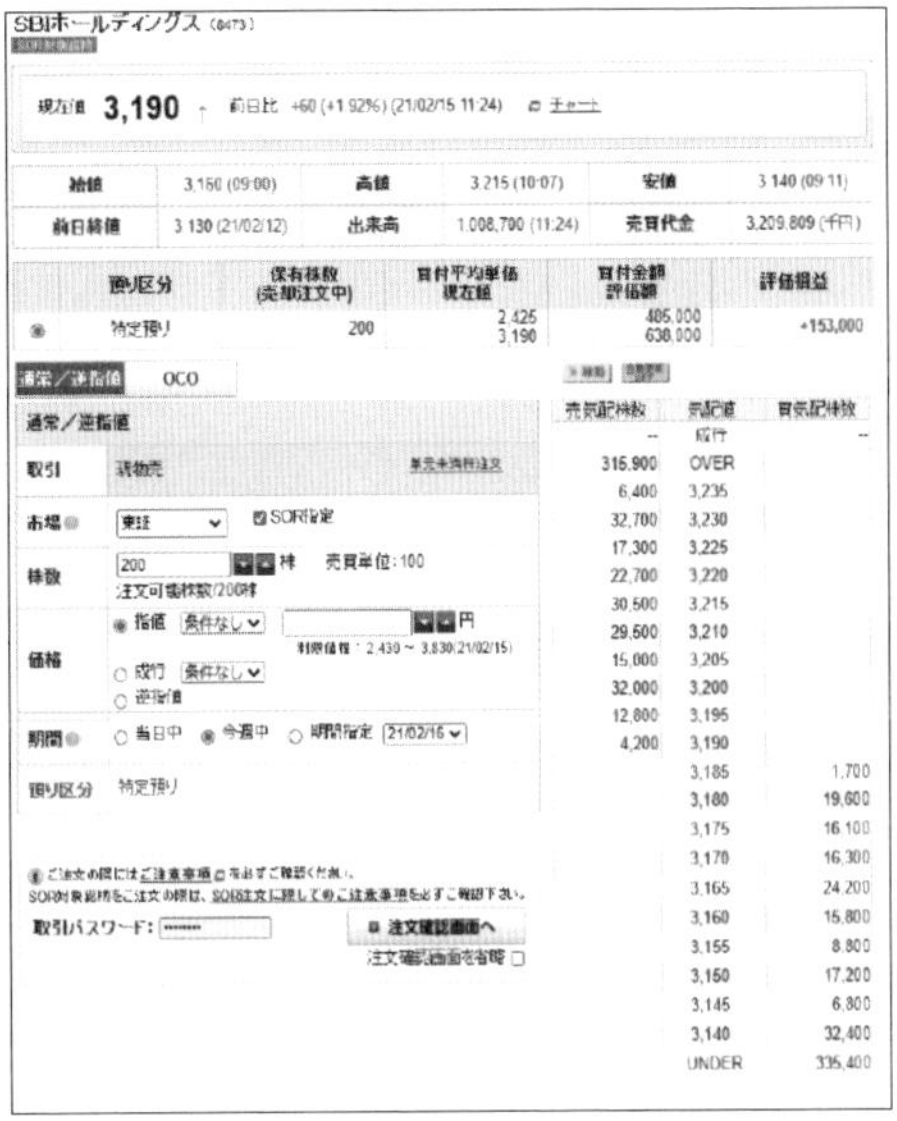

売れたときに損益が確定する

株式は購入時より高く売らなければ、お金を儲けることはできません。購入時と売却時のプラスが大きいほど投資の成績もよいということになります。売って初めて、その投資が成功か失敗かが決まるのです。

損益 ＝ 売却時の価格 − 購入時の価格 − かかった全手数料 − 税金

1000円の株式を100株購入し、1300円になったときに売ると
13万円−10万円−手数料（200円×購入時、売却時の2回）−税金（20.315％）6013円＝損益プラス2万3587円
※税金は損失が出ているときは発生しない

売るか持ち続けるか 一部売るかを考える

株式の売却でさらに難しいのが、株価が下がっているときの判断です。今の価格が下がっている途中なのか、それとも下がりきって、これから上がろうとしているのか。正確に推測することはできないからです。

「持ち直すかも」という期待を抱きながら、利益が出ないのに保有し続けることを「塩漬け」といいます。損をしたくないからと、そのまま持ち続けていると、さらに株価が下がって、結局は大損をしてしまうこともあり得ます。

ここでの選択肢は大きくは「損を承知で売る(損切り)」「一部売る」「そのまま持ち続ける」「買い増す」の4つ。

例えば「感染症の影響で市場全体が落ち込んでいる」など、株価が下がっている原因がはっきりしているなら、逆に買い増すチャンスとも考えられます。

値下がりしてきたときどうするか

投資家にとってもっとも難しいのが、保有株の価格が下がってきたときの判断です。値がさらに下がって、売るに売れない状態になってしまうことも。損が大きくならないうちに損切りをして、次の運用資金に回すという考え方もあります。

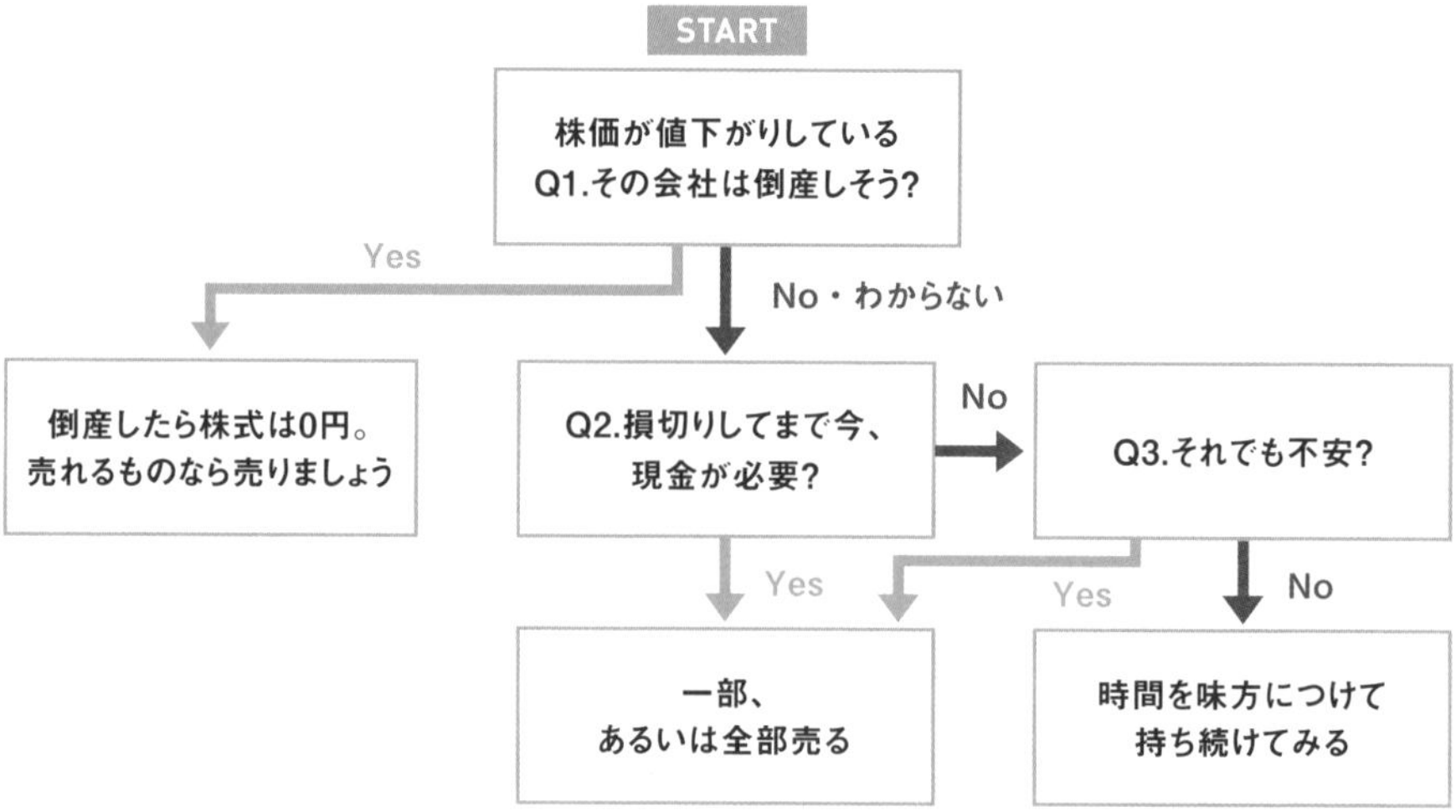

考えられる方法

- 成り行きで売る
- ○円まで値下がりしたらと決めて保有する
- 一部を成り行きで売る
- 指し値で売る
- 一部を指し値で売る
- あわてず保有する

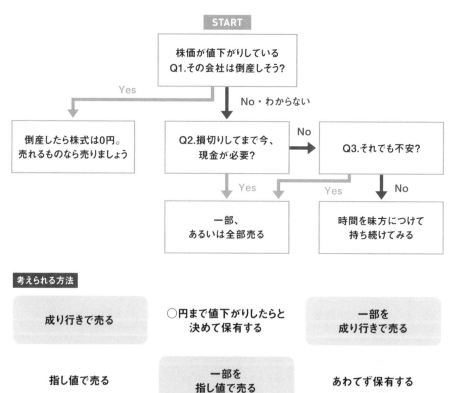

迷って売り逃がすのを防ぐ逆指値売り注文

株価が自分の許容度に対して下がりすぎる、あるいは上がりすぎると、売買のタイミングを逃してしまいます。それを防ぐのが「逆指値売り」注文。自分の感情が入る余地なく、自動的に売買してくれるというメリットがあります。

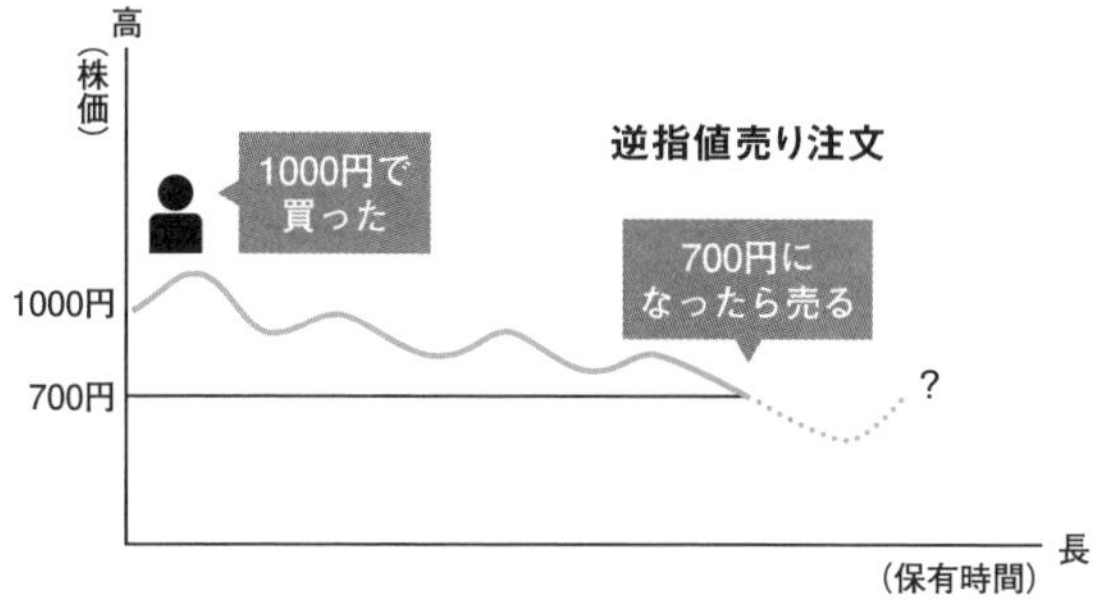

一部だけを売る

慣れないうちは株価の変動に一喜一憂するかもしれません。株価が下がっても持ち続ければ戻ると考えるのか、今が売り時なのかは株価下落の要因や、自分が今現金を必要としているかなどを考え合わせて答えを出すしかないのです。迷うときには一部だけ売るという方法もあります。

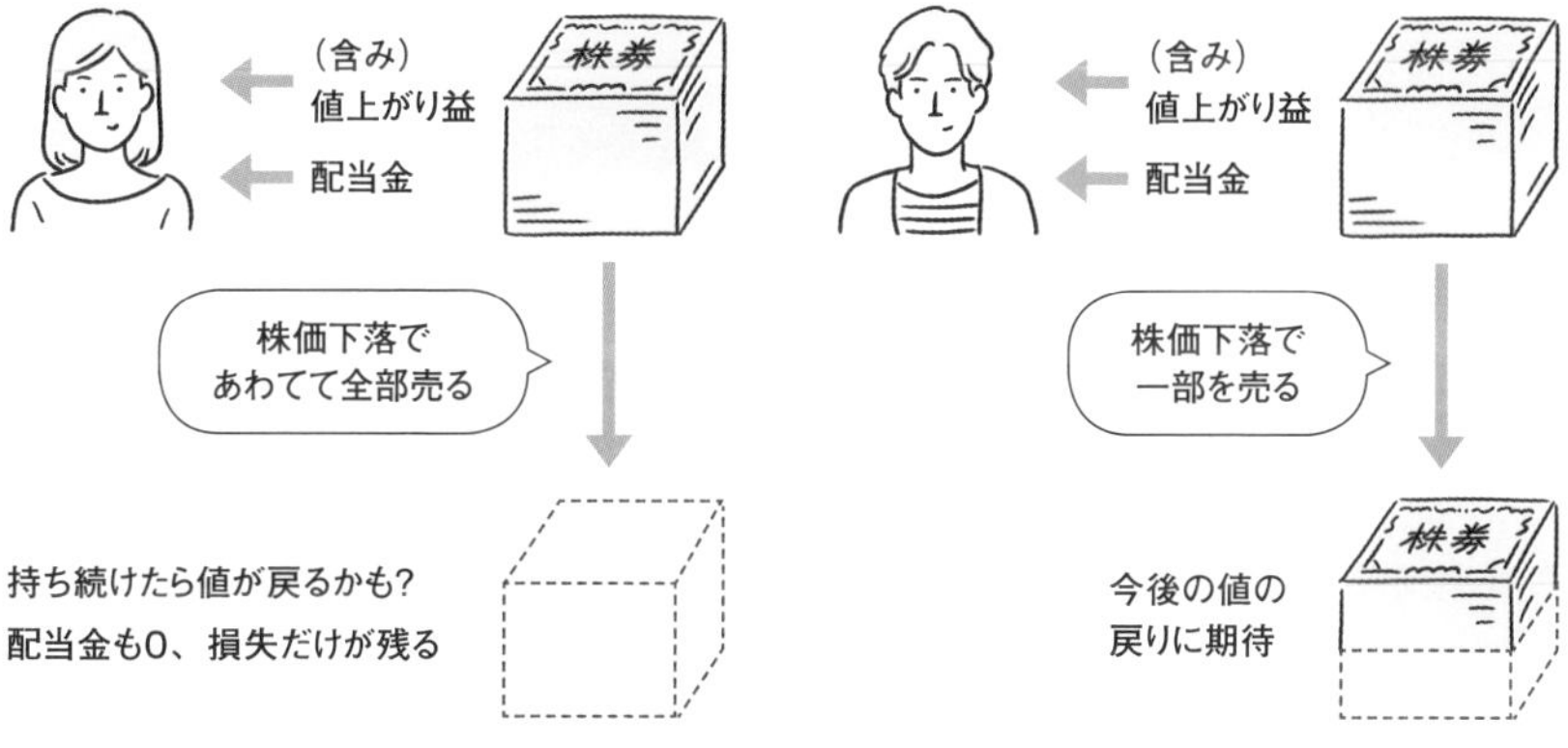

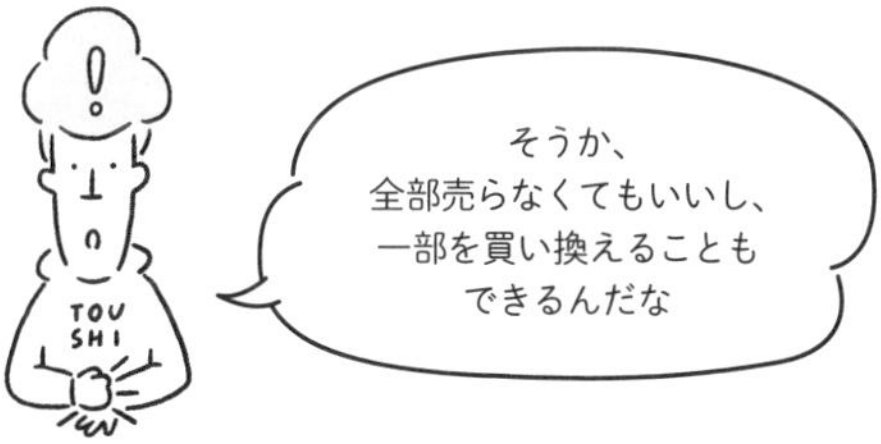

買い注文を出す

売買の手順はパソコンでの操作と同じです。ここではSBI証券のスマホアプリを例に見てみます。

① 「銘柄検索」をクリック

② 銘柄名（コード）を入力する。わからなければ企業名を検索する

③ 「取引」を選択する

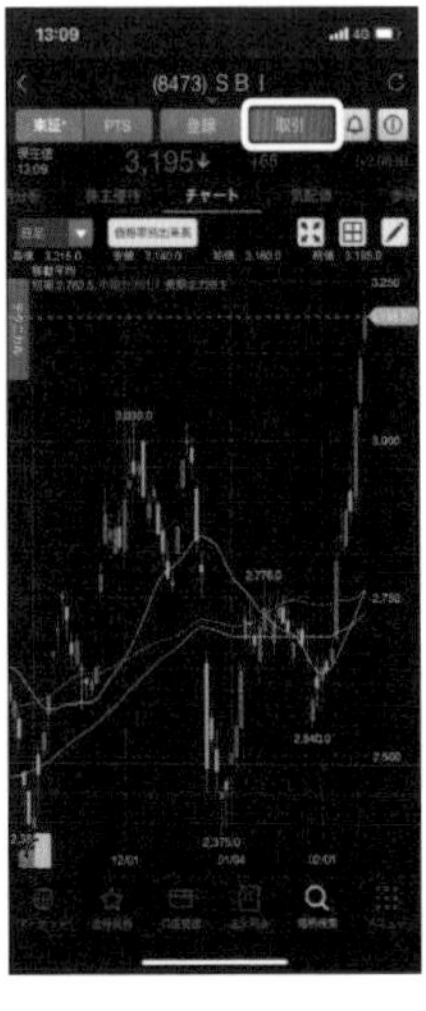

④ 「現物買」をクリックする

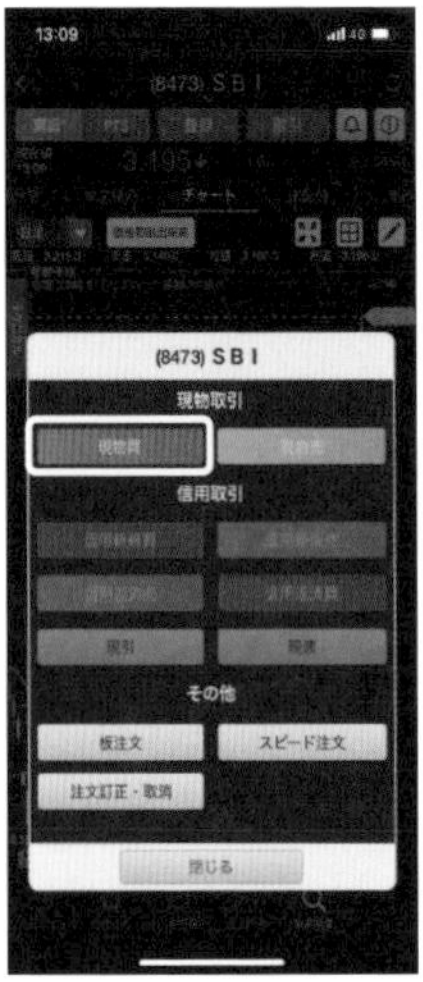

⑤ 預り区分を選ぶ「特定（源泉あり・なし）」「一般」「NISA」のどの口座で運用するかを選ぶ

⑥ 株数、「成行」「指値」などを選んで入力する

⑦ 取引パスワードを入力し「確認」をクリックする

売り注文を出す

こちらも、手順はパソコンでの操作と同じです。「口座管理画面」から売りたい銘柄をクリックして表示します。

① 「取引」をクリックする

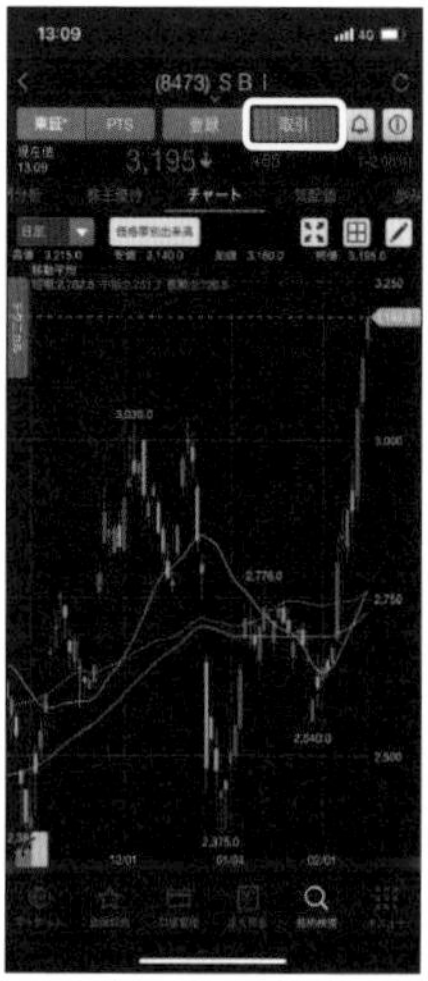

② 「現物売」をクリックする

③ 株数、価格、執行条件、期間を入力する

④ 取引パスワードを入力し「確認」をクリックする

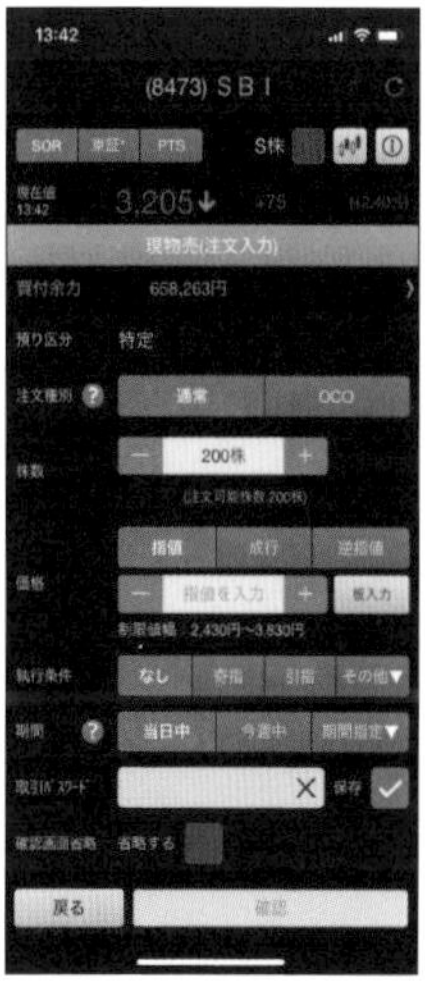

12

株式をより深く知る

株価の見方を知る

勉強のために株価は毎日確認する

株式の売買をひと通り経験したあなたは、立派な個人投資家です。ほったらかしにせず、株価を毎日チェックするようにしましょう。スマホなら、移動中などにも証券会社のページを見られます。株価の上下に一喜一憂するのはよくありませんが、勉強のために、自分の保有銘柄だけでなく、同業他社や全体の値動きを俯瞰的に見てみましょう。

合わせて、会社の状況や社会情勢、政治家や有力なエコノミストの発言など、株式の値動きと見比べてみるのもおすすめです。株価が上がるときは円安になるなど、株式と為替は逆の動きをすることが多いとされています。実際に確かめてみましょう。

株式欄で株価や売買数を見る

ときには新聞の株式欄を眺めてみるのもおすすめです。株式欄では、各銘柄の日々の株価や売買高を見ることができます。自分の保有している銘柄をはじめ、同業他社やその他の企業がどんな値動きをしているか、ざっと見てみましょう。

銘柄	始値	高値	安値	終値	前日比	売買高
A社	1458	1478	1440	1472	△30	7222
B社	889	892	888	888	▼7	54

※ストップ高とは前日の終値に対して値幅制限いっぱいまで株価が上がること
※ストップ安とは前日の終値に対して値幅制限いっぱいまで株価が下がること

始値	その日の株価市場で最初に売買が成立した株価。寄付ともいう
高値	その日で一番高かった株価
安値	その日で一番安かった株価
終値	その日の一番最後に売買が成立した株価
前日比	前日の終値と比較した金額。プラスは△、マイナスは▼で表す
売買高（出来高）	その日株式市場全体で売買が成立した株数。取引が活発に行われていると、この数字が大きくなる

乱高下しているとき

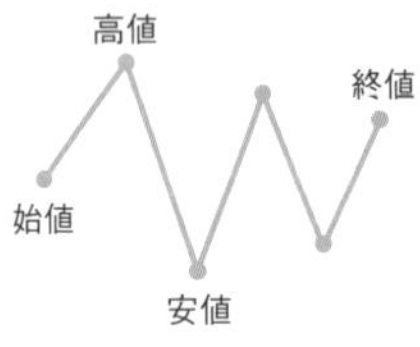

安定しているとき急に株高、株安になる

急に売買高が増える

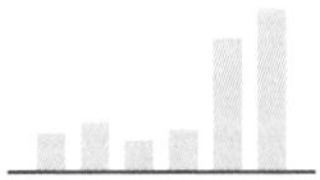

株価指標で市場の動きをつかむ

個々の株価は、全体の景気の動きの影響を受けて上がったり下がったりします。例えば、景気が悪くなれば株式を買う人が減り、業績がよい会社でも株価が下がることがあります。国内全体の株価の動きを表すのが「日経平均株価」「TOPIX（東証株価指数）」などの株価指標。この2つの動きは通常、連動して起こります。

日経平均株価
東証プライム市場に上場している約1800社のうちから、市場流動性の高さや業種バランスを考慮して日本経済新聞社が225銘柄を選定し、その株価を平均したもの。

TOPIX
1968年1月4日時点の東証1部上場全銘柄の時価総額（株価×発行済株式数）を100として、その後の時価総額を指数化したもの。2022年4月4日の東京証券取引所の市場区分再編で、旧東証1部の全銘柄から段階的にTOPIX構成銘柄の見直しが行われている。

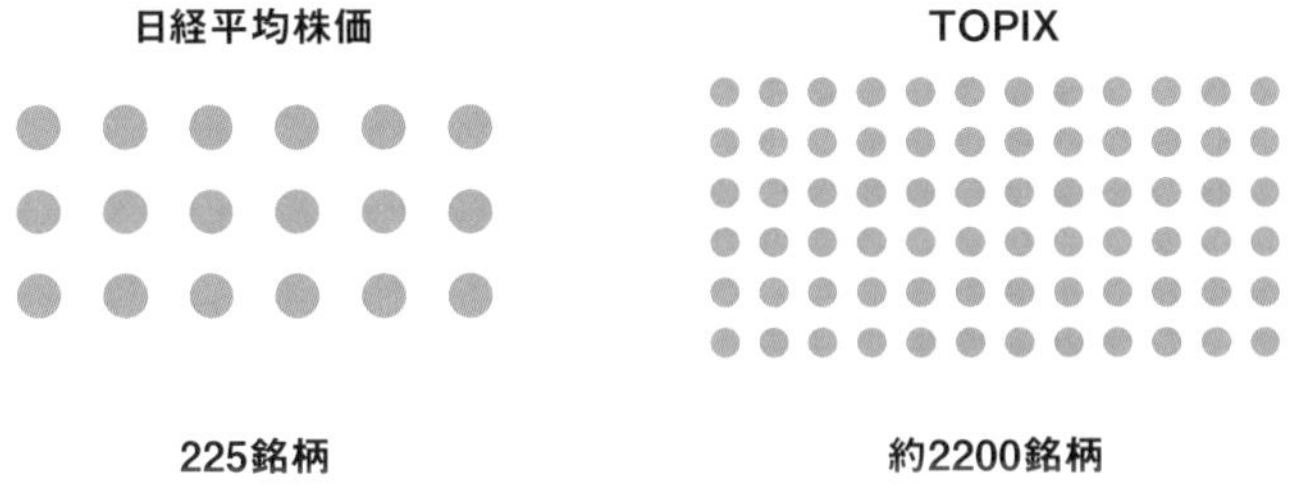

日経平均株価はダウ平均株価と連動するか

世界経済に影響を与えるアメリカ。その代表的な株価指標であるダウは、世界的な経済の状況を表していると考えられます。つまり日本の投資家もダウの値動きを見て動くため、日経平均はダウに連動しやすいのです。ただし、ダウが下がれば日経平均も下がるという具合に、下方への動きは顕著に見られますが、ダウが上がったからといって、日経平均が上がるというふうには必ずしもいえないようです。

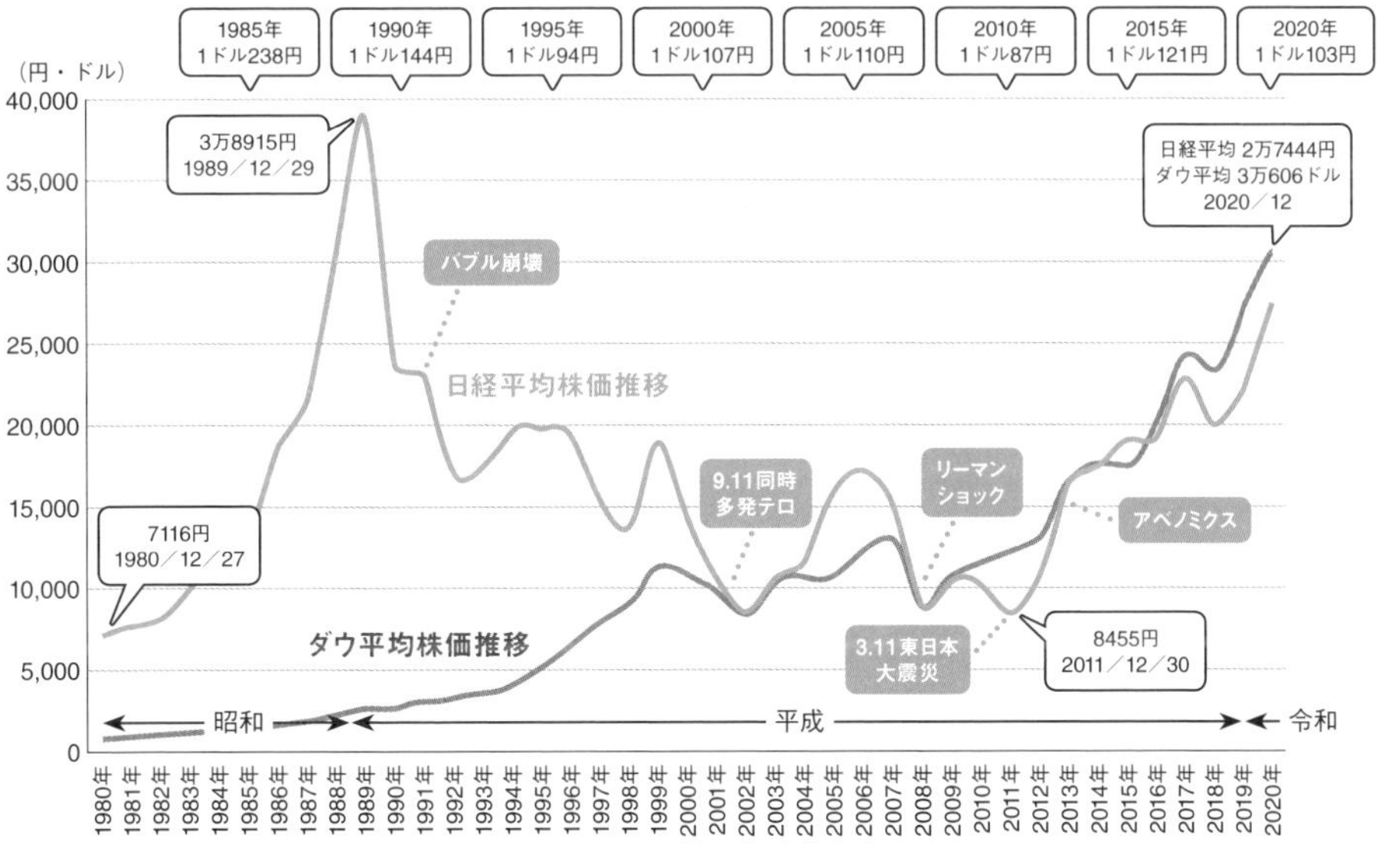

株価チャートで「買い」の株のアタリをつける

過去の株価の動きをグラフで表したものが「株価チャート」です。株価チャートを分析すると、株価の水準や、その株式が上昇中なのか下落中なのかなど、さまざまな情報を読み取ることができます。株式を購入したり、売却するタイミングを判断するのに活用しましょう。

チャートは、ある一定期間の株価の動きを表す「ローソク足」と、取引された株数の「出来高」から構成されています。それぞれ見方を覚えておくのがおすすめ。

一般に、株価が上昇したときは白いロウソク、下落したときは黒いロウソクになっています。ロウソクの上下は始値と終値を表し、伸びている線は高値と安値を示しています。証券会社の各銘柄のページや、金融系の情報サイトに掲載されているので、保有中の銘柄や、興味のある銘柄のチャートを参照しましょう。

株価チャートで株価の動きを見る

各銘柄の過去の値動きを表したものがチャート。「日ごと」「週ごと」など、一定期間の値動きを表す「ローソク足」と、「出来高」で構成されています。このチャートでは赤が上昇、青が下落を表しています。

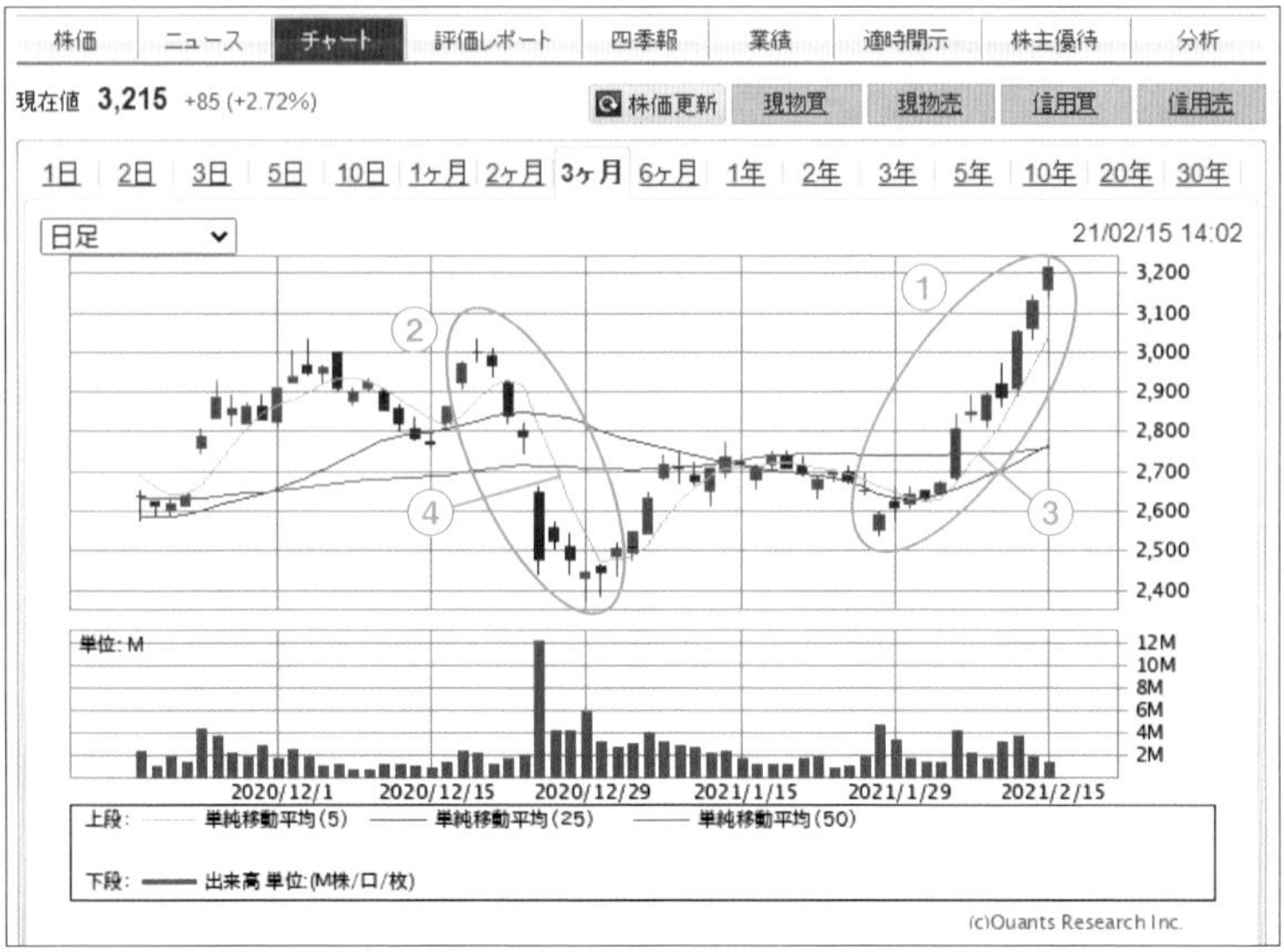

資料提供：株式会社SBI証券

チャートを見るときの注意点

- ☑ あくまでも過去の情報であり、将来を予測するものではないことを認識しておく。
- ☑ 基本となる「ローソク足」「移動平均線」の見方を知る（左ページ プラスα）。
- ☑ 「出来高」で相場の勢いを見る。

買い時と売り時の参考に

ローソク足の動きを追い、その株価の方向性を知りましょう。株価の方向性のことを「トレンド」といい、買い時や売り時の参考にすることができます。

① 上昇トレンドにある	ローソク足の高値と安値を結んだライン（サポートライン）が右肩上がりになっているときは「上昇トレンド」。一般的には、このまま株価が上昇していくと見られます。
② 下降トレンドにある	サポートラインが右肩下がりになっているときは「下降トレンド」。一般的には、売りたい人が増えて株価が下がっています。この状態が長く続く場合は、企業の業績が悪いなど、何らかの原因が考えられます。
③ 短期線が長期線を追い抜くようにクロスしている	終値を結んだラインを移動平均線といいます。短いスパンと長いスパンでそれぞれ見たときに、短期線が長期線を下から上へ追い抜くように交差している場合、上昇トレンドに変わったと見られます。
④ 短期線が下降し、長期線より下がっている	短期線が下降傾向にあり、長期線を上から下へ交差したときは下降トレンドに変わったと見られます。

プラスα

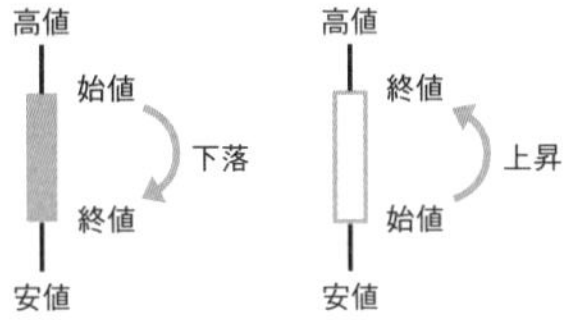

ローソク足の見方

ローソク足は上のような構造になっており、白・黒の柱と、上下に突き出たヒゲで、始値と終値の関係や、始値、終値、高値、安値（P.134参照）の4つの値を表します。株価の動きをビジュアル化したもので、ローソク足の形でおおまかな株価の動きをつかむことができます。例えば、白い柱が長方形のときは始値より終値のほうが高く、株価が大きく動いたことを表します。これから株価が上がる傾向があることを示し、黒い柱が長方形のときは、その反対のことがいえます。

移動平行線の見方

移動平行線は、ある期間の株価の終値の平均を折れ線グラフにしたもの。日中の細かな株価変動にとらわれずに、トレンドを見ることができます。

Q&A

Q 株価チャートはどんなときに参考にしたらいいですか？

A 株式の売買をするタイミングを見計らうのに参考になります。例えば、株式の購入をしようと思っていて、気になる銘柄があっても、株価を見ただけではその価値がわかりません。そんなときにチャートを見れば、今が上昇傾向にあるのか、下降傾向にあるのかが見てとれます。また、株式を売りたいと思っているときにも、すぐに売った方がよいのか、もう少し待ったほうがよいか、などの判断の目安になります。

13

株式をより深く知る

情報の意味がわかるともっとおもしろい

証券会社やニュースの情報に興味を持つ

株式投資で成功するには、情報収集が非常に大切です。さまざまな情報源をこまめにチェックして、社会情勢やそれぞれの業界、企業などに詳しくなりましょう。同時に大切なのが、自分の運用成績をきちんと把握しておくこと。株式をいくらで購入し、現時点で儲かっているのか損しているのかは、日々チェックします。証券会社から送られてくる成績表にもすみずみまで目を通しましょう。手数料や税金などのコストも含めて、利益がどれほど出ているのかを確認します。うまくいっていればいいですが、利益が出ていないようなら、運用方法を考え直す必要があります。

情報におぼれない

できるだけ広く情報を集めることも重要ですが、自分が理解できることが大切。あおるようなキャッチコピーに飛びついて売買を決めないように。情報を1つひとつ自分で読み解いて、社会全体から株式の動きを見る目を養っていきましょう。

● 情報収集ができるツール

新聞・テレビのニュース	前日までの取引情報や相場の動きを大まかに見ることができる。経済・金融の専門新聞・ニュースがおすすめ。また一般の新聞やニュースは、社会のトレンドを知るのによい。
雑誌・書籍	金融専門誌ではアナリストの意見など、投資方法について参考になる情報をキャッチできる。また、年4回発行される『会社四季報』（東洋経済新報社）のデータは証券会社のページでもチェックできるが、本にまとめたものを持っておくのも全体を見るのに便利。
証券会社の情報ページ	口座を持っていれば、各銘柄の詳細な情報を無料で閲覧できる。株式の値動きもリアルタイムでチェックできるので、新しい情報を得たい場合に便利。
企業のホームページ	企業の事業内容や方針、新しい商品やサービスなどがわかるほか、IR情報で業績がチェックできる。また、配当や株主優待などの情報も掲載。
SNSやセミナー	名の知られている投資家の発信や投資家セミナーなども参考にすると、投資家としての見る目や姿勢を学ぶことができる。

うのみにしない、
自己責任、目標を意識する
などがポイントだ

証券会社の株式情報を見る

もっとも正確で、リアルタイムの情報を発信しているのが、証券会社の株式情報ページです。日経平均などの指標やリサーチレポート、『会社四季報』のデータなど、基本情報がまとまっており、各銘柄の過去の株価、チャートなどもチェックできます。

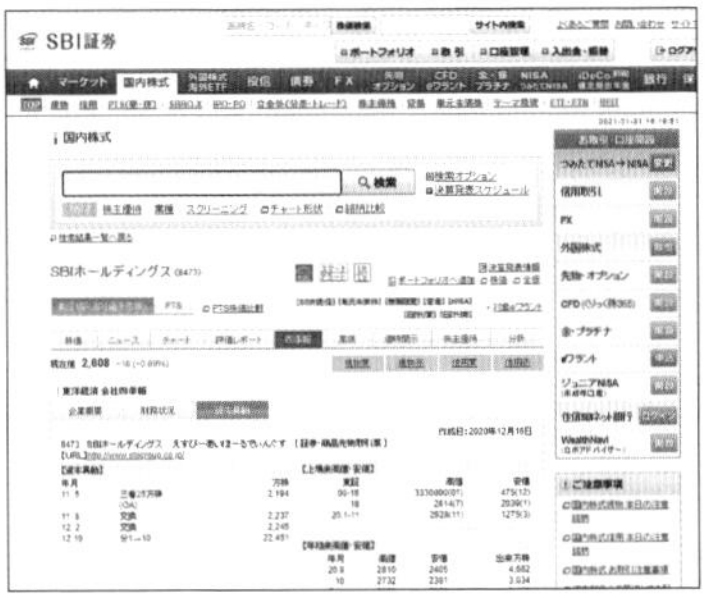

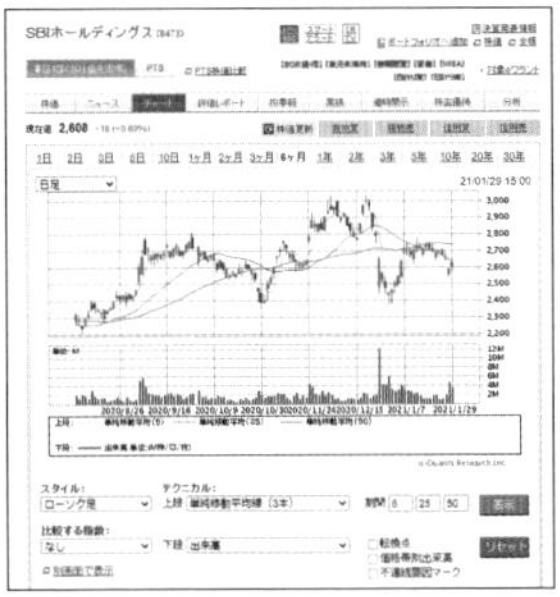

株主総会へ行ってみる

株主総会の議決権は株主としての権利の1つ。実際に参加して、どんな会社なのか、自分の投資したお金がどう使われているか、肌で感じてみるのもおすすめです。

定時株主総会
事業年度末から3ヵ月以内に招集される
→ 単元株ごとに1議決権があり、多数決で決議
→ 議事録は本店に10年、写しは支店で5年保管される

会社の根本に関わること　例：定款の変更や会社の解散、吸収合併契約など
役員に関わること　例：役員の選任・解任など
株主の利益に関わること　例：剰余金の配当、役員の報酬額の決定

株日記（トレード日記）をつけて経験を記録する

株式投資は経験してあれこれ成功や失敗をしてみることで、そのおもしろさや自分なりのやり方を見つけていくことができます。次のような投資の体験をまとめ、ときどきふりかえっては、次の投資に活用していくとよいでしょう。

- これまでに売買した株
- 保有株の動き
- 気になる銘柄
- 株式に対する考え
- 売買しようと思った理由
- 相場の流れ
- 成功の理由、失敗の理由

「株式投資のおもしろみ・または株主総会について教えてください。」

奥村先生

株式投資のおもしろさは、直接その会社に投資するので、会社の動きに興味が増し、気がつくとファンになっています。株主として株主総会に出席して、経営トップの生の声を聞くことができ、また配当金や株主優待などの楽しみもあります。もちろん業績が低迷して株価が下がるときもありますが、その会社の経営に関わっていると思えば、回復してほしいという応援する気持ちにもなります。

泉先生

某上場企業（私は株主ではありませんが）の経営陣の１人である友人は、株主総会の前はいつも、株主がどんな意見を言い、どんな質問が飛んでくるかと神経をとがらせている様子。株価がドーンと上がっていればいいですけどね。会社の方針や重要な事項を決定する権利がある株主に成果を報告するのですから緊張するのも当然。そんな経営陣と向き合える貴重な機会、ぜひ出席して、投資家として「モノ申す株主」を味わってみて。

須藤先生

株式の方は、いずれも10年以上長く保有しており、配当金と株主優待を楽しみに、企業の応援団の一員をしています。投資に回せるのは、運用でそれが半分に減っても生活そのものや将来設計に影響しない額と考えています。ですから、将来において確実に必要となる教育資金などを準備していく際には、株式投資ではなく、確実性のある商品をベースにリスク低めの投資型商品を選ぶという考えが必要でしょう。

Chapter

5 債券投資

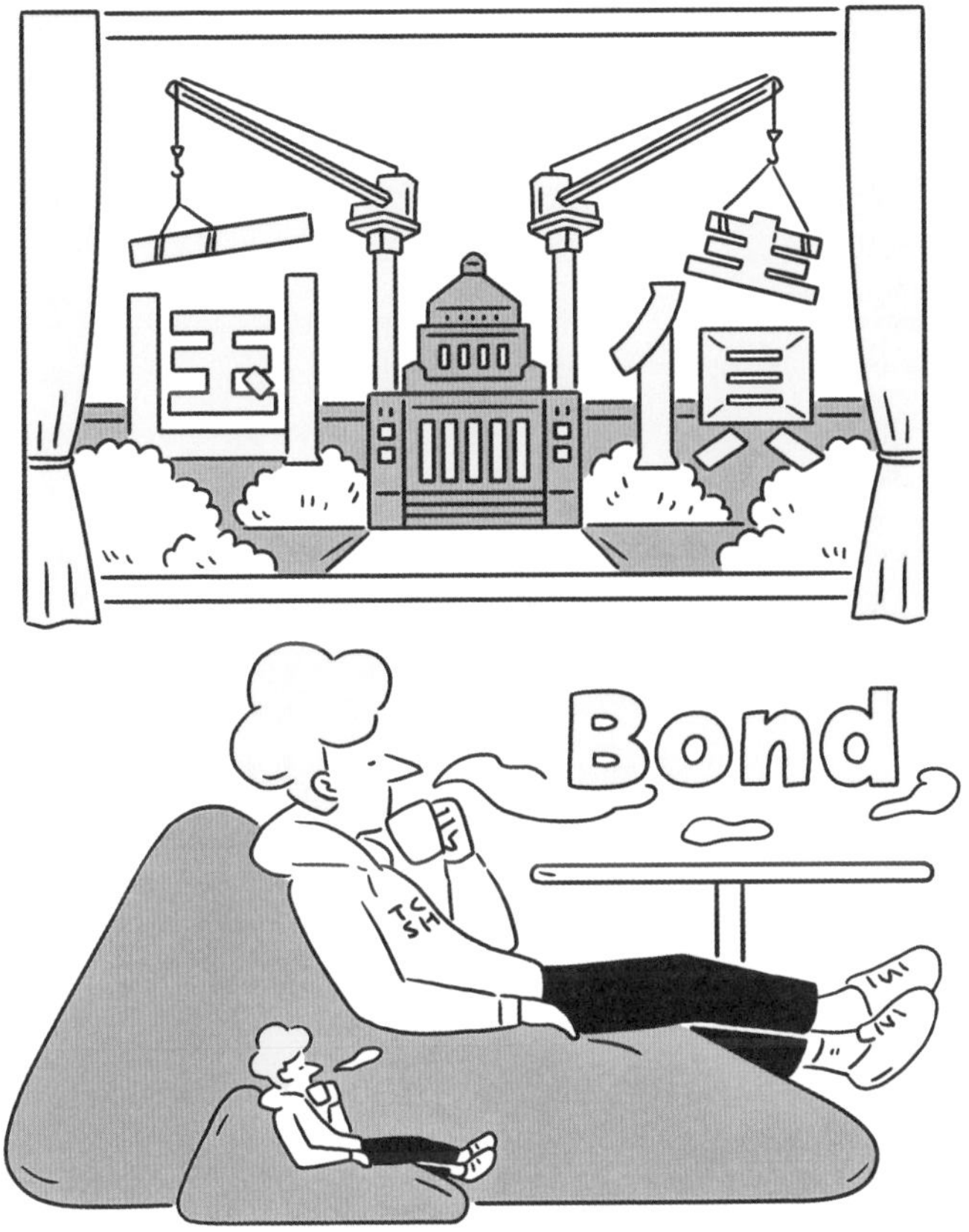

債券は国や企業が資金調達のために発行する借用証書です。
投資している間は利息がもらえたり、
満期には投資額が戻ってくる仕組みです。

1

債券投資とは何か

債券投資の仕組みを知る

債券とはお金の借用証書だ

債券とは「債務」の「債」が入っていることからもわかるように、お金を借りたことを示す証明書のこと。いわば借用証書です。国や地方自治体、企業などが事業資金調達のために発行します。つまり、例えば国債であれば、国債を買った人は、国に対しお金を貸すことになるわけです。

借金ですから、当然利息（クーポンという）がつきます。利率は借り主の信用度によって異なります。

また、満期（償還日）がくればお金を返してもらえるのが債券の特徴。ただし年単位の長期にわたることが多く、投資するお金の額も大きくなります。個人が行う場合は証券会社や金融機関を通じて購入します。

債券はお金を貸したことの証明書

国、地方自治体、企業など、大きな事業を行う組織は、お金を借りて資金を調達します。お金を借りた証明書として、貸し主に渡すのが債券です。近年はペーパーレスのことが多いです。

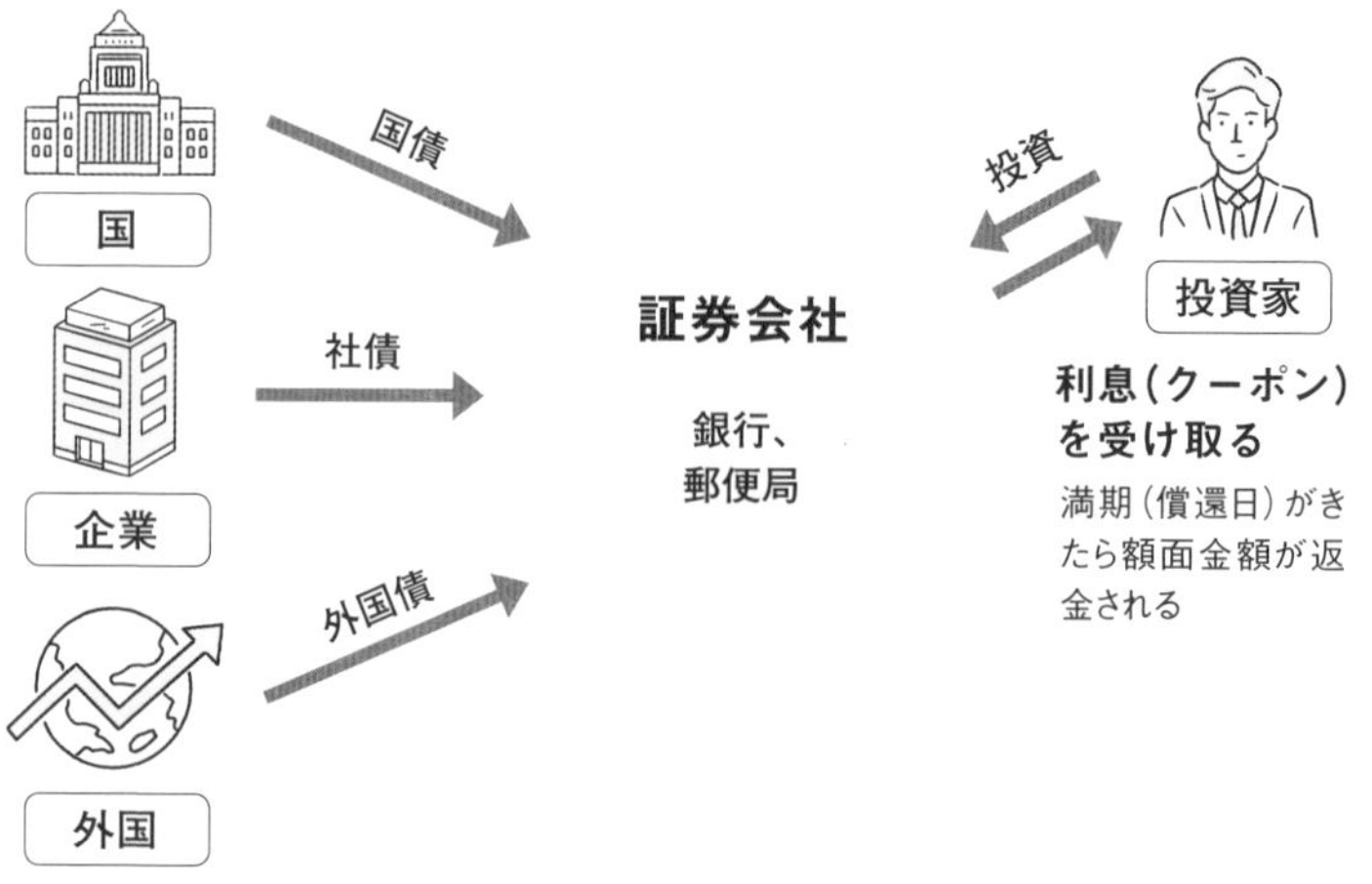

発行元は多岐にわたる

債券の発行元にはさまざまな種類があり、大きくは以下の3つに分類されます。債券の発行時には公募がありますが、なかなか一般の人には公開されない債券もあります。

公共債	国債、地方債、政府関係機関債
民間債	社債、金融債
外国債	発行元、発行通貨、発行市場のいずれかが外国である債券

満期（償還日）になると貸したお金が戻る

債券を購入して投資するお金は借金なので、償還日が来れば返してもらえます。また、貸し付けている間は決まったクーポンを受け取ることができます。ただし、貸した先が倒産したり国の財政が破たんするなどして「債務不履行」となるリスクもあります。このことを「デフォルト」といいます。

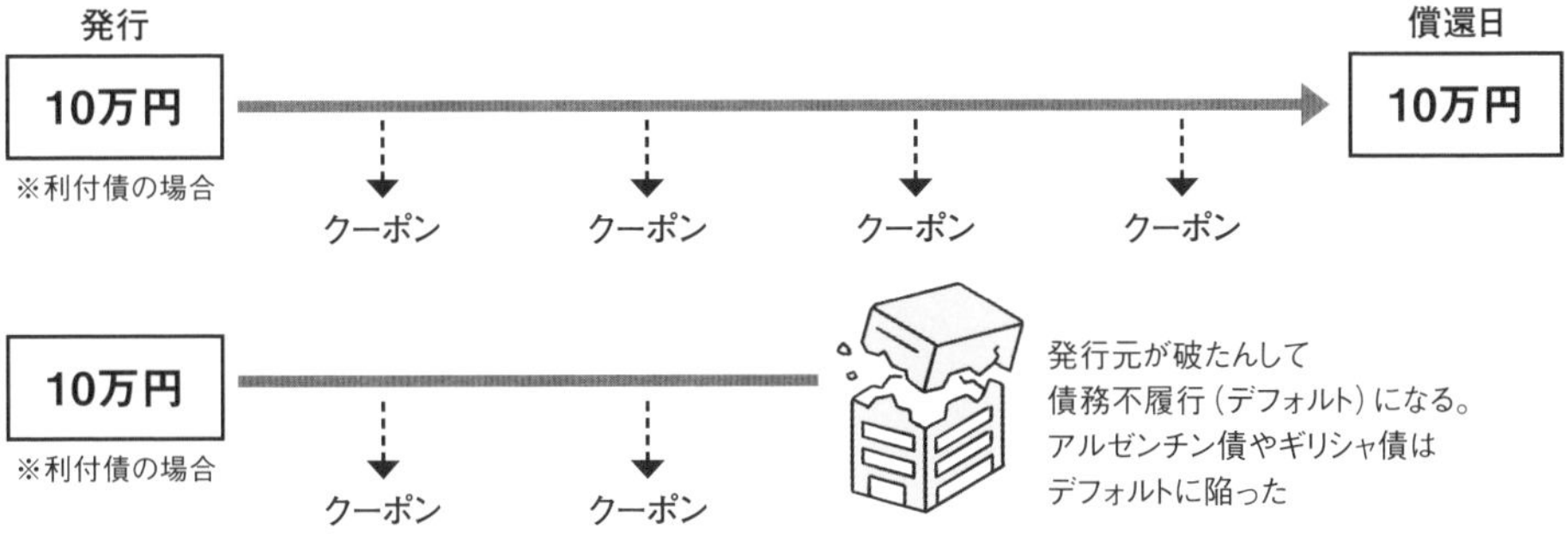

債券市場で売買される債券

債券は金融商品の1つとして、証券会社などで購入することができます。また、借用証書と違い、解約（公共債の場合）したり売却してお金に換えることもできます。このように途中で売却された債券は「既発債」として市場に流通します。

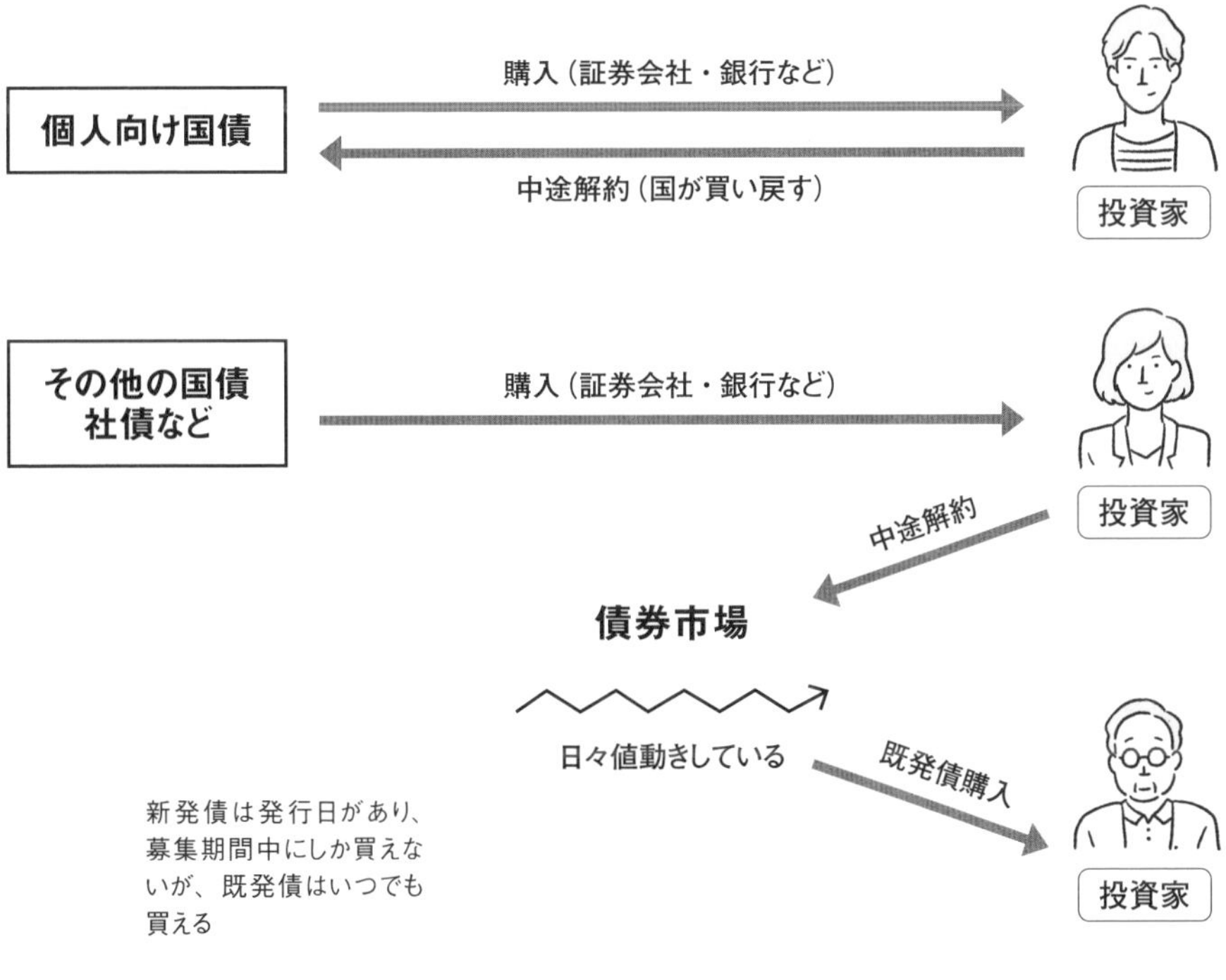

債券投資とは何か

2

債券を持つメリット・デメリット

信用度・期間に応じた利息を得る

債券は途中で売却することもできますが、基本的には償還日まで保有し、その間、決まった利息をもらうことで利益を得ます。デメリットは、発行元の破たんによって元本が戻らないリスクもあり、利息はリスクの高さに応じて設定されます。つまり、信用度の高い発行元は破たんのリスクが低いため、利率が低め。信用度が低い発行元の場合、買いたいと思う人が集まりにくくなるため、利率も高く設定されます。この信用度を決めているのは格付会社です。トリプルAを最高とするランクが設定されており、投資に適するのはトリプルBまで。ダブルB以下だと、リスクが高く投機的とされます。

信用度はトリプルB以上が目安

債券の発行元の信用度を決めるのが格付会社。投資家が資金を投じるか否かを判断できるよう、財務や業界などの調査・分析を行って格付を行います。

AAA	債務履行の確実性が最も高い。
AA	債務履行の確実性は非常に高い。
A	債務履行の確実性は高い。
BBB	債務履行の確実性は認められるが、上位等級に比べて、将来債務履行の確実性が低下する可能性がある。
BB	債務履行に当面問題はないが、将来まで確実であるとはいえない。
B	債務履行の確実性に乏しく、懸念される要素がある。
CCC	現在においても不安な要素があり、債務不履行に陥る危険性がある。
CC	債務不履行に陥る危険性が高い。
C	債務不履行に陥る危険性が極めて高い。
LD	一部の債務について約定どおりの債務履行を行っていないが、その他の債務については約定どおりの債務履行を行っているとJCRが判断している。
D	実質的にすべての金融債務が債務不履行に陥っているとJCRが判断している。

出典：JCR

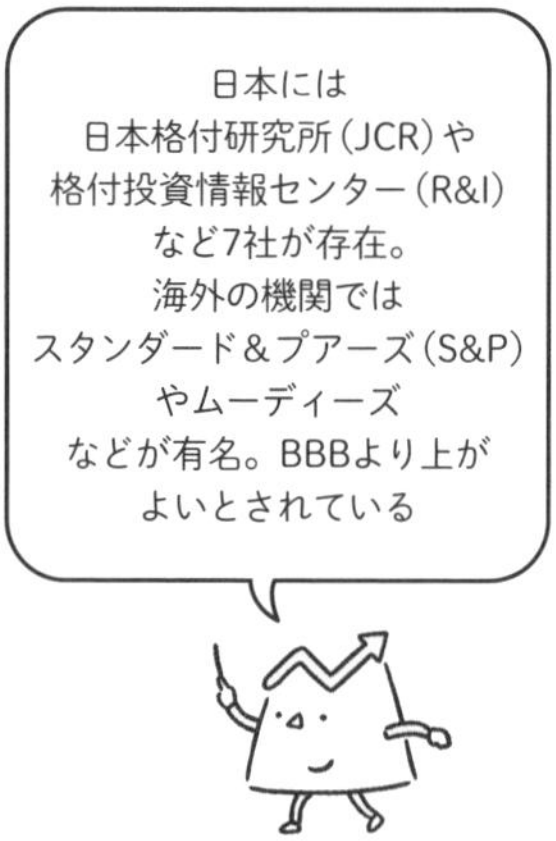
日本には
日本格付研究所（JCR）や
格付投資情報センター（R&I）
など7社が存在。
海外の機関では
スタンダード＆プアーズ（S&P）
やムーディーズ
などが有名。BBBより上が
よいとされている

購入を検討している
債券の格付は
格付会社で見られるね
TOU
SHI

利率と利回りを考える

債券は償還日まで保有することで、決まった利息を受け取ることができる商品です。ただし既発債を購入する場合、そのタイミングによって利回りが異なるので、よく確認する必要があります。利率、利息、利回りの考え方をもう一度おさらいしておきましょう。

利率	年に何%、クーポンがつくか。元本に対する利息の割合
利息	元本×利率が利息。元本に追加して受け取れるお金
利回り	投資した元本に対しての利益の割合。売却損益も含まれる

$$\text{最終利回り}(\%) = \frac{\text{利率} + \dfrac{\text{額面価格} - \text{購入価格}}{\text{残存年数}}}{\text{購入価格}} \times 100$$

● 債券の利回りには4種類がある

応募者利回り	新規発行の債券を償還まで所有した場合の利回り
最終利回り	既発債を償還まで所有した場合の利回り
所有期間利回り	債券を購入して償還前に売却した場合の、保有期間中の利回り
直接利回り	購入金額に対しての毎年の利回り

Ⓟ 債券の利率は格付けに左右される

債券のリスクは発行体の格付けによって決まります。高い格付けほど破綻リスクが少ないため、クーポン利率も低めに設定されます。

格付け	リスク	クーポン利率
高い	小さい	低い
低い	大きい	高い

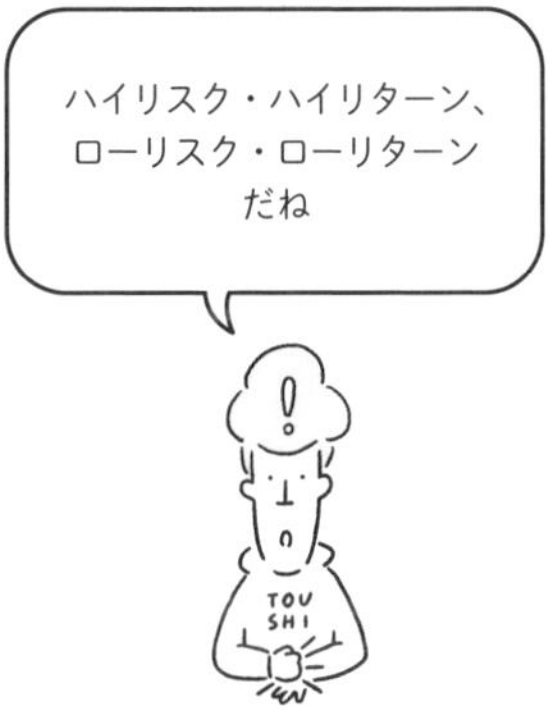

利付債・割引債の違い

債券には、利付債と割引債があります。利息がつく利付債に対して、利息がつかないかわりに、利息相応分が割り引かれているものを割引債といいます。安く買い、償還時には額面通りのお金を受け取ることができます。

● 利付債

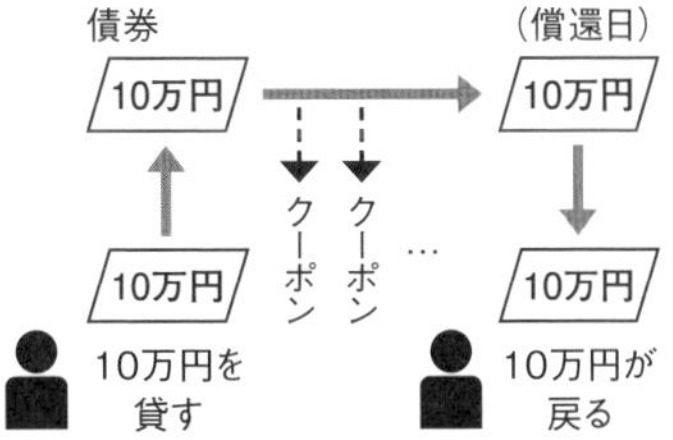

● 割引債(ゼロクーポン債)

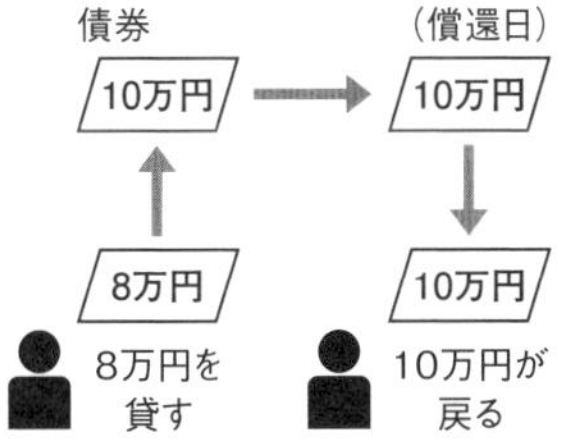

国債の種類と買い方を知る

国家の資金調達に応じてお金を貸す

国が発行元となっている債券が「国債」です。一般的には日本国国債のことを指しますが、海外にもそれぞれの国の国債があります。

国債は、例えば公共設備の整備など、国が公的なサービスを提供するために必要なお金を集めるもの。返済のための財源は将来の税金です。国債の発行は国として必要不可欠ですが、借金ですから、返済能力を超えて発行するのは問題です。国債を大量に発行している国は信用度が低下します。国債が売れなくなり、手放す人が多くなれば価値も下がります。日本の個人向け国債は今のところ、定期預金よりは有利な金利で運用されています。

公共財の建設や財政不足を補う国債

国債は法律で定められた根拠に基づいて発行されます。国債によって集められた資金は公共事業に使用されるほか、財政がまかなえない場合の財源として使われます。過去、国債がどれだけ発行されているかを見てみましょう。

● 一般会計における歳出・歳入の状況

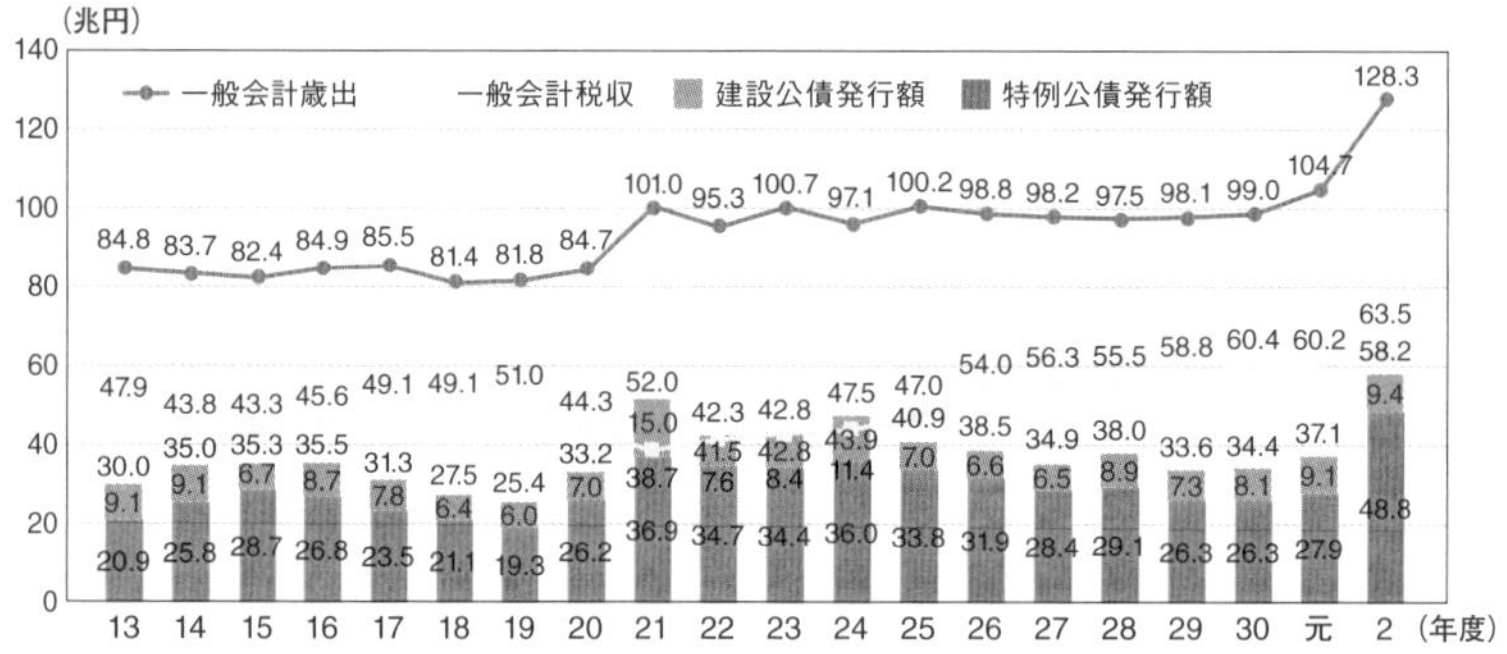

出典：財務省ホームページ

銀行や生保、損保なども保有している

政府が発行した国債は、その多くが金融機関などの機関投資家によって保有されています。中でも日銀は半数近くを保有しています。ただし、国の銀行である日銀が自由に国債を引き受ける（購入する）ことは法律で禁じられています。

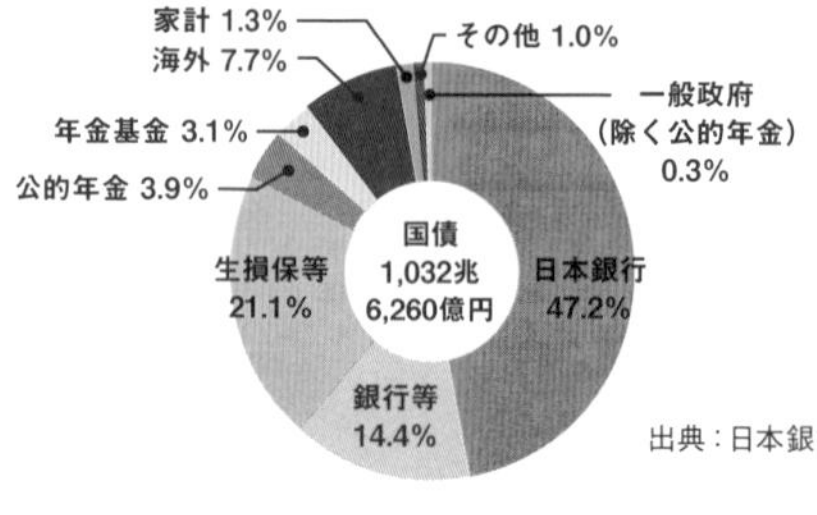

財政法第5条で、国債の引き受けは禁止されているが、償還期間が来たものについては国会の議決を得た金額の範囲内で借り換えに応じている。

出典：日本銀行「資金循環統計」（2020年第1四半期速報）

個人向け国債は3種類ある

国債を個人が購入できるようにしたものが「個人向け国債」です。期間や金利によって3つのタイプがあります。

	満期	発行	購入単位	金利タイプ	金利	下限金利
固定3年	3年	毎月	1万円以上 1万円単位	固定金利	基準金利 −0.03%※1 (0.19%)	0.05%
固定5年	5年	毎月	1万円以上 1万円単位	固定金利	基準金利 −0.05%※1 (0.42%)	0.05%
変動10年	10年	毎月	1万円以上 1万円単位	変動金利	基準金利 ×0.66※2 (0.60%)	0.05%

※2023年11月7〜30日募集のもの

※1基準金利は募集期間日の2営業日前において、市場実勢利回りをもとに計算した期間5年または3年の固定利付国債の想定利回り。

※2基準金利は利息計算期間開始日の前月までの最後に行われた10年固定利付国債の入札（初回利息については募集期間開始日までの最後に行われた入札）における平均落札利回り。

証券会社、銀行などに口座を開いて購入

個人投資家が国債を購入する際は、証券会社や銀行に口座を開く必要があります。

STEP1 取り扱いのある金融機関を探す

財務省ホームページに一覧があるほか、
取り扱っている金融機関ならホームページで確認できます。

STEP2 口座を開設する

窓口や郵送で行います。本人確認ができる書類、
マイナンバーが確認できる書類、印鑑などが必要。

STEP3 購入の申し込みをする

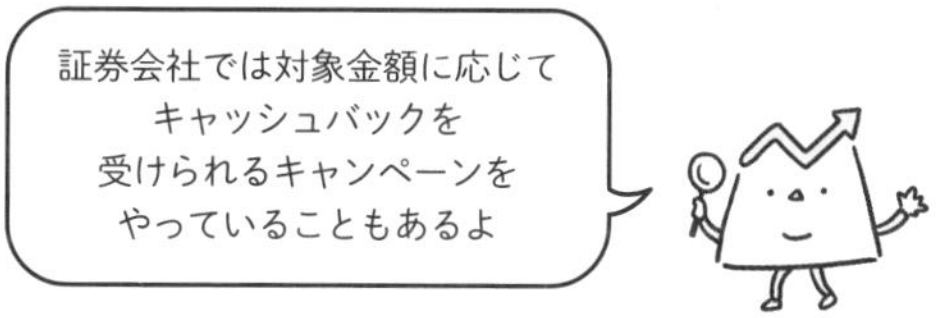
証券会社では対象金額に応じて
キャッシュバックを
受けられるキャンペーンを
やっていることもあるよ

個人向け国債は1年経つと中途換金できる

保有している間に現金化したいこともあるでしょう。個人向け国債なら購入した金融機関で手続きすれば換金できます。

購入 →（1年以降）→ 中途換金

※直近2回分の各利息（税引き前）相当額×0.79685が差し引かれます。

4

発行元別に見る債券

地方債の種類と買い方

地方公共団体が公募する債券

地方公共団体が発行する債券が「地方債」です。市場で公募するもの、複数の自治体が共同で募るもの、地域限定のものなどいくつかの種類があり、総務大臣や都道府県知事との協議・同意によって発行されます。

公共サービスの資金にあてられる点は国債と同様ですが、私たちの生活に近いところで使われるため、成果をよりイメージしやすいといえます。例えば東京都ではスマートエネルギーの都市づくりや環境保全にあてられる「東京グリーンボンド」を毎年発行しています。自分の住む地域や応援したい地域で自分のよいと思う将来を実現するために、地方債を購入するのもよいでしょう。

公共事業や臨時財政費にあてられる

地方債の種類として臨時財政対策債が多くなってきています。これは財源不足を補うための「赤字公債」で、2001年度以降増えてきています。必要なサービスが税金でまかないきれず、それを補うために債券を発行しているということです。

● 発行目的

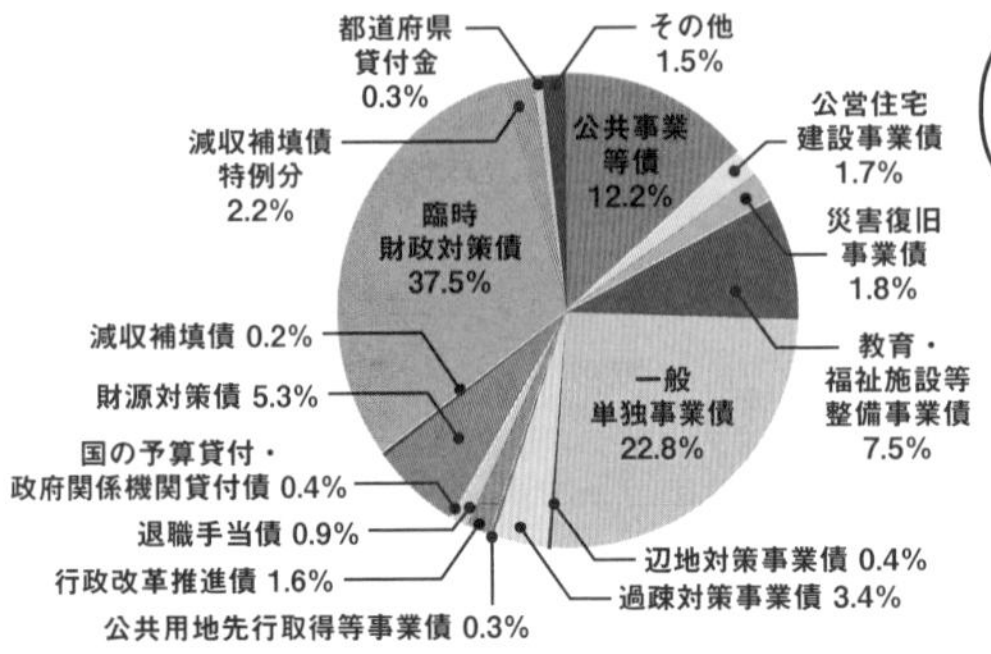

出典：総務省「平成31年度版地方財政白書」資料編［平成29年度の地方財政］

地方債は大きく分けて4タイプある

国債と違い公募を見つけにくいかもしれませんが、次のようなものが発行されています。

市場公募債	広く投資家を公募。総務省や自治体のホームページで公募状況や格付が見られる。
共同発行市場公募債	36の地方公共団体が共同で発行。毎月発行されている。「共同発行団体連絡協議会」のホームページで確認できる。
市場公募債（ミニ公募債）	発行する自治体の住民や就労している人しか購入できない場合が多い。
銀行等引受債	地方公共団体が地元の銀行等を対象に発行。

地方債の公募

公募している地方債であれば、一般の個人投資家も申し込むことができます。先着順で販売されるため、総務省や、気になる地域のホームページをこまめにチェックしておきましょう。

（イメージ）

公募10年債
発行額　300億円
1口あたり　10万円
利率　年0.110％
⋮
申込期間　…
取得格付　A+
引受・募集機関
○○○○銀行
○○○○銀行
○○○○銀行
○○○○銀行

この引受・募集機関に応募して購入する

個人向け都債

東京都が個人向けに発行する債券で、首都圏に在住、在勤する人が購入できる。募集期間などの詳細はホームページで確認する

東京グリーンボンド

東京都が発行するもので、都市のスマート化や緑の多い環境づくりなどを目的とした外貨建ての債券。

証券会社、銀行などで公募に応じ購入

地方債を購入するには、国債と同様に証券会社や銀行などで口座を開設する必要があります。発行元が設定している期間内に応募しましょう。

STEP1 取り扱いのある金融機関を探す

公募を行っている地方公共団体のホームページで確認できます。

STEP2 口座を開設する

窓口や郵送で行います。本人確認ができる書類、マイナンバーが確認できる書類、印鑑などが必要。

STEP3 購入の申し込みをする

Q&A

Q 中途解約するとどうなるの?

A 地方債は中途解約できませんが、債券市場で売却して換金することは可能です。ただし、金利の変動によって債券価格が下がったり、発行元の信用が低下したりすると、元本を割り込むこともあります。なお、個人向け国債なら1年経過したら中途換金し、国に買い取ってもらえます。

5

発行元別に見る債券

社債は民間企業への貸し付け

株式との違いは資本の一部になるか貸し付けか

事業資金を調達するために、企業が発行する債券が「社債」です。株式は会社の資本に繰り入れられますが社債は借金です。

資金が足りないとき、新たに株式を発行する「増資」か、社債か、どちらを選ぶかは会社が決めます。増資はお金を返さなくて済みますが、株式が増えた分、株価が下がる、既存株主の権利が減るなどの心配もあります。

社債は機関投資家向けが多く、個人は投資信託などを通じて運用します。最近では、消費者との関係強化の意味合いで1口100万円からなどの個人向け社債を出す会社もあります。

社債の種類は大きく4つ

社債には以下のような種類があります。また電力会社が発行する債券を「電力債」として別に扱う場合もあります。

普通社債

SB（ストレートボンド）ともいいます。一般的な社債のことで、満期が来れば額面金額が返済され、それまで利息がもらえます。利率は信用度に応じて決まります。

劣後債

企業が破たんしたとき、投資家に対しての返済順位が低い債券で、その代わり金利が高く設定されています。多くは銀行が発行します。

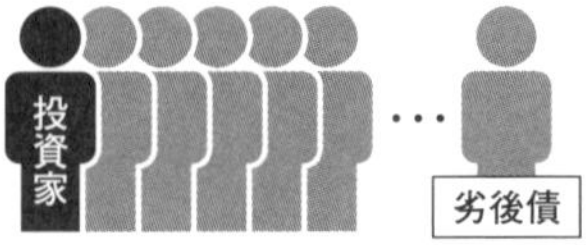

新株予約権付社債

社債を発行した企業の株式を一定金額で購入できる権利（ワラント）が付帯したものです。株式を購入する権利だけを他の人に売却することもできます。

転換社債型新株予約権付社債

転換社債、CB（チェンジャブルボンド）など一定条件において株式と交換できる社債のことです。利率は低く設定されるのが一般的です。

プラスα

金利が上昇すると債券は売られる

一般的に、金利が上がると債券価格は下がるといったふうに、両者は反対の動きをします。どのような仕組みなのでしょうか。世の中の景気がよくなると、銀行の金利が上がります。投資家は金利の高いほかの金融商品を買おうとするため、債券の人気がなくなります。また、金利が上がる前に購入した債券を、安い値で売却する人が増えます。これらによって、債券全体の価値が下がるのです。金利が下がると、上記とは逆の現象が起こります。満期までの期間の長い債券ほど、金利の影響を受ける度合いが大きくなります。

公共債に比べ債務不履行のリスクが高め

企業は国や地方公共団体などに比べて、倒産などの可能性があり、債務不履行となるリスクも高いとされています。購入するときは、格付やその会社の状況をよく確認することが大切です。

株式と同様に
企業の財務状況、
経営方針などを
チェックする

格付会社による
信用度を
チェックする

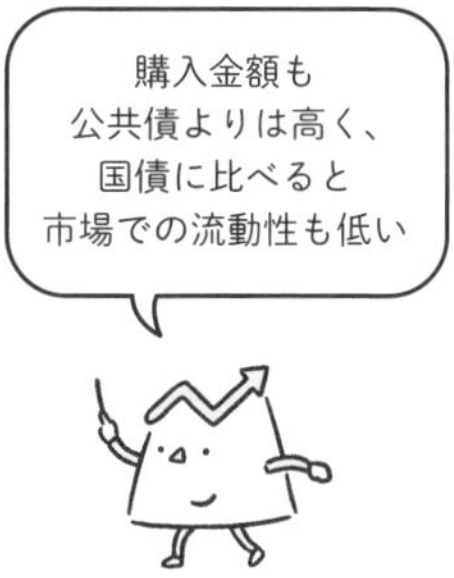
購入金額も
公共債よりは高く、
国債に比べると
市場での流動性も低い

証券会社で購入する

社債の新規発行は不定期で、人気のある銘柄はすぐに売り切れてしまいます。また、購入できる銘柄や数が証券会社によって異なります。企業の公募や証券会社の情報をこまめにチェックしておく必要があります。

STEP1 証券会社を選ぶ

債券を購入する証券会社を選びます。
社債の取り扱いのほか、手数料なども検討しましょう

STEP2 口座を開設する

窓口や郵送で行います。本人確認ができる書類、
マイナンバーが確認できる書類、印鑑などが必要

STEP3 購入の申し込みをする

プラスα

任意償還と抽選償還

債券の償還日が来る前に、発行者の意思で一部または全額を途中償還することを「任意償還」といいます。債券の持ち主にとっては、予定されていた利息を受け取れないため、不利益を被ることになります。そのため、額面通りでなく、プレミアムがつくこともあります。公平にするため償還する債券を抽選で決めることが多く、これを「抽選償還」といいます。

発行元別に見る債券

外国債のメリット・デメリット

発行元、発行市場、発行通貨のどれかが外国のもの

外国の国債や社債、外国市場で発行されているもの、外貨建ての債券などが「外国債」です。「サムライ債」といって、外国の企業が日本市場で発行している円建て債券も外国債の1つです。

今日本は超低金利なので、比較的金利の高い外国の債券は分散投資先の1つとして注目されています。ただし、外貨建ての場合は為替変動リスクがあるほか、国の情勢が変わることによるカントリーリスクもあります。格付会社による格付けをよく見て判断しましょう。

証券会社で購入します。為替変動と合わせた利回りをシミュレーションできるところもあります。

外国債の種類は大きく3つ

外国債は、使用する通貨によって3つの種類に分かれます。外貨建ては為替変動の影響を受け、場合によっては額面より価値が下がってしまう可能性があります。二重通貨建ては、元本、利息、償還で通貨を分けることによって、そのリスクを低減しているといえます。

外貨建て

購入、利息の受け取り、償還を日本円以外の外国通貨で行う債券のこと。国内外の社債や国債もある。為替変動リスクやカントリーリスクの影響を受ける。

円建て

購入、利息の受け取り、償還を日本円で行う債券のこと。国内市場で発行されるサムライ債や、外国で発行されるユーロ円債など。なお、ユーロ円債の「ユーロ」はヨーロッパの通貨とは関係ない。

二重通貨建て

購入、利息の受け取り、償還に2種類の通貨を用いる債券。2種類あり、デュアルカレンシー債は購入と利息が同じ通貨で、償還を別の通貨で行う。リバースデュアルカレンシー債は購入と償還が同じ通貨で、利息を別の通貨で行う。

● 外貨建て

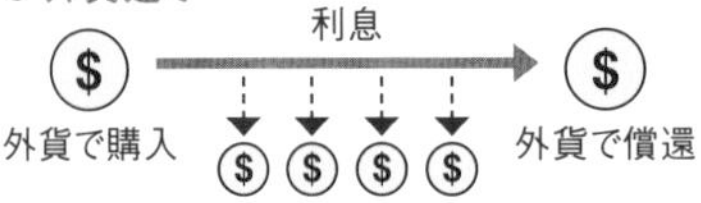

● 円建て

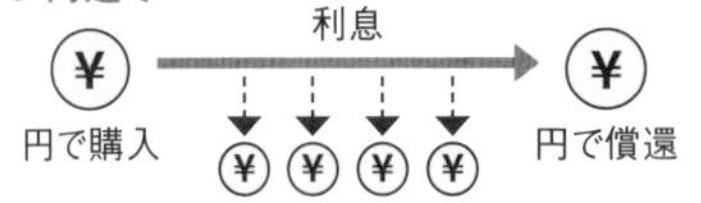

● 二重通貨建て

外国債（既発債）を購入するときのポイント

近年は世界中が低金利の時代ですが、新興国などに高金利のものも見られます。金融商品全般にいえることですが、絶対に確実なものはありません。分散投資の対象として検討しましょう。ここでは購入画面を見ながらチェックすべきポイントを解説します。

カナダドル建債券

欧州復興開発銀行2028/12/20満期カナダドル建利付債（年1回利払型）（U3981E001）　お申し込み

① 年率（税引前）	0.500%（カナダドルベース）	申込数量	－
② 単価	94.43%	約定数量	－
③ 利回り（税引前）	1.252%	販売単位	1,000カナダドル以上、1,000カナダドル単位
④ 利払日	毎年12/20	⑥ 残存年数	約7.8年
⑤ 償還日	2028/12/20	⑦ 発行体格付	AAA(S&P)/Aaa(Moody's)

出典：株式会社SBI証券

①年率（税引き前）
額面に対する利息の割合を示す税引き前の利率。クーポンが支払われない場合は「ゼロクーポン」と表示される。

②単価
額面価格に対する購入単価の割合が表示される。例えば94.43%なら、1000カナダドルの債券を944.3カナダドルで購入する。

③利回り（税引き前）
債券を満期まで保有したときの年あたりの収益率。購入額との差益、クーポン、期間などから計算される。

④利払い日
クーポンが支払われる場合の日にち。

⑤償還日
満期になり、お金が返済される日にち。

⑥残存年数
その既発債の償還日までの年数。

⑦発行体格付け
格付会社による格付け。

購入時と償還時の為替レート

外国債は円建てのものを除いて為替変動リスクを受け、円安になれば利益が発生し、円高になれば損失が発生します。どのような影響があるのかを試算してみましょう。

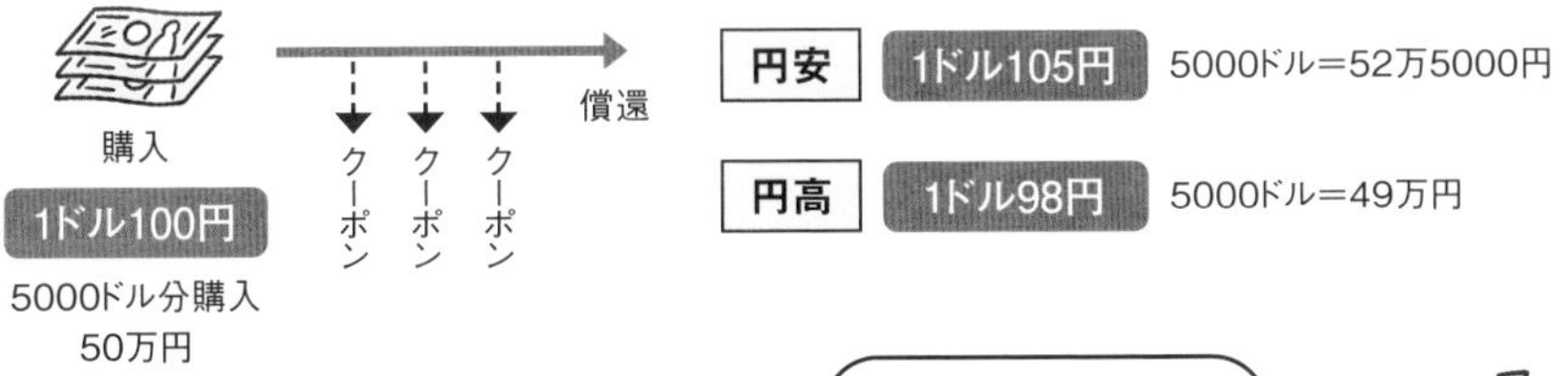

プラスα

外貨建てのMMFに置いておけば為替リスクはない

外貨建てMMFとは外貨で運用される投資信託のこと。為替変動で利息や償還で受け取れるお金の価値が下がってしまっても、外貨のまま運用すれば、影響を回避することができます。

教えてください！ 投資あれこれ⑥

「国内株式（債券）と外国株式（債券）、どちらがおすすめですか？」

奥村先生

外国の債券や株式は外貨で売買するので為替の影響を受けます。外貨は円高のときに買って、円安のときに売れば得しますが、為替の動きを予測するのは至難の技です。これは売買のたびに外貨と日本円を交換するからです。外国の債券や株式を売却したときは、日本円に交換せず外貨のままにしておけば為替差損は出ません。その資金でまた外国の債券や株式を購入すれば為替による影響を受けずに売買を続けられます。

泉先生

日本に住んでいる場合、損益を判断する際、日本の株式やアメリカの投資信託を持っているとすればそれを円に換算しての合計額で評価しますよね。外国の株式や債券の現在価値は、株価や債券価格、為替レートという3つのリスクにさらされます。ローリスクを好むのであれば、国内に投資を限定することがおすすめです。

須藤先生

コロナ禍においても日経平均株価は下がることなく約30年ぶりに3万円台に。すでに投資している人はもちろん、今後の動きには目が離せません。国内株式はしばらく様子見でしょうね。一方、為替の動きを個人投資家が予想するのは大変難しいと思います。世界中にコロナワクチン接種が行きわたるまでの間、日米欧の経済対策がどのように進められていくのか注視する必要があります。

Chapter

6

投資信託

投資信託はプロによる金融商品の詰め合わせ。
少額から分散投資ができることから
投資初心者が始めやすい金融商品といえます。

1

投資信託とは何か

投資信託の仕組みを知る

さまざまな金融商品を組み合わせたもの

　ここまで、株式や債券などの金融商品について見てきましたが、それらを組み合わせて商品にしたものが「投資信託」です。「ファンドマネージャー」という投資のプロが、多くの投資家から集めたお金をまとめて投資・運用します。そのため、1万円程度の少額から分散投資ができ、運用の経験がない初心者にも始めやすい投資方法とされています。ただし運用を代行してもらう分、手数料がかかります。

　投資信託は販売会社やその運用方針によって、品揃えが非常に多彩なのも魅力です。その中から、自分の投資スタイル、マネープランに合うものを選んでいくことになります。

運用のプロが組み合わせて運用する

投資信託は以下のように、商品の販売、運用、資産の管理をそれぞれ異なる専門機関が受け持っています。投資家は、販売会社を通じて商品を購入。運用会社ではその資金をもとに、運用のプロであるファンドマネージャーが利益を目指して運用し、その資産の管理を信託銀行が行っているのです。

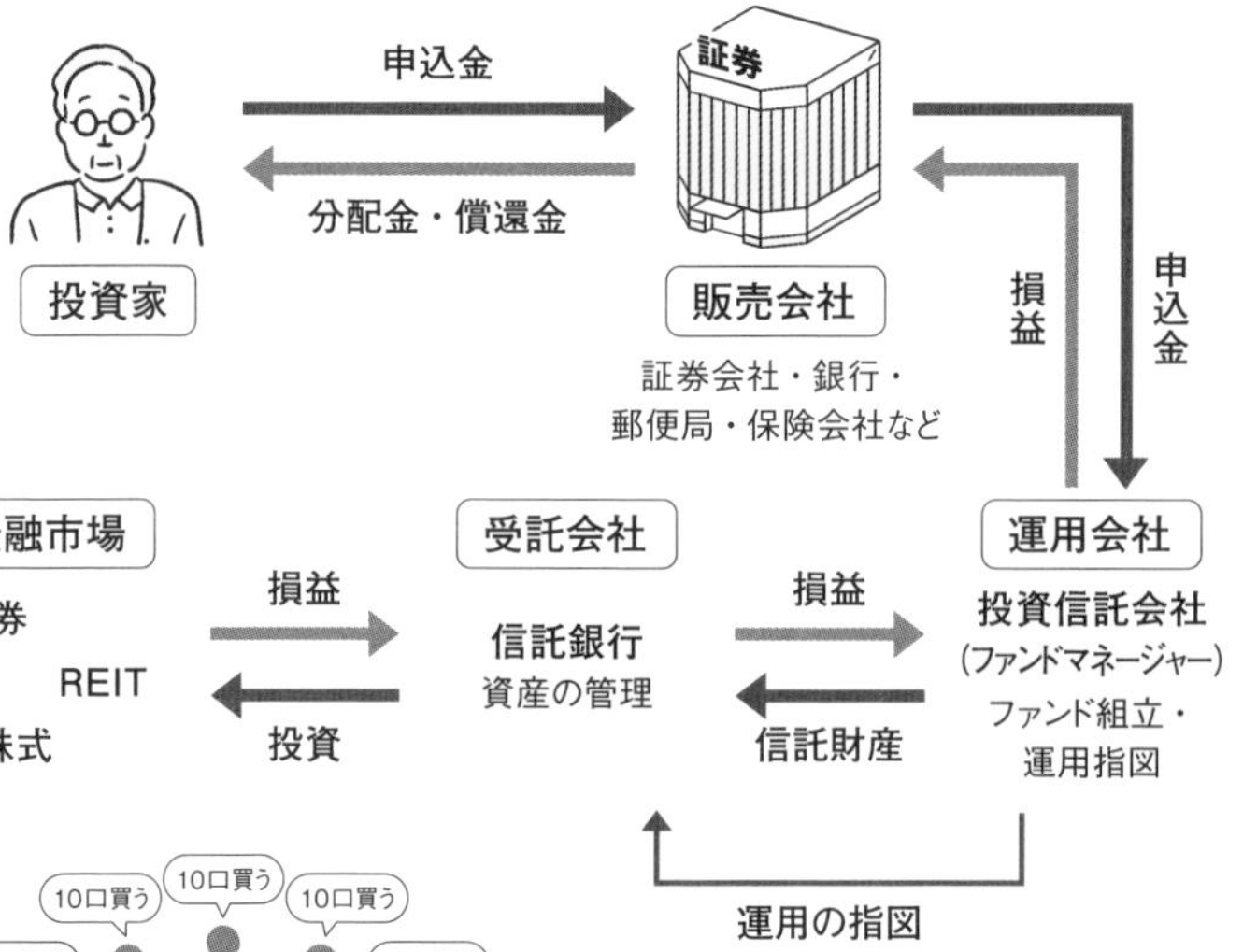

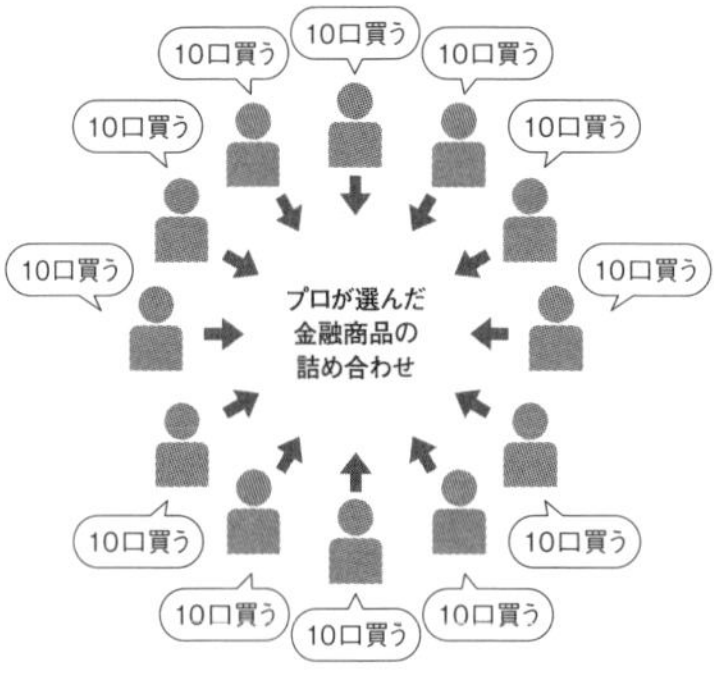

運用会社の役割

運用会社は資産運用の専門機関です。経済や社会の状況に応じて商品を企画し、販売会社を通じて多くの投資家から資金を集めます。また、利益を上げるべく、資金を管理している受託会社に運用指図をします。

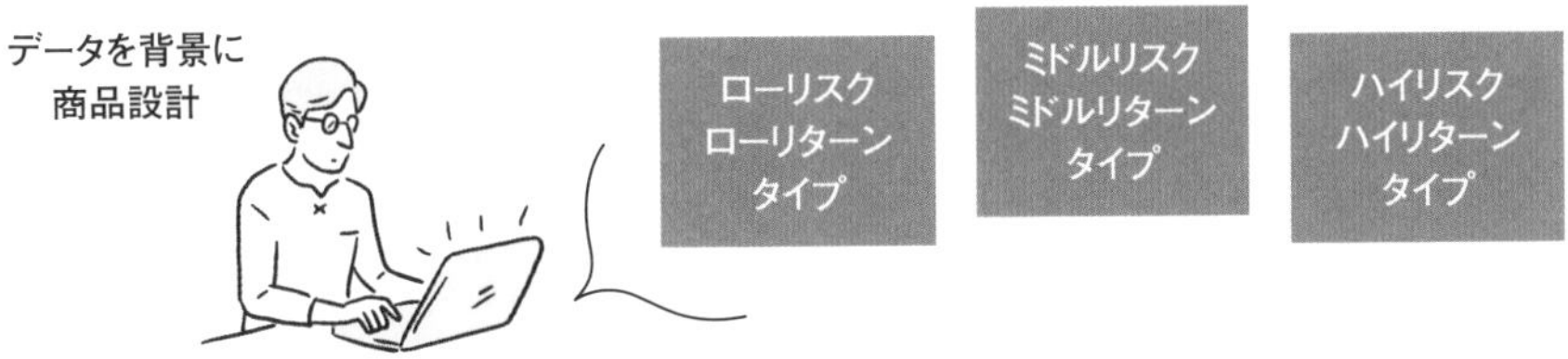

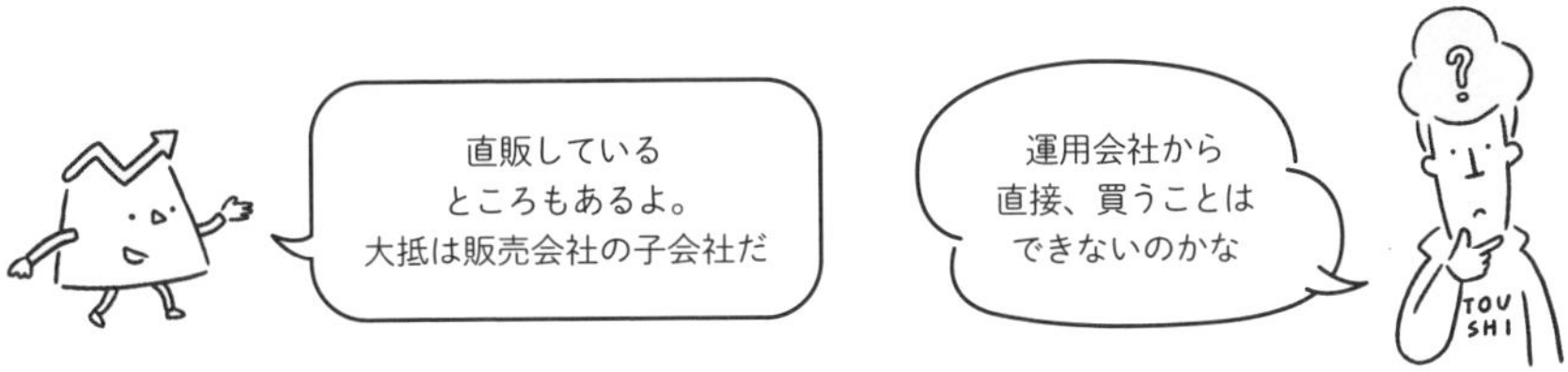

受託会社の役割

預かった資産を管理するのが受託会社です。運用会社からの指図に従って株式や債券を売買し、お金の動きを記録するのが役目です。投資家から預かったお金は受託会社の資産とは別に管理されるよう義務づけられています。

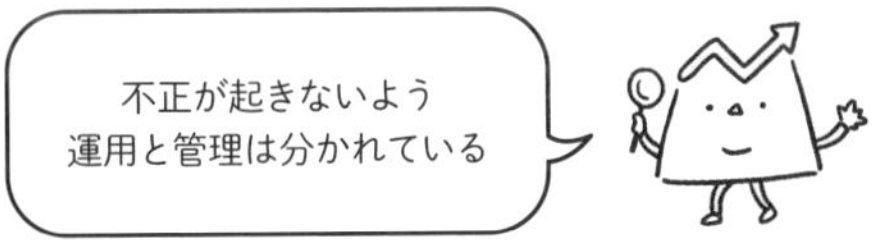

プラスα

販売会社が倒産したらどうなるの?

販売会社や受託会社など、投資信託に関わる会社がもし倒産してしまったらどうなるのでしょうか。こうした場合でも投資家の財産が守られるような仕組みがつくられています。まず、投資信託の証書は販売会社が、資金は受託会社が預かっています。また受託会社では、投資家から預かったお金と会社の資産は分別管理されており、もし受託会社が倒産しても、投資家の財産が差し押さえを受けるようなことはありません。また、販売会社や運用会社、受託会社どの機関が倒産した場合でも、別の会社に引き継がれるか、自動的に解約されてお金は手元に戻ってきます。運用結果による損失は投資をする上でやむを得ませんが、会社が破たんすることで投資家が損害をこうむることはないわけです。

2

投資信託とは何か

投資信託で投資家が得る利益

売買時の差益と保有時の分配金

株式などほかの金融商品と同様、投資信託で得られる利益にも2種類あります。売買差益から得られるキャピタルゲインと、分配金などのインカムゲインです。

投資信託1口あたりの価格を「基準価額」といいます。この基準価額が購入時より上がったときに売れば、キャピタルゲインが得られます。逆に下がっていれば、損失が出ます。

一方、インカムゲインは保有し続けることによって分配金として得られる利益のことです。分配金の額は運用状況によって運用会社が決めており、分配金が出ないこともあります。

値上がり益(キャピタルゲイン)の仕組み

基準価額の変動によって得られる利益がキャピタルゲインです。投資信託の購入時より基準価額が上がったときに売却することで利益を得るわけです。購入時と売却時の価格差が大きいほど、受け取れる額も大きくなります。

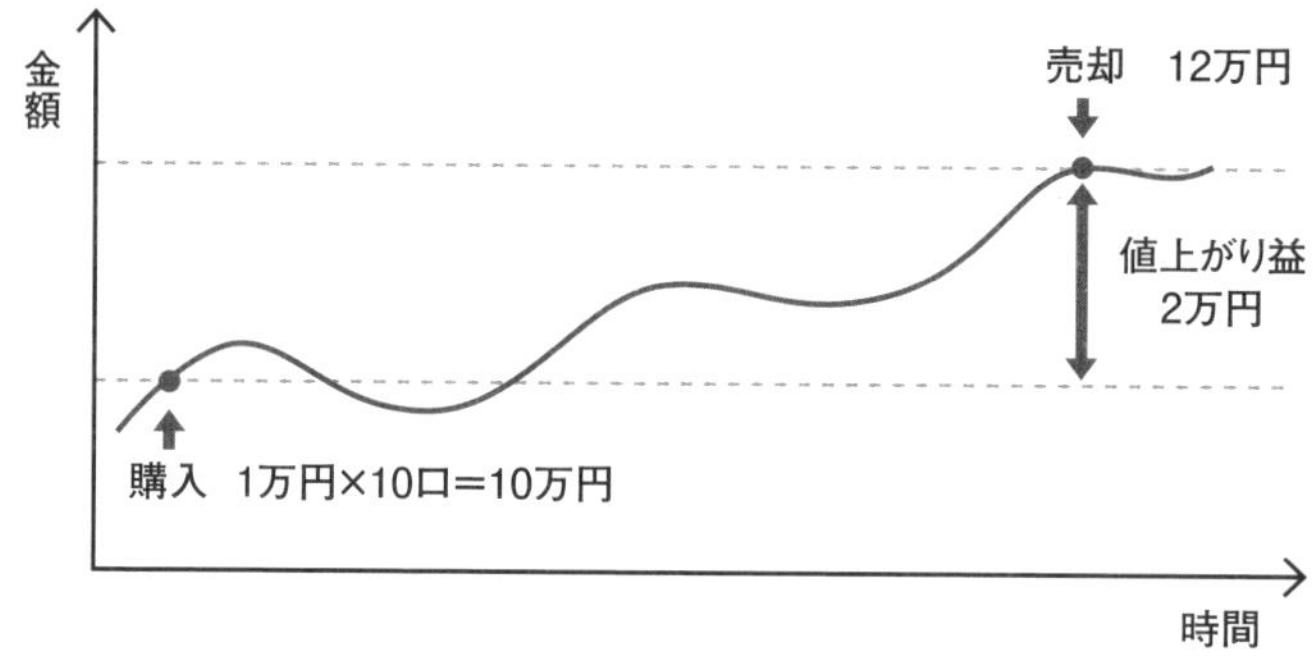

プラスα

運用期間が決まっている

投資信託では「信託期間」といって、商品を運用できる期間があらかじめ決まっています。投資信託を始めてから一定期間が過ぎると信託期間が終わり、資産が償還されます。償還とは投資家が保有している口数に応じて純資産を分配することです。3年、5年、10年など設定されている期間は商品によってさまざまで、「無期限」とされているものもあります。ただし運用期間が決まっているものであっても、運用実績によっては償還日を繰り上げたり、反対に延長する場合もあります。

分配金（インカムゲイン）の仕組み

投資実績に応じて投資家に還元されるのが分配金です。運用会社では例えば年に1度など決められた時期に決算を行い、資産の状況を確認します。その結果によって、分配金を出すか出さないか、またいくら出すかなどを決定するわけです。支払われるタイミングは販売会社や商品によって異なります。

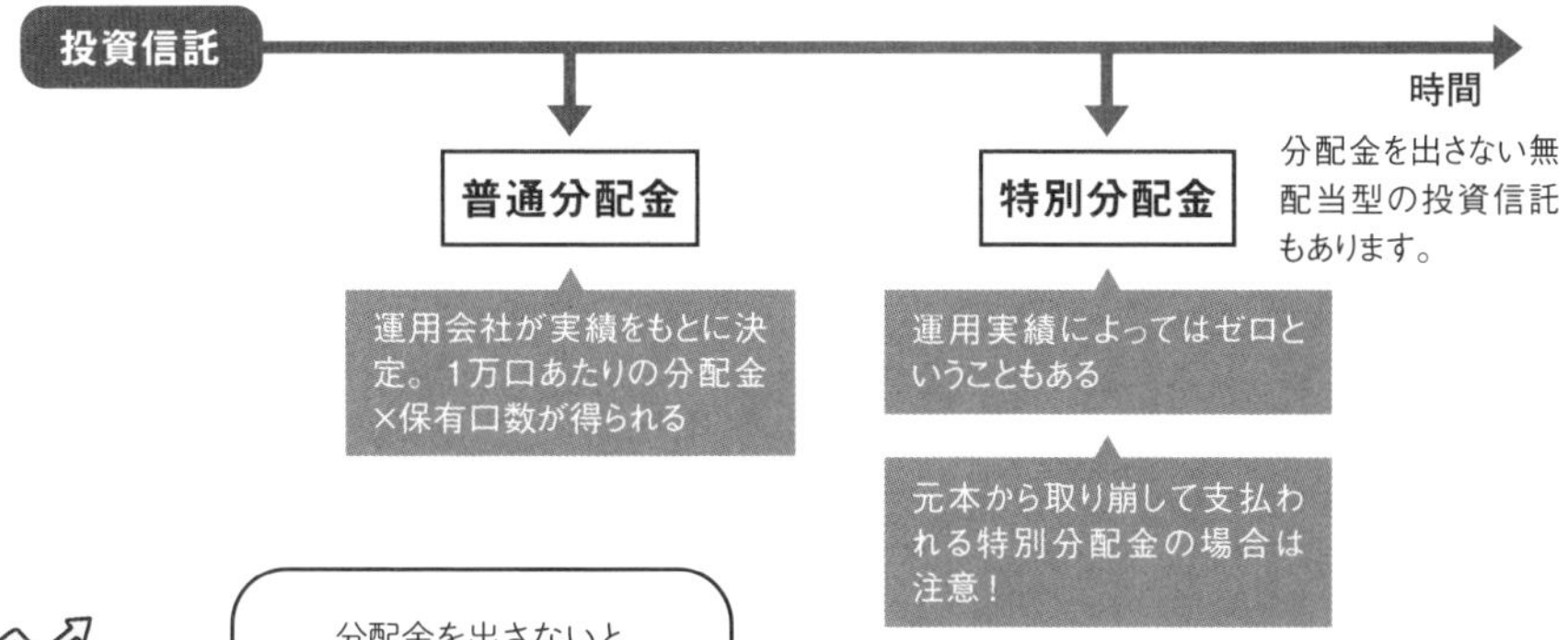

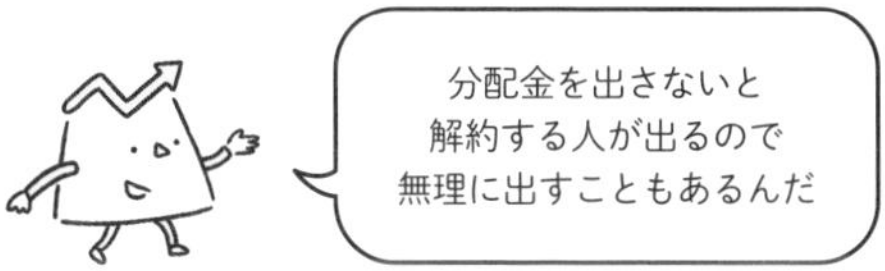

分配金は再投資（累積投資）が基本

分配金は、受け取るか、再投資（累積投資）するかの選択肢がありますが、長期投資によるメリットが大きい再投資が一般的です。

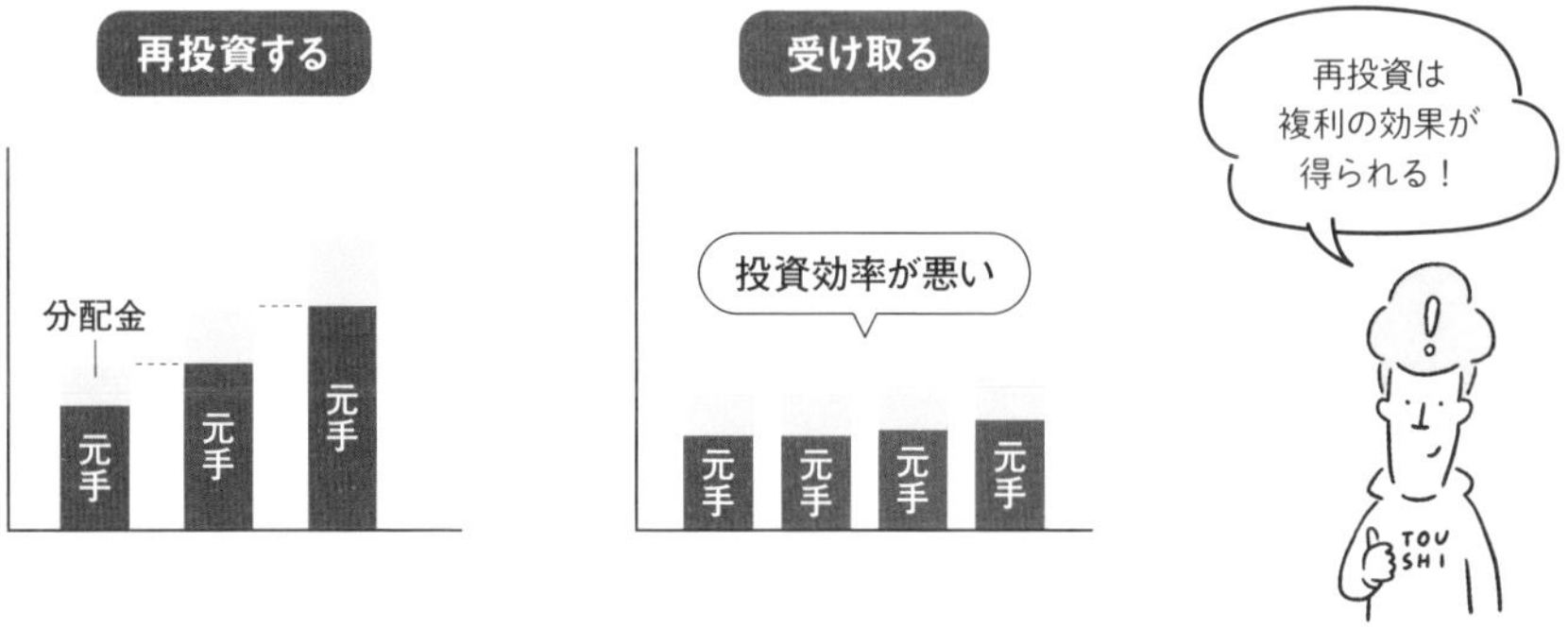

手数料は売買時と保有時にかかる

資産運用を専門家に委託する投資信託は、購入時、保有時、売却時それぞれに手数料がかかることも念頭に置きましょう。

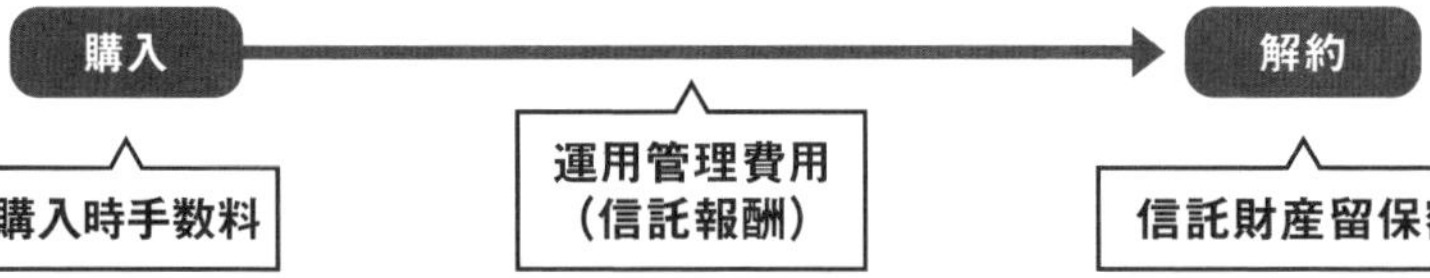

購入時手数料：投資信託の購入時、証券会社や銀行などに支払う。購入時手数料無料（ノーロード）のものもある。

運用管理費用（信託報酬）：投資信託の保有にかかる手数料。販売会社や商品によって異なり、資産に対しての年率で示される。日割り計算して毎日、預けた資産から差し引かれる。

信託財産留保額：解約（売却）して換金する際にかかるお金で、解約代金の何%を支払うかは販売会社や商品によって異なる。信託財産留保額無料の投資信託もある。

運用管理費用（信託報酬）は毎日、保有している限り差し引かれる

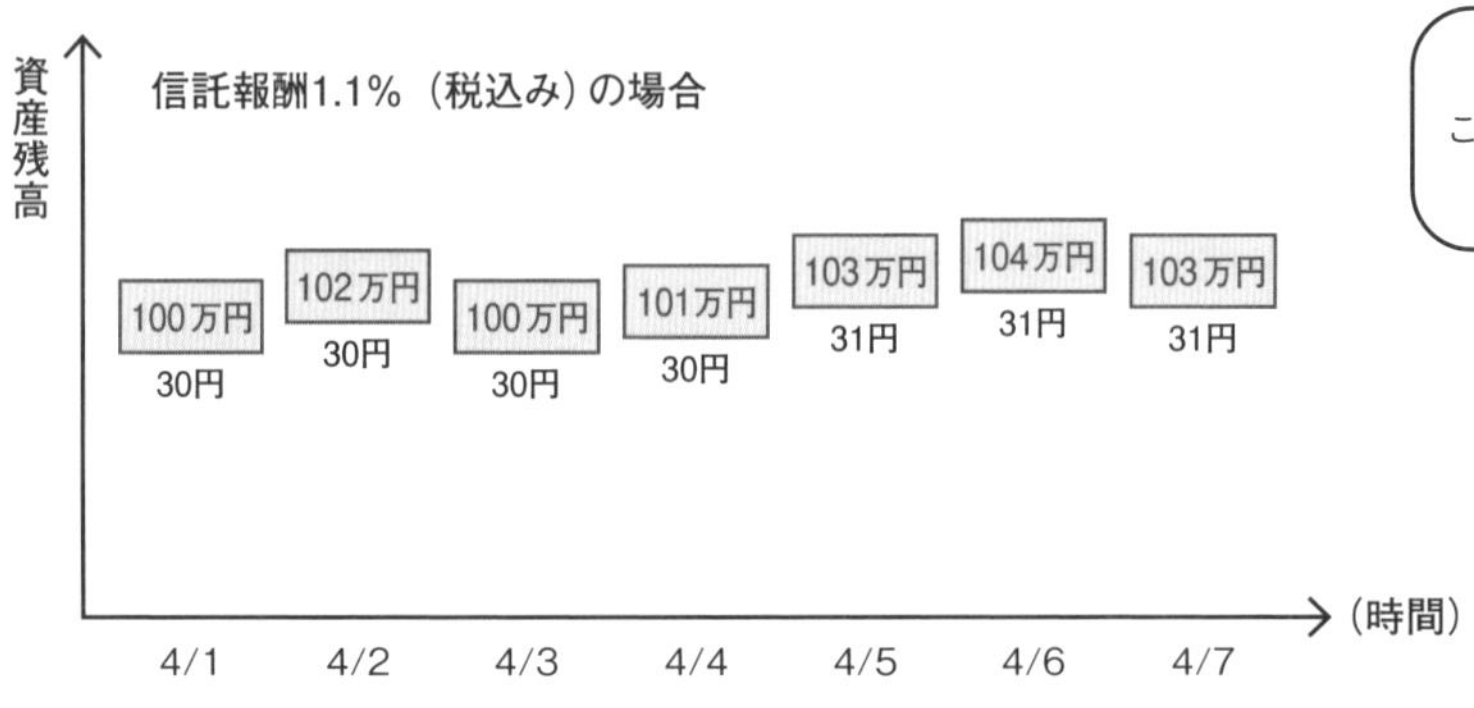

信託財産留保額とは売却手数料

投資信託は多くの投資家から集めたお金をひとまとめにして運用しているもの。そのうちの1人が解約することで、全体の資産が目減りして運用効率が悪くなり、保有中の投資家に負担をかけてしまう。その損害を補うため、解約時は資産の一部を残す。

税金は利益にかかる

投資信託で得られる「分配金」や「譲渡益」といった利益には、その額に応じて税金がかかります。なお、分配金には普通分配金と特別分配金があります。特別分配金は運用で損をしたとき、元本を切り崩した分を、投資家に払い戻すもの。つまり利益ではないので、税金はかかりません。

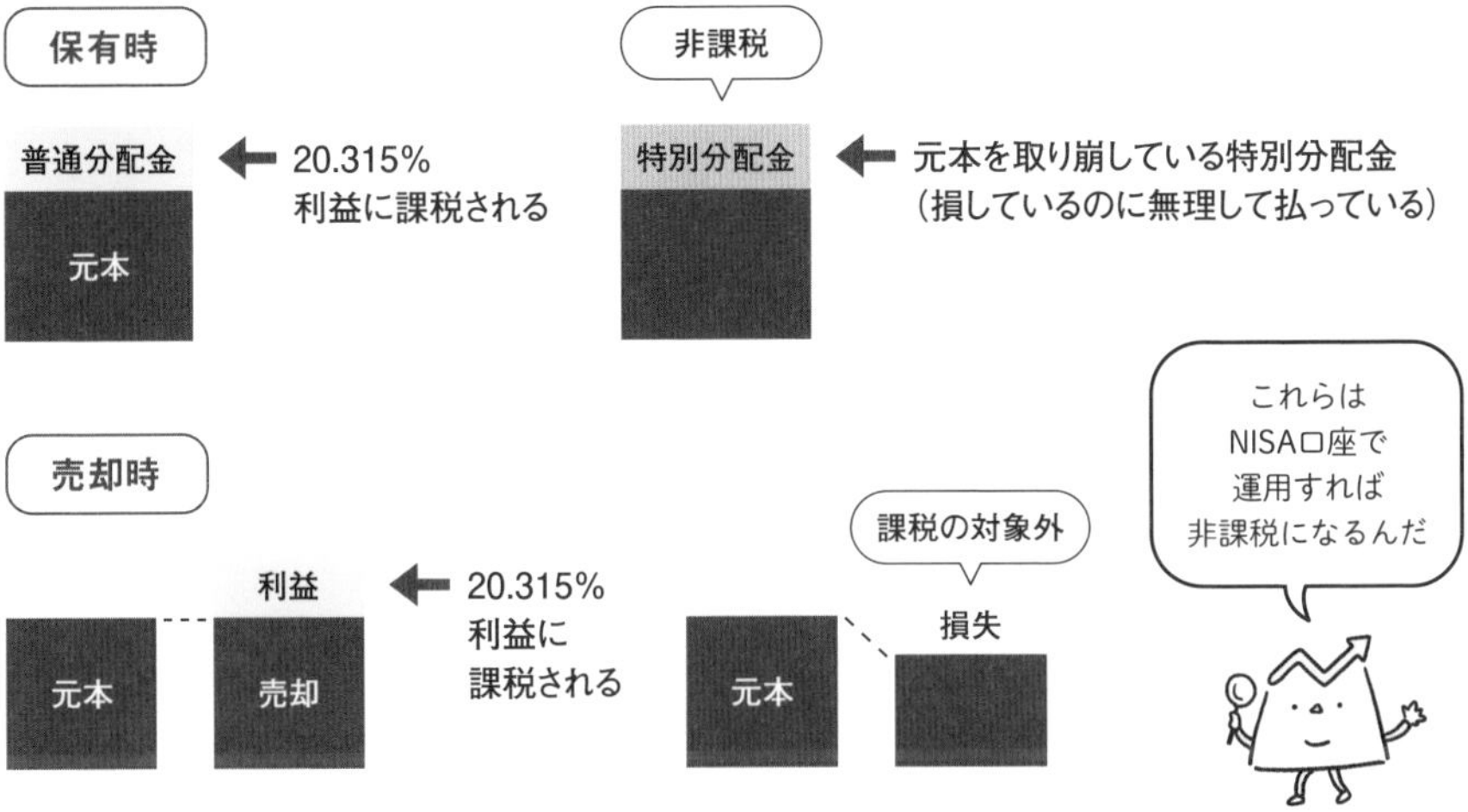

確定申告が必要かどうか

投資である程度の所得を得た場合、確定申告をしなければならないことがあります。NISAで運用している場合や、特定口座で運用している場合なら確定申告は不要。一般口座で運用していれば、条件によっては確定申告が必要です。

NISA口座で運用している → 非課税なので必要なし

特定口座で運用している
→ 「源泉徴収あり」 → 利益に応じた税金が自動計算され源泉徴収される
→ 「源泉徴収なし」 ↓

一般口座で運用している →

✓ 利益が年間20万円以下

※医療費控除を受ける場合や年間所得が2000万円を超えるときは投資信託の利益に関係なく確定申告は必要

✓ 損失が出ている
ほかの口座で出た利益との損益通算が可能

↓

上記に当てはまらなければ要申告

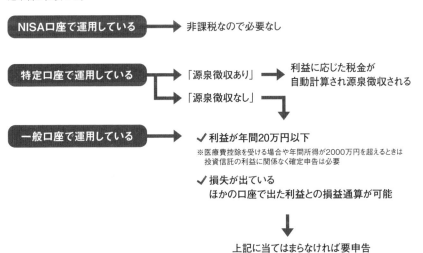

3

投資信託を始める

商品を選ぶ

投資の対象と配分をどう決めるか

投資では「国内」と「外国」、「株式」と「債券」など、ジャンルの異なる複数の商品に分散するのが鉄則。その際の基本的な考え方が「ポートフォリオ」、つまり資産の組み合わせのことです。

投資信託は、ファンドマネージャーによってあらかじめポートフォリオが作られた商品です。運用方針をよく見て選びます。

投資信託だけでなく、資産全体の枠組みの中で、自分の人生設計とも絡めて投資先とその配分を決めます。販売会社は売りたい商品を積極的にすすめる場合もあります。安易に決めず、目論見書《もくろみしょ》等を取り寄せて熟考しましょう。

商品のタイプを知る

複数の商品を組み合わせたものが投資信託。商品の組み合わせ方によって特徴があります。大きくは以下のようなタイプ分けがあります。

地域	商品	運用方針	売買時期ほか
国内	株式	パッシブ（インデックス）	当初募集時のみ購入可（単位型という）
外国（先進国）	債券	アクティブ	いつでも購入可（追加型という）
外国（新興国）	REIT 投資対象が不動産の投資信託		運用期間に期限がある
国内外ミックス	商品ミックス		運用期間が無期限
	テーマ型		分配金の有無・頻度

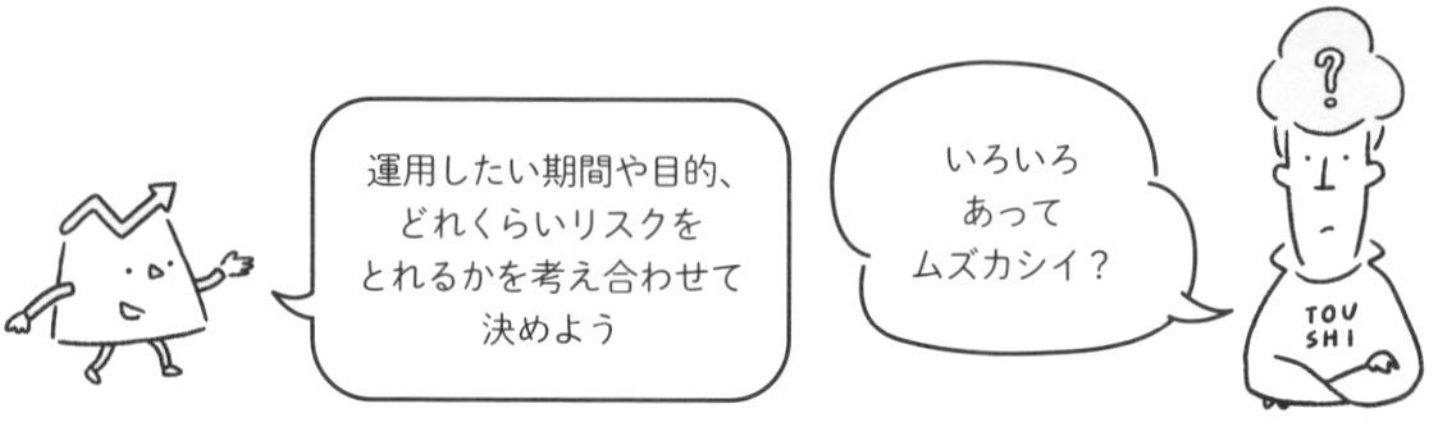
運用したい期間や目的、どれくらいリスクをとれるかを考え合わせて決めよう
いろいろあってムズカシイ？
TOUSHI

主な商品タイプの運用実績

以下は主な商品タイプの10年間の運用実績をグラフにしたもの。どのような値動きをしているかによって、その商品の特徴をある程度つかむことができるでしょう。逆に、運用実績が把握できないような新規の商品には手を出さないほうが無難です。

〈国内株式〉レオスーひふみプラス

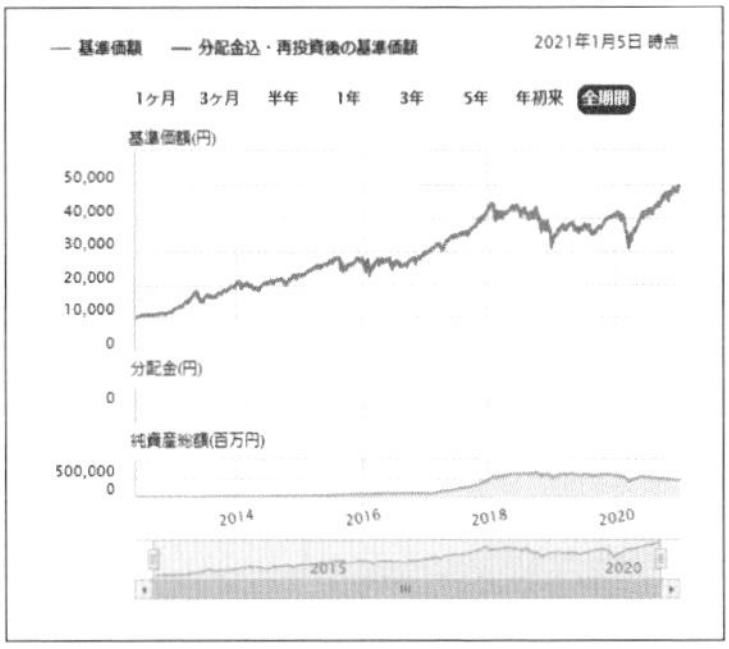

〈海外株式〉レオスーひふみプラス

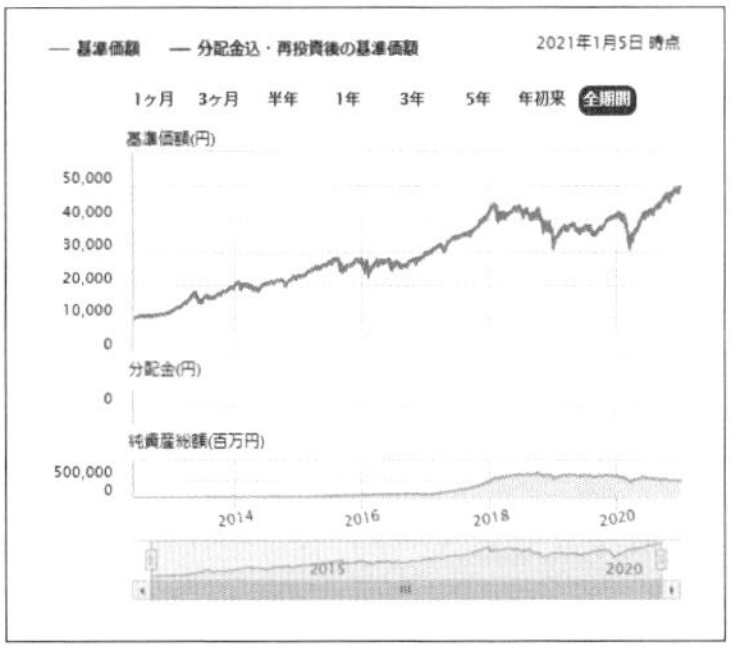

〈国内債券〉ニッセイ日本インカムオープン(年1回決算型)

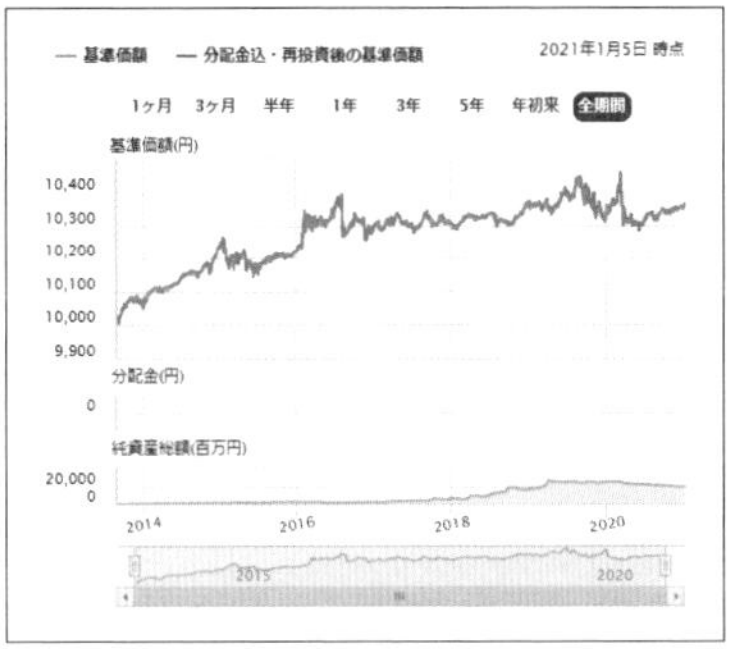

〈外国債券〉ニッセイ外国債券インデックスファンド

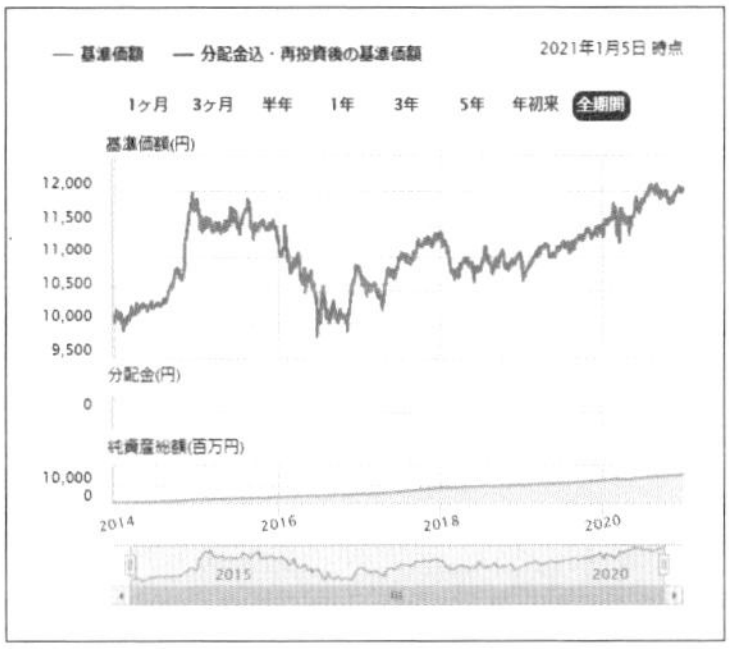

〈国内株式〉ニッセイ日経225インデックスファンド

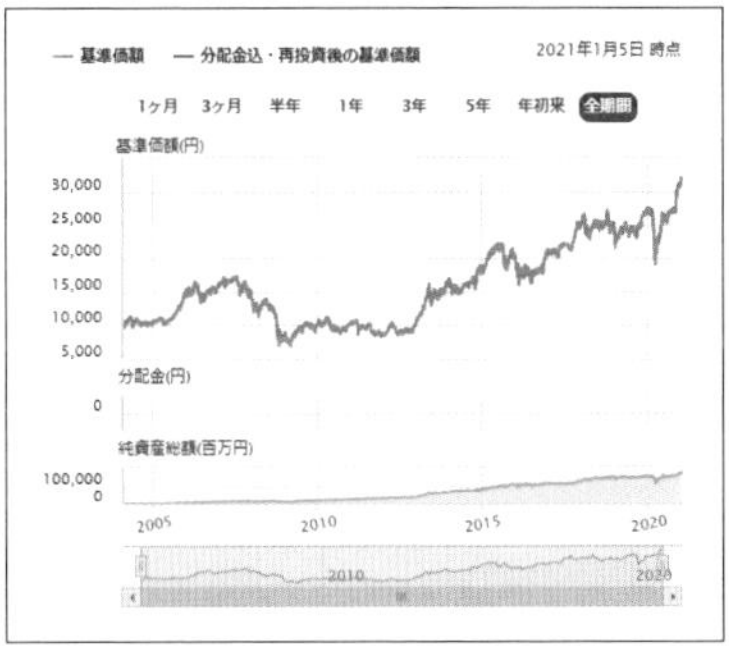

初めて投資信託をする人は、
手始めに「5万円」など無理のない金額を
限度として、インデックス型の商品に
投資してみるのがおすすめ。
頭の中で考えているだけよりも、
経験することが大切。自分が投資した商品を
観察するなど、投資の姿勢が身につくよ

運用方針の特徴

投資信託は運用方針によって「アクティブ」と「インデックス」の2通りに分けられます。アクティブ型はその名称通り、積極的な運用を行う商品。インデックス型は、例えばTOPIXといった指標（インデックス）に連動して運用する商品です。

アクティブ型	インデックス型
・利益追求型の商品 ・ファンドマネージャーが銘柄や売り買いの時期を見定めて運用する ・個性的な商品が多い ・運用管理費用が高い	・安定的な運用を目指す商品 ・株価平均や指数平均など、各商品の平均値に連動させて運用する ・商品の種類が多い ・運用管理費用が安い

地域の特徴

国内の株式や債券に投資するのか、外国の商品でも先進国か新興国かといった、投資先の地域によっても運用実績が大きく異なります。

国内	外国（先進国）	外国（新興国）
・国内の株式や債券に投資する商品 ・為替変動の影響を受けない ・商品の種類が多い ・安定している ・日本の企業なので情報も得やすく、わかりやすい	・アメリカ、カナダ、EU諸国などの株式や債券に投資する商品 ・安定している ・海外の成長産業に投資可能	・中国、ブラジル、インド、ロシアの株式や債券に投資する商品 ・急成長する銘柄に投資することで利益を期待できる ・安定性は低い

商品の特徴

株式か債券かといった、商品によって区別するものです。国内株式なら国内株式だけの組み合わせもあれば、国内と外国、債券と株式などすべてを組み合わせた商品もあります。

国内株式	外国株式	国内債券	外国債券
・日本の証券取引所に上場している株式に投資する商品 ・大型、中小など企業規模でまとめたものや、割安銘柄に注目したものなど、種類が多い ・債券と比較するとハイリスクハイリターン	・海外市場で上場されている株式に投資する商品 ・換金時、為替変動が影響する ・ハイリスクハイリターン ・投資先によっては政情不安などのリスクもある	・国内の債券に投資する商品 ・公共債に投資するもの、社債に投資するものなどがある ・比較的安定性が高い ・金利が上がっていると債券価格が下がる	・海外の国債や公共債、社債などで運用する商品 ・為替変動の影響を受ける ・投資先によっては政情不安などのリスクもある

商品の目論見書を見て選ぶ

商品を選ぶ際には、必ず目論見書を確認しましょう。目論見書には投資をする上で欠かせない情報が記載されています。自分の投資目的や方針、リスク許容度などと照らし合わせてみましょう。

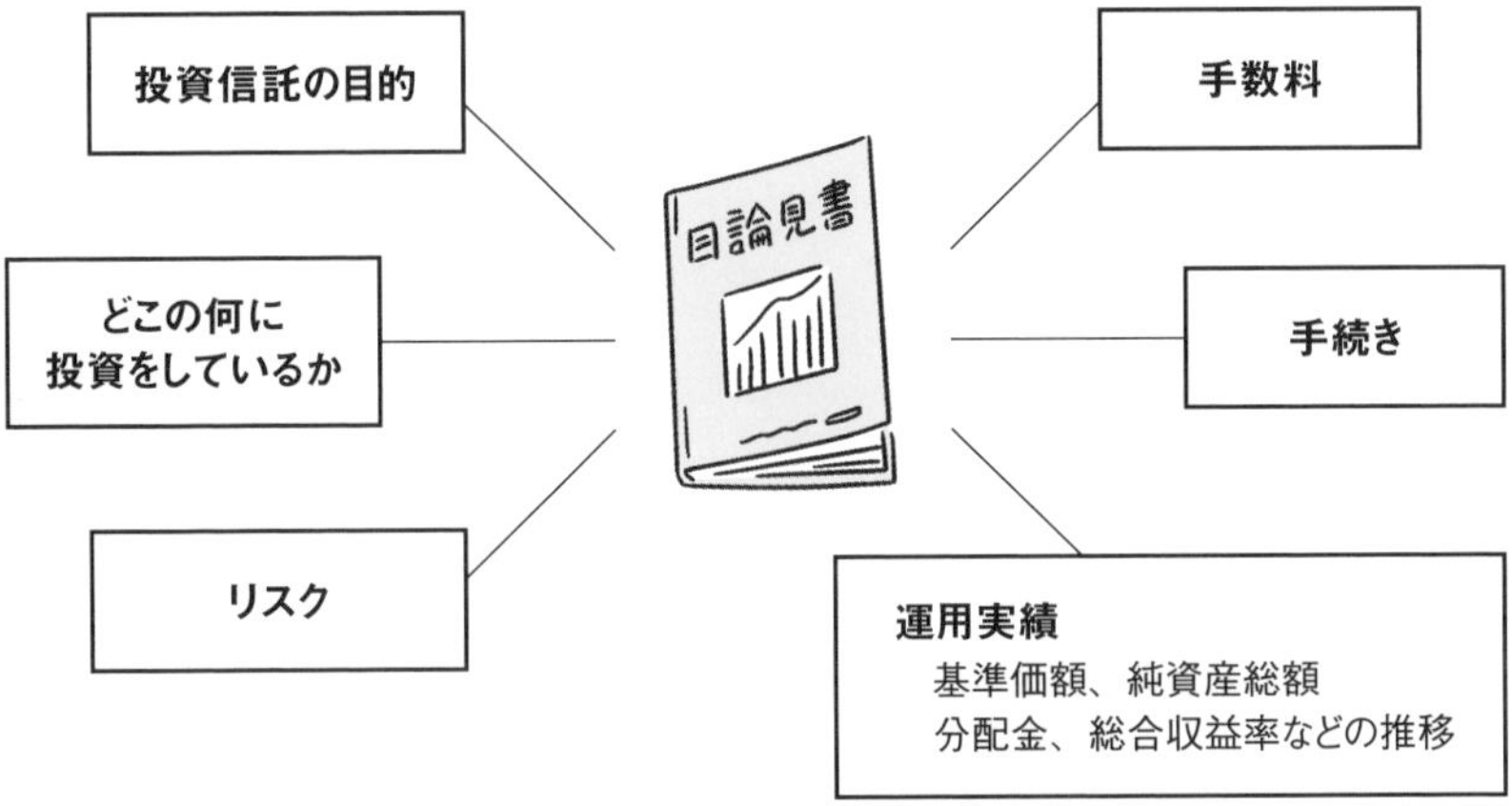

運用実績の見方

「基準価額」「純資産総額」「分配の推移」などを見ると、商品の運用状況や資産規模がわかります。基準価額が下落傾向にあったり、純資産総額が減少傾向にあるものは運用がかんばしくないといえます。

基準価額	投資信託1口あたりの評価額。グラフでその推移を確認できる。
純資産総額	純資産の時価評価額で、資産の規模を示す。グラフでその推移を確認できる。
分配の推移	決算期ごとの分配金の金額を記載。分配金を出していない投資信託もある。
年間収益率の推移	分配金を含めた投資信託の価値の上下をグラフで示す。

プラスα

手数料に注意

最近では購入時手数料が安いものや、ノーロードの商品も出ています。ただし、長期運用をする上では、保有中の手数料である運用管理費用（信託報酬）が長期的に見ると大きな金額になります。購入時手数料が無料でも、運用管理費用が割高に設定されていることも。目先の安さだけにとらわれず、すべての費用を検討して考えましょう。

商品を売買する

名称を間違えないように注意して購入する

商品を決めたら、いよいよ購入です。ネット証券の場合、特に注意したいのが商品の名称です。種類が多く、みな似たような商品名が並んでいるので間違えないよう注意します。

また、ネット証券では、目論見書を確認しなければ購入に進めない仕組みになっています。手数料、購入金額、基準価額をチェックし、分配金の受け取り方法が選べる商品の場合は選択します。

なお、気をつけなければならないのが買付の締め切りです。時間を過ぎると買付が翌日になり、基準価額が変わって希望の価格で購入できなくなる場合があります。

購入のステップ

ネット証券での購入方法を説明します。間違えないよう、1つひとつ確認しながら進めていきましょう。

STEP1 取引証券会社で投資信託のページを開く

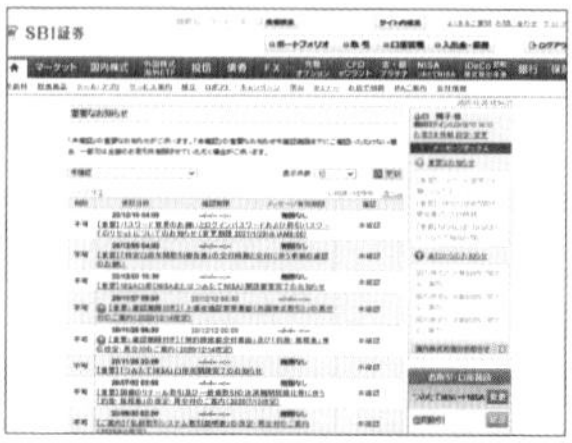

STEP2 購入したい商品を指定する

STEP3 買付方法を選ぶ

- 金額買付は金額を指定して購入、口数買付は口数を指定して購入
- 積立買付は自動的に金額指定の買付になる

基準価額や、手数料を確認する

- 基準価額通りに買付できるとは限らず、買付が完了した時点でその際の基準価額と口数が通知される
- 購入金額は手数料込みか別かも確認する

STEP4 「同意して次へ」をクリックする

STEP5 購入金額を入れ、取引パスワードを入力する
注文確認画面で最終確認をして注文を発注

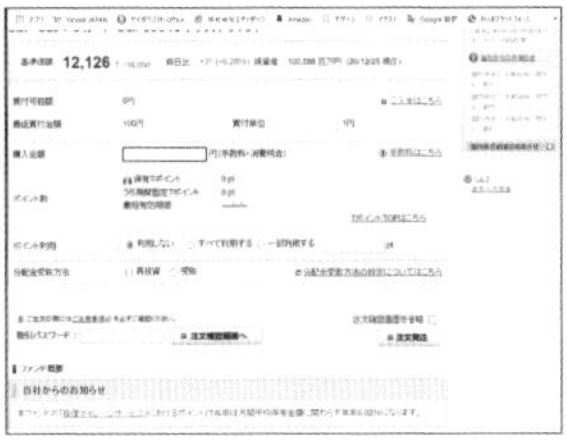

売却のステップ

投資信託は売却して初めて、お金を運用した成果が得られるものです。投資信託の売却方法についても確認しておきましょう。なお、売却のことを「解約」とも表現します。

STEP1 「取引」の「投信」から
「売却」をクリックする

STEP2 売却したい商品の「売却」を
クリックする

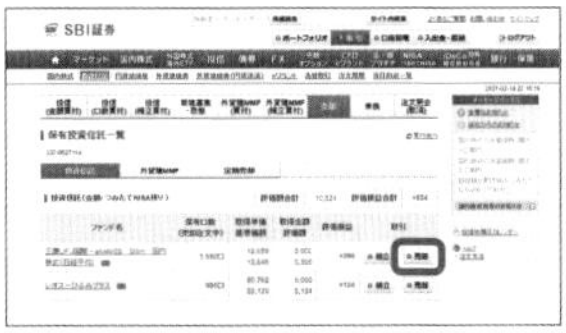

プラスα

全解約か一部解約か

投資信託で難しいのが解約のタイミングの見極めです。悩んだときは、すべてではなく一部を残して解約するのがおすすめ。その後値上がりしても、利益を確保することができます。

約定日と受渡日

解約時に示される金額は予想受取金です。実際の金額は申し込んだ日の終値で計算され、翌営業日に確定します。また受渡日は約定日の何日後になるかを、必ず確認しておきましょう。

まず始めたい積立投資

価額変動にも対応する積立投資

積立投信は、投資信託を毎月など定期的に、決まった金額ずつ購入していく方法です。「ドル・コスト平均法」（P.59）の効果で、価額変動のリスクが分散できるのがメリット。また、少額から運用でき、投資初心者でもライフプランに応じた資産運用を行うことができます。

運用益が非課税になるNISAやiDeCoを活用した上で、それらの限度額以上を運用したい場合、積立投信に投資するといいでしょう。企業型確定拠出年金（DC）に加入している場合も同様です。NISAの限度額はつみたて投資枠の場合、年間120万円、iDeCoやDCは職業や企業によって異なります。

月々の買付額、引落日を指定する

NISAやiDeCoは専用の口座を開設する必要がありますが、積立投信は一般口座で買付ができます。さまざまな種類があるので、自分の投資スタイルに向く商品を選び、購入ページに進みましょう。

STEP1 選んだ投資信託の「積立買付」をクリックする

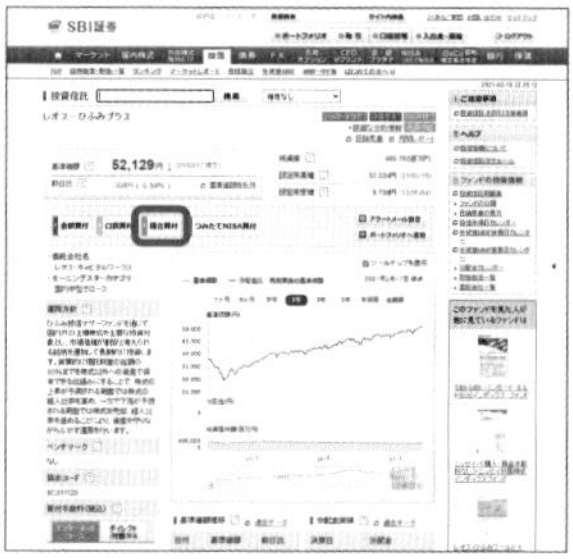

STEP2 目論見書や補完書類を確認し「同意して次へ」をクリックする

STEP3 月々の積立金額を入力する
最低金額以上は1円単位で入力できる

STEP4 取引パスワードを入力
注文を確定させる

積立投資のメリット

積立投資は毎月定額で買っていくので、基準価額が低いときは買える口数が多く、高いときは買える口数が少なくなります。
下記のグラフは毎月1万円ずつ10年間にわたって積立投資を続けた場合、基準価額の変化が投資額にどのように影響するかを示したものです。左のグラフのように基準価額が下落し続けても途中から上昇に転じると投資額以上の利益が期待できたり、右のグラフのように上昇し続けても途中から下落に転じると利益があまり期待できなかったり、投資額以下になることもあります。もしスタート時点で120万円を投資したとすると損得のブレ幅が大きくなりますが、積立投資はブレ幅を少なくする効果があります。

● 毎月1万円ずつ10年間、積立投資をした場合、投資額120万円は、いくらになるか?

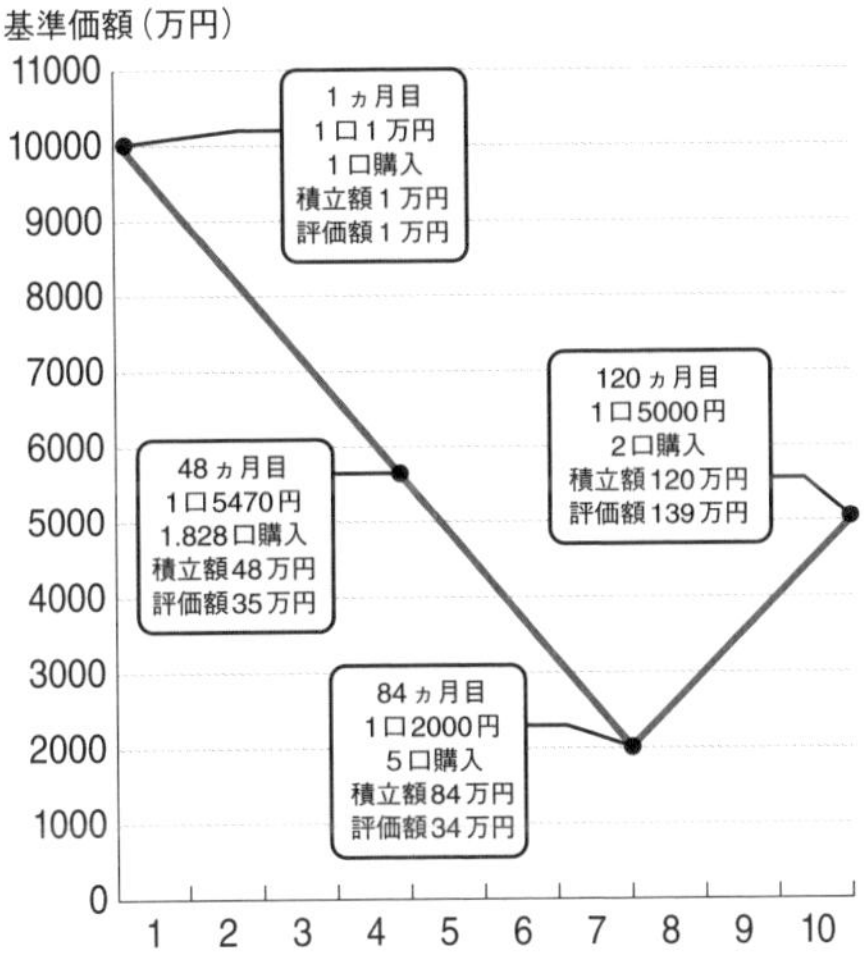

積立開始時の基準価額が1万円でスタート、右肩下がりで7年目の基準価額が2000円まで下落、その後10年目までは基準価額が上がって5000円になる場合、積み立てた投資額120万円は約139万円になります。

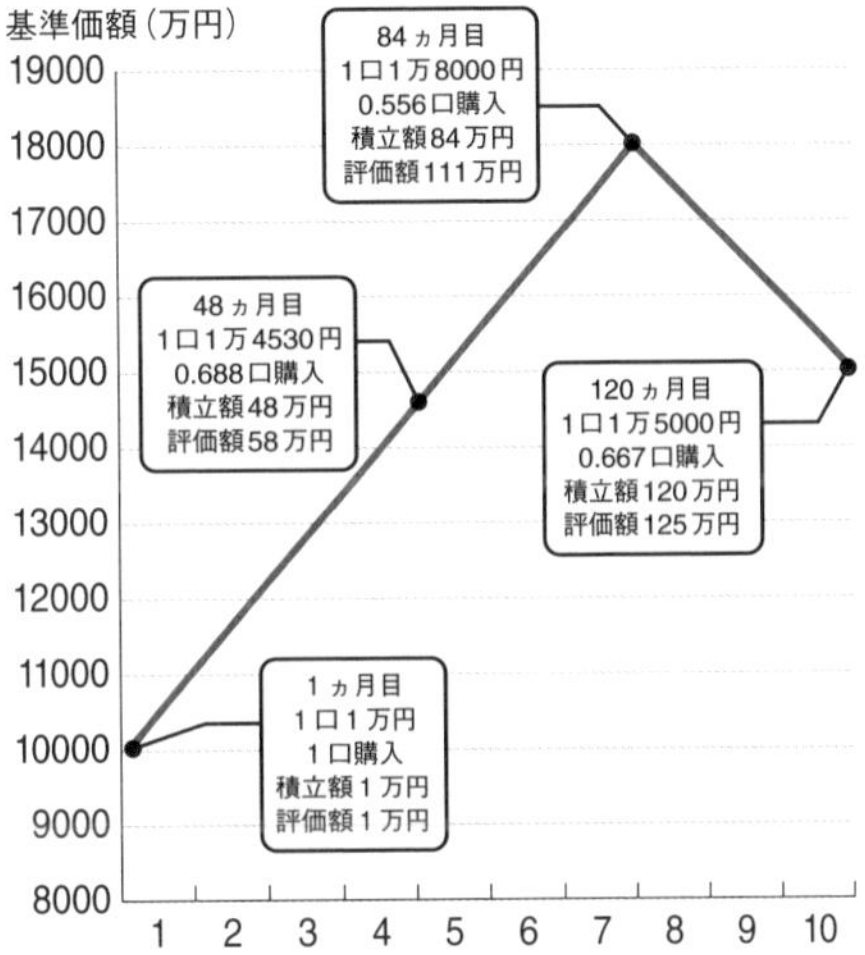

積立開始時の基準価額が1万円でスタート、右肩上がりで7年目の基準価額が1万8000円に上昇、その後10年目まで基準価額が下がって1万5000円になった場合、積み立てた投資額120万円は約125万円になります。

プラスα

つみたてNISAなら非課税

NISA（つみたて投資枠）は上記の長期積立によるメリットももちろん享受でき、しかも運用益が非課税になる制度です。金融庁が定める水準をクリアしたもののみ対象商品となっているので、商品数は限られますが、手数料が安い、長期投資に向くなど、初心者にも始めやすいものがそろっています。限度額いっぱいまではNISAで運用し、余剰資金をほかの投資に回すとよいでしょう。

6 ポートフォリオを考える

運用目的やとれるリスクに合わせる

資産運用の基本中の基本が、ポートフォリオ（資産の組み合わせ）です。1つの投資先に全資産を投資すると、その投資先がうまくいかない場合、大きな損害をこうむるので、できるだけ違うタイプの投資先にお金を分散させて投資します。

ポートフォリオは自分の将来設計やリスク許容度に合わせて考えます。まだ若く投資期間が長いのなら、多少リスクが高くても大きなリターンが期待できる投資先に比重を置くことが考えられます。またいったん組めばそのままで運用するというわけではなく、自分の生活や投資目標、社会情勢の変化に応じて、投資先の配分も修正をしていきます。

リバランスで資産を守る

ポートフォリオは状況に合わせて見直します。例えば債券型と株式型を5：5で組み合わせていても、運用中、それぞれの値動きによって比率が変わっていくものです。その場合は双方を売買して、もとの5：5に戻します。これをリバランスといいます。

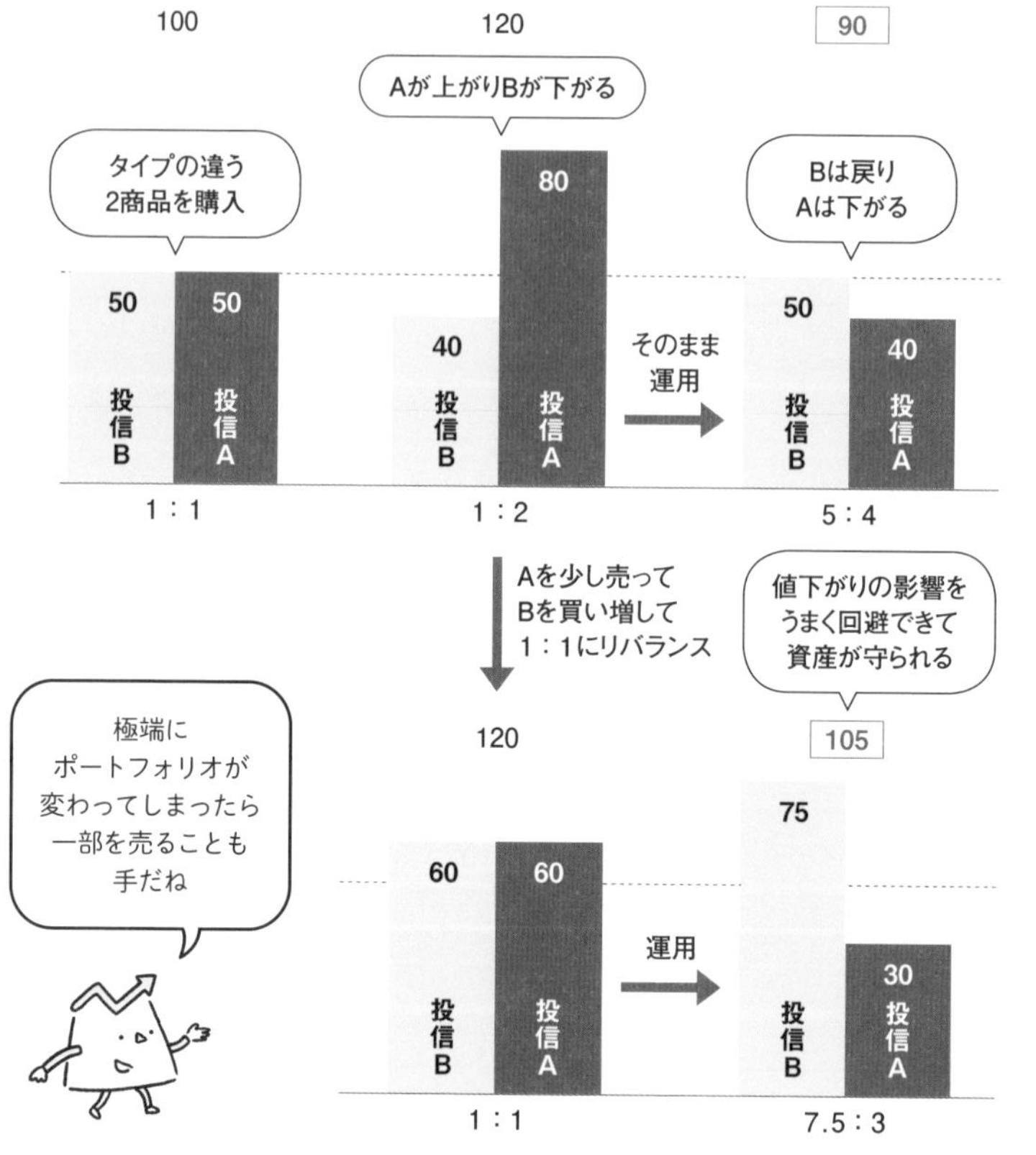

ポートフォリオのリスクリターン例

いくつかのポートフォリオの例を挙げます。リスクとリターンの特徴から手堅い投資と積極的な投資のイメージを見てとりましょう。あくまでも参考イメージです。

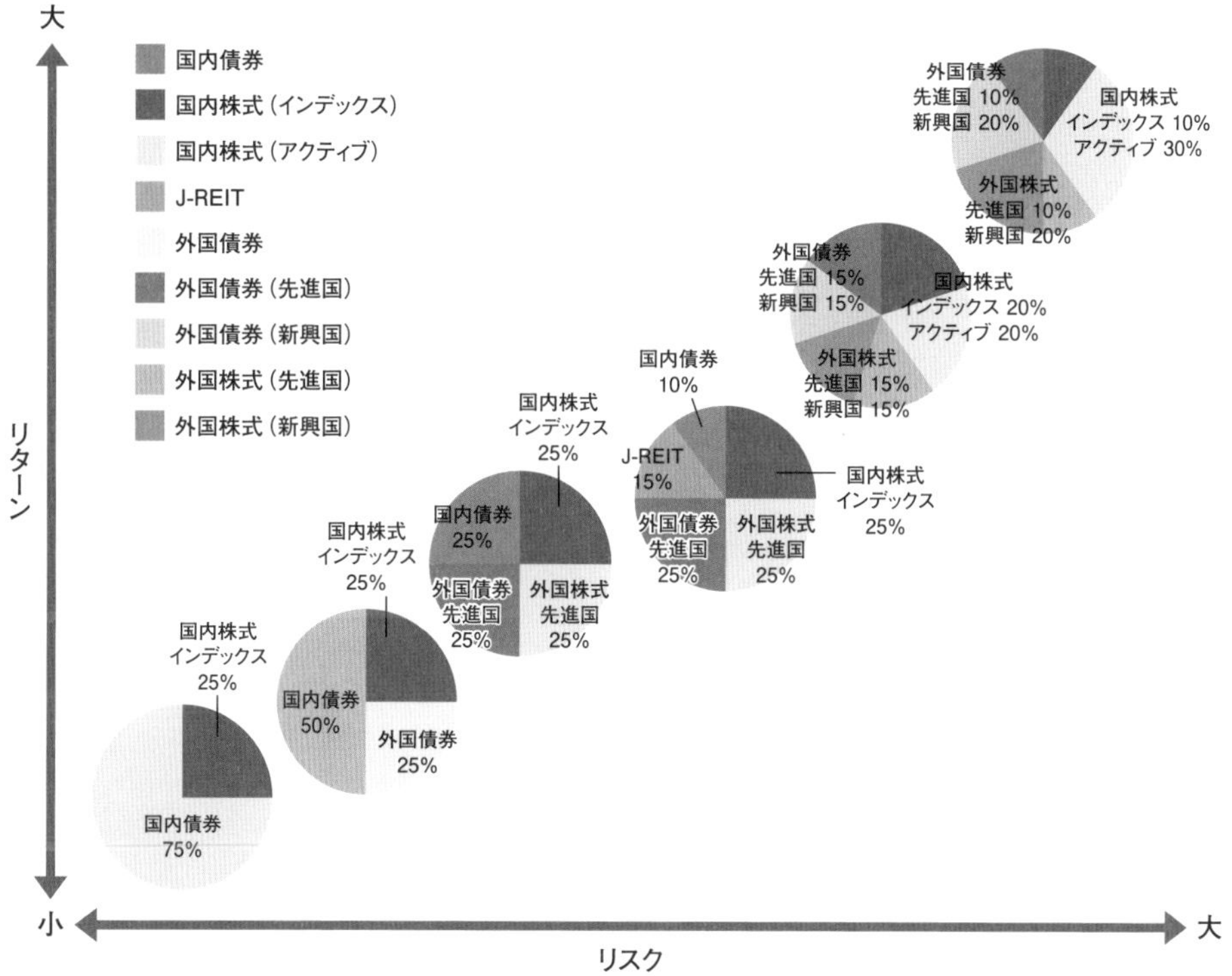

プラスα

ファンドラップとは?

複数の投資信託を保有する場合、運用成績の良いもの悪いものが混沌としてくると、資産配分などの見直し（リバランス）をどうしていいのか悩んでしまうでしょう。そのような人向けにあるのが「ファンドラップ（ラップ口座）」です。

ファンドラップは、「難しいポートフォリオはお任せしたい」「リターンはこのくらい欲しい」「リスクはできるだけ少なく」など1人ひとりの投資方針に合わせたポートフォリオを作り運用していく仕組みです。利用する際には、証券会社などと「投資一任契約」を結びます。運用中の資産配分の見直し、投資信託の入れ替えなどもすべてお任せできるので、株価や為替などの状況を気にせずにすみます。

ただし、ファンドラップでの運用は、組み入れている投資信託の信託報酬以外にも、投資顧問報酬などの手数料もかかってきます。証券会社などにより異なりますが、合わせると年3%以上になる場合もあります。

上場株式のように買えるETF

株と投信の要素を併せ持ったETF

ＥＴＦ（Ｅｘｃｈａｎｇｅ Ｔｒａｄｅｄ Ｆｕｎｄｓ）は上場投資信託のこと。投資信託の一種ですが、運用面では株式に近い性格を持つ金融商品です。投資信託は１日１回しか売買できませんが、ＥＴＦは上場していて証券取引所で取引されており、値動きを見ながらリアルタイムで日に何度も売買できます。

株式で複数の銘柄を持つには大きなお金が必要ですが、ＥＴＦは複数の銘柄から構成されているので、１つの商品で分散投資できるのがメリット。例えばＴＯＰＩＸ連動のＥＴＦに投資すれば、ＴＯＰＩＸに上場している約２０００銘柄に投資したのと同様のリスク分散が図れます。

ETFの売買イメージ

ETFは1つの銘柄で複数の株式に投資できる金融商品なので、株式と投資信託、双方の性格を併せ持っているのです。REITも投資先は不動産ですが、1つの銘柄で複数の不動産に投資するところがETFと同じです。

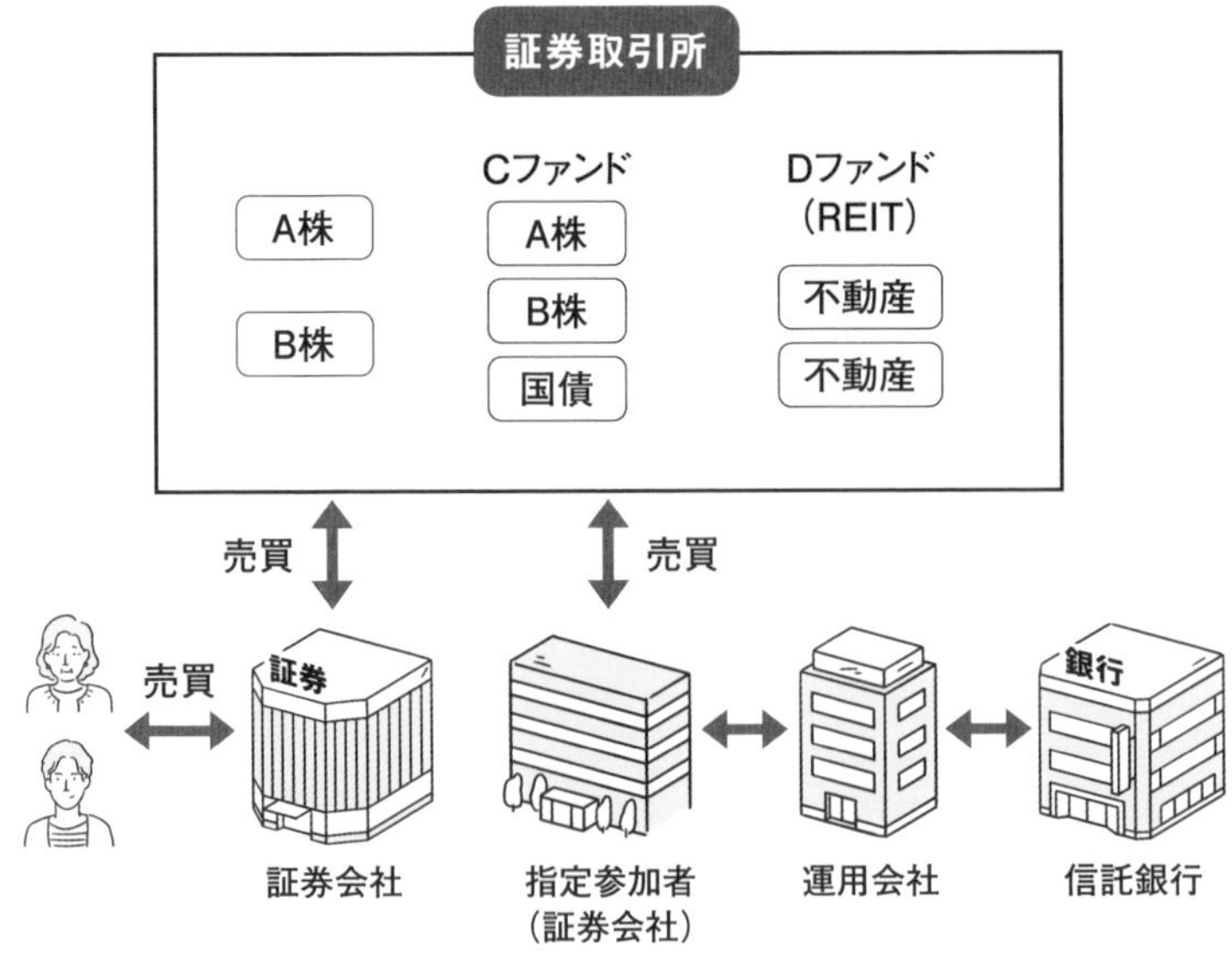

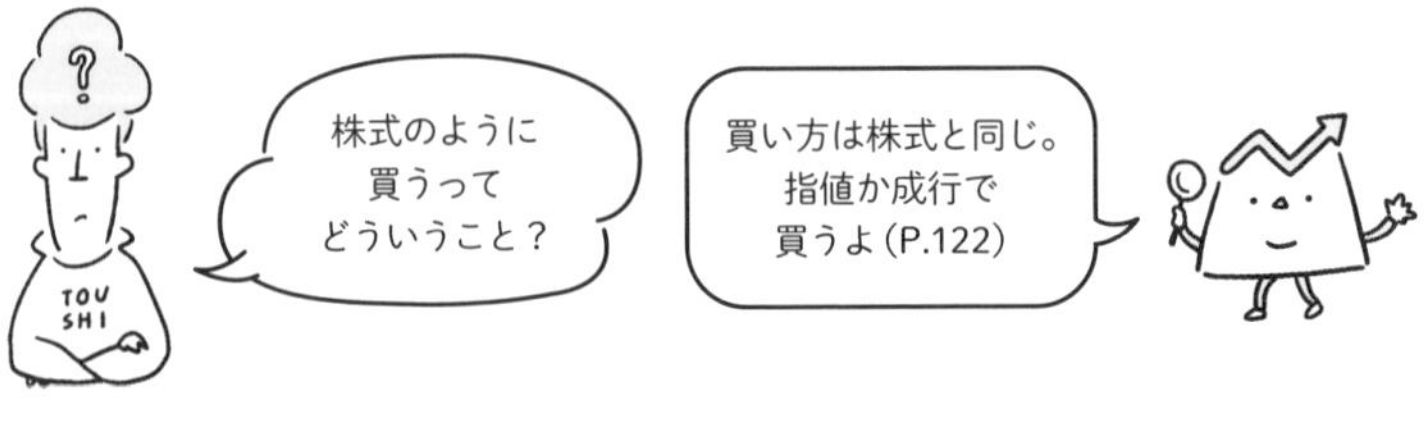

少額で分散投資できるETF

1つの商品で複数銘柄に投資できるETFは、少額で分散投資が可能という、投資信託と共通のメリットを有しています。

株価指数連動型で投信と同じ少額分散投資ができる

ETFはTOPIXや日経平均株価などの指標に連動しているため、1銘柄で複数の株式に投資したのと同じ分散効果を得られる。

リアルタイムで価格を確認しながら売買できる

普通の投資信託ではその日の終値で基準価額が算出され、1日1回しか売買できない。ETFは株式と同じように、相場を見ながら指値注文や成行注文で売買ができる。

一般的に運用管理費用が安い

投資信託と比べて運用管理費用が安いといわれている。

投信と同じように
分配金がもらえるよ

ETFと投信、株式の比較

ETF、投信、株式の違いを見比べてみましょう。

	ETF（上場）	投信（非上場）	株式（上場）
販売会社	証券会社	証券会社、銀行、保険会社など	証券会社
購入	市場価格で成行／指値で注文 1日何度でも	1日1回算出される基準価額で注文 1日1回	市場価格で成行／指値で注文 1日何度でも
コスト	売買手数料 運用管理費用	購入時手数料 運用管理費用 信託財産留保額	売買手数料

8

未来を考える投資信託

ESG投資は欠かせない視点

環境や社会に貢献する企業の投資

ＳＤＧｓとは２０１５年に国連によって採択された、持続可能な社会を創生するための開発目標のことです。投資の世界でも、投資先の財務面だけでなく、ＳＤＧｓに関連の深い「環境」「社会」「ガバナンス」面を評価する動きが出ています。これを「ＥＳＧ投資」といいます。ＥＳＧの投資残高はヨーロッパが先行し、北米が続く格好で、ここ数年急激に伸びてきています。２０１８年には、世界の投資額の33・４％を占めるまでに成長しているのです。

ＥＳＧの銘柄では環境や社会の面でリスクを持つ会社を排除することで、投資リスクをも低減、長期的な安定性が期待できるとされます。

ESG投資は今後も伸びる

GPIF（年金積立金管理運用独立行政法人）、カルパース（カリフォルニア州職員退職年金基金）といった大規模な公的年金基金も、ESG投資を重視。また、社会全体でSDGsが注目される中、持続可能な社会の実現に向けて、ESG投資は今後さらに広がっていくと考えられます。

E nvironment（環境）

S ocial（社会）

G overnance（企業統治）

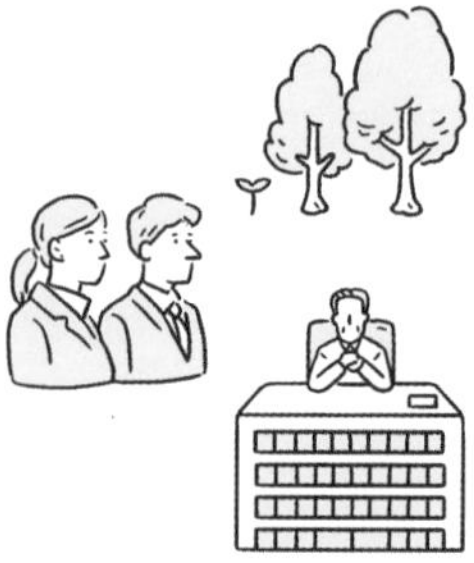

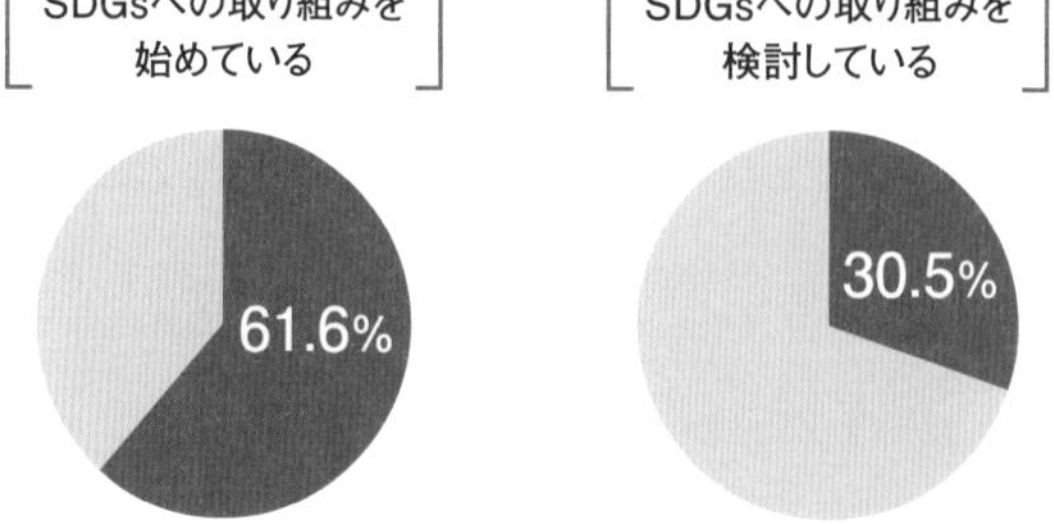

東証1部上場企業2160社に向け、2020年に行われたアンケート（回答社数662社）では、SDGsの取り組みを検討中、あるいはすでに始めている会社が9割以上に上りました。

出典：年金積立金管理運用独立行政法人「第5回　機関投資家のスチュワードシップ活動に関する上場企業向けアンケート集計結果」（2020）

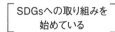

長期的な運用に向くESG投資

環境や社会、ガバナンスに課題を抱える企業は、それだけ事業継続性のリスクも高いと考えられます。そのため、そうした企業をあらかじめ排除するESG投資は長い目で見た安定性において優れていると考えられるのです。つまり、長期投資に向くということです。

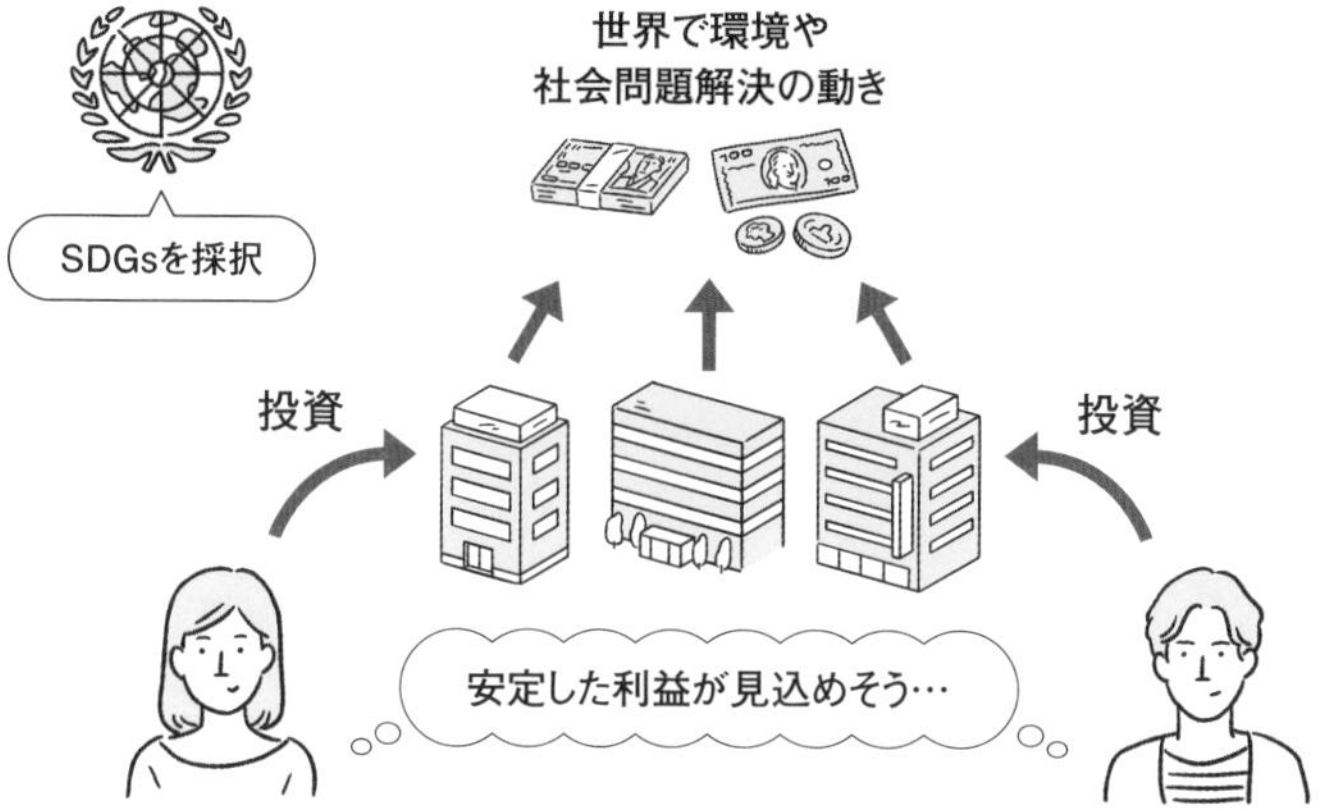

プラスα

テーマ型投資の注意点

注目されているテーマの銘柄を集めた「テーマ型投資」は商品を選びやすく、値動きも大きいため人気があります。テーマの見極めをするのも楽しい。ただし、リスクもあることは念頭に置きましょう。1つには、ある一定のテーマに集中して投資するため、リスク分散がききにくいこと。新しい銘柄で、運用実績がないものが多いことも不安材料です。また、テーマとなった頃にはすでに旬を過ぎており、購入した後に価値が下がる可能性もあります。こうしたリスクを前提に、分散投資の1つとして利用しましょう。

Q&A

Q どうやったら買えるの?

A 今、注目され始めているESG投資。インターネットで検索すると、ネット証券会社などでも特集を組んで、ESG投資について解説したり、取り扱っている商品を大々的に紹介したりしています。テーマ別投資のテーマに挙がっている場合も多くあります。そうでなくても、取引証券会社のホームページで検索すると、その会社の取り扱い商品を見つけられます。購入の仕方は一般の投信や株式、債券と同様です。

投資信託をより深く知る

9

運用実績を確認する

長い目で見るとはいっても確認は大事

長期投資は数年から長くて数十年という単位で考えるものですが、放りっぱなしにせず、運用実績や運用報告書には目を通しましょう。

確認するのは、「純資産総額」「基準価額」です。純資産総額が大幅に減っていれば、資産が流出しているということ。よい徴候ではないので注意が必要です。

また、基準価額が下がっているのは好ましくありませんが、市場全体が下がっているなど、仕方がない場合もあります。逆にベンチマークと比較して大きな違いがあれば、運用がうまく行われていないということです。手数料をいくら払っているのかも確認しましょう。

口座の収支を確認する

保有している投資信託で利益が出ているのか、それとも損をしているのかを確認しましょう。長期投資では、損をしていたとしてもすぐに売却を考えるべきではありませんが、状況を把握しておくことは大切です。以下では、基準価額、分配金、手数料を含めた「トータルリターン」を確認する方法を紹介します。

STEP1 「口座管理」をクリックし
トータルリターンを見る

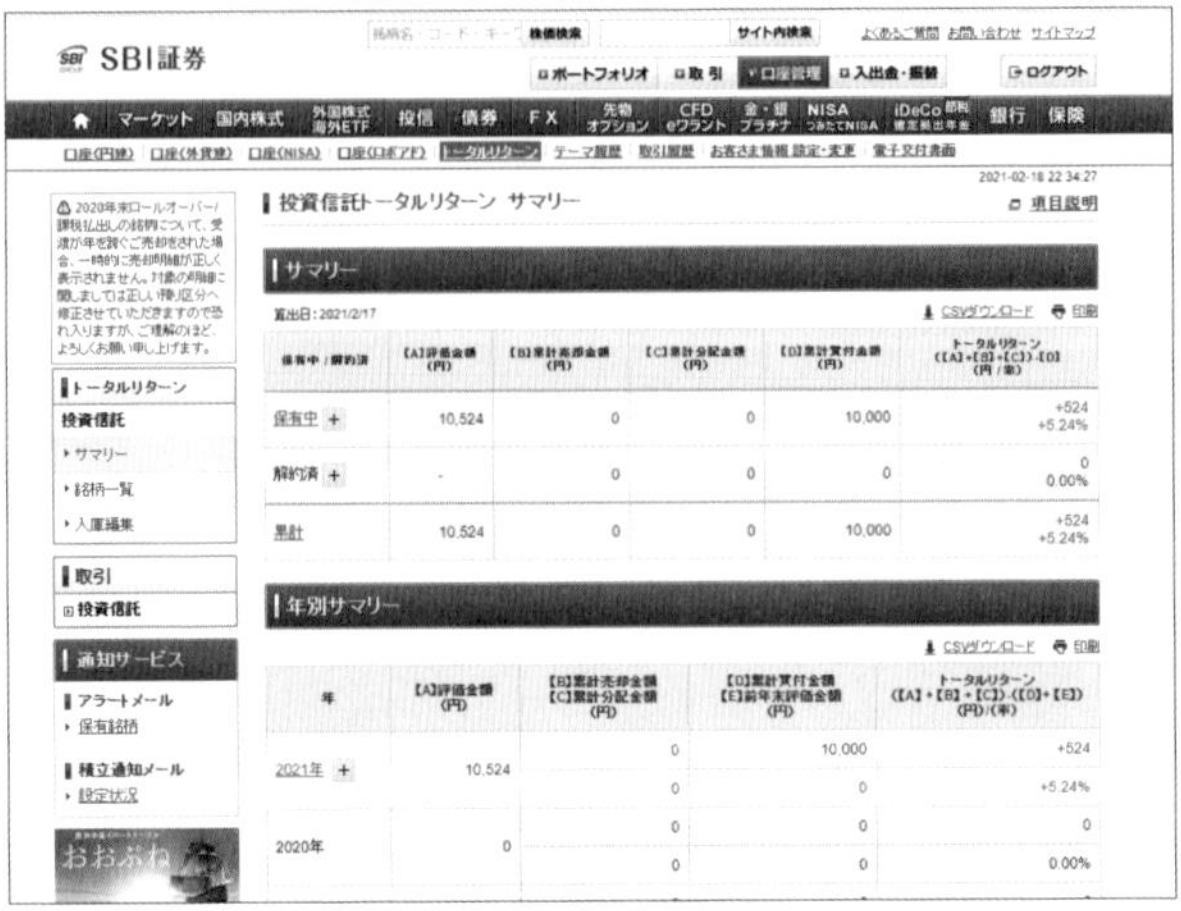

運用報告書を見る

投資信託を保有していると、取引先金融機関から定期的に「運用報告書」が送られてきます。ホームページでも閲覧できます。運用報告書では自分の資産の状況や、運用がうまくいっているかどうかを確認します。

インデックスファンド○△◇
交付運用報告書

第○期（決算日2020年○月○日）
作成対象期間（2019年○月○日～2020年○月○日）

第○期末（2020年6月○日）	
基準価額	6,150円
純資産総額	
第○期	
騰落率	7.9%
分配金（税込み）	77円

▽◇アセット株式会社

運用経過

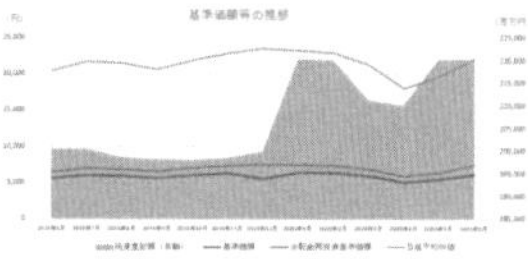

■ 期中の基準価額等の推移
■ 基準価額の主な変動要因
■ 1口当たりの費用明細
■ 最近5年間の基準価額等の推移
■ 投資環境
■ ポートフォリオ
■ ベンチマークとの差異
■ 分配金

今後の運用方針

お知らせ

当ファンドの概要

商品分類	
信託期間	
運用方針	
主要投資対象	
運用方法	
分配方針	

当ファンドのデータ

純資産等

組入上位ファンドの概要

基準価額の変動とその理由

保有する投資信託の基準価額の推移をグラフで表示。基準価額が購入時に比べて上がっているのか下がっているのかを見る。大きく下がっている場合は、運用報告書の説明を見るなどして、理由を把握しよう。

純資産総額が減っていたら要注意

投資信託に集まっている資金を示すのが純資産総額。人気のある投資信託であれば、純資産は上昇傾向にある。減っている場合は解約が出ているということ。大きく減少しているときには今後の運用に影響が出るので、注意が必要。

ベンチマークとの比較

投資信託の運用状況を把握するため、基準価額の比較対象となるのがベンチマークで、TOPIXや日経平均株価などの指標が使われている。ベンチマークと比べて大きな差異がなければ運用はうまくいっているといえる。ベンチマークと連動した値動きを目指すのが「パッシブ（インデックス）」タイプ。また、「アクティブ」型の投資信託ではベンチマークを上回る運用を目指している。

手数料の再確認

運用管理費用や、売買した場合の手数料など、実際にこれまでどの程度の手数料がかかっているのかを確認しておく。

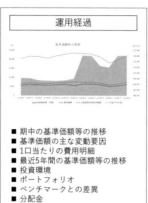

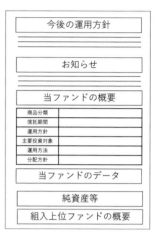

教えてください！ 投資あれこれ⑦

これからの時代の投資をどう考えますか？

奥村先生

ブラックマンデー、9.11同時多発テロ、リーマンショック、東日本大震災、そしてコロナ禍と、これまでに予想もしない出来事が何度も起き、そのたびに株価が大幅に下落しましたが、経済の回復とともに株価も上昇を繰り返してきました。

仕事をしていると日々の値動きを追いかける時間は取れないでしょうから、長期的な視点でコツコツ投資を実践していく方がこれからの時代も取り組みやすいのではないでしょうか。

泉先生

コロナ禍が始まり株価は急落。その後マクロ経済指標も企業業績も悪化し、株価も下がると思いきや反転。コロナ不況を回避しようと主要各国が金利を下げたことで余ったお金が株式市場に流れ込み、世界的なバブルにも見えます。1989年末、株価はさらに上昇との専門家の予想を裏切り、翌年下落。株価の的確な予測は専門家でも難しいと実感した時代でした。今、株式を買うか売るかはバブル崩壊を予想するか否か次第だと思います。

須藤先生

株式や為替、債券など相場の上がり下がりは、これまでも繰り返されてきました。20年以上続く“ゼロ金利”に金融自由化も相まって、昨今では身近な銀行や郵便局でも投資信託など多様な金融商品が販売され、すすめられる機会もあるでしょう。運用環境は常に変化しています。投資型金融商品を検討する際には、自身のポートフォリオ、リスク許容度、税優遇や手数料など投資の基本をしっかり押さえることがますます重要になります。

Chapter 7

FX・金・不動産…

安全性が高いとされる「金」から、
かなりのハイリスク・ハイリターンであるFX、
先物などさまざまな５つの商品を紹介します。

1

投資の番外編

FX（外国為替証拠金取引）の運用

証拠金を担保に何倍もの取引をする

ＦＸは外国為替証拠金取引の略で、例えば日本円と米ドルなど、２国の通貨を交換する取引。普通に為替を交換するときも、１００万円単位のお金なら手数料を除いてもある程度の損益が生じます。ＦＸの仕組みもこれと同じですが、違うのは、元手がなくても、証拠金という少額のお金を担保にして、その何倍もの取引ができるようになっていること。証拠金にかける倍数が高いと、ときには時間単位で金額が大きく動くほか、手元にないお金を動かしているわけですから、借金を抱えることにもなりかねません。投資ではなく「投機」に含まれ、初心者には向かない運用法といえるでしょう。

為替の差額が損益となる

為替は常に変動しているので、外貨に交換するだけでも、タイミングによってはお金を儲けたり、逆に損をすることがあります。そうした為替の変動を利用しているのがFXです。「証拠金」というお金を担保にして、元手の何倍もの取引が可能になっているのがFXの特徴です。

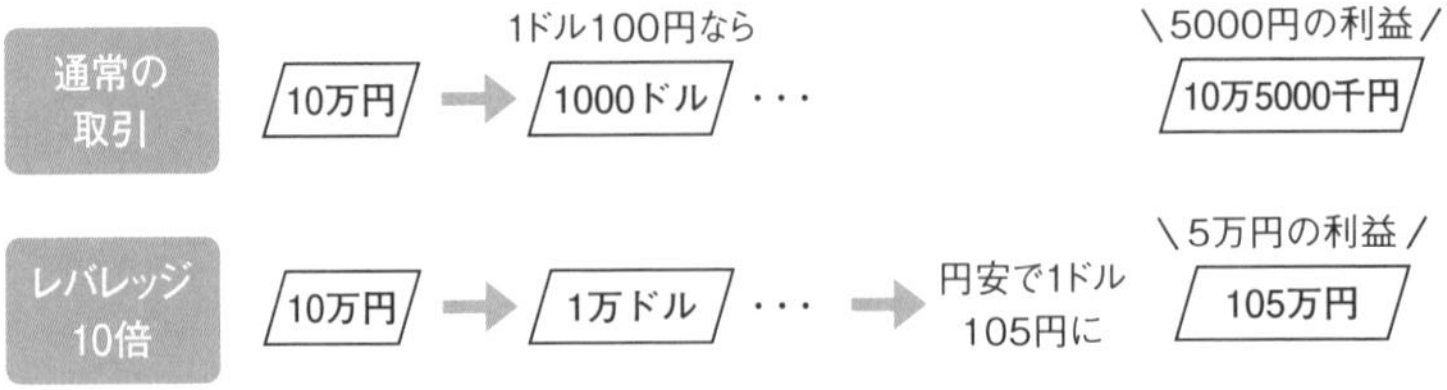

レバレッジ…「てこ」の意味で、てこが小さな力で大きな重量物を動かすように、少額（証拠金）で大きな額を取引する仕組みのこと。証拠金の何倍の取引をするかにより、「レバレッジ○倍」といった使い方をする。

Ⓟ 利益も10倍だが損失も10倍

プラスα

国内FXの個人口座はレバレッジは25倍まで

FXでは、証拠金にレバレッジを設定して運用します。個人で取引する場合、レバレッジは25倍まで可能となっています。しかしこのような大きなレバレッジをかけてしまうと、損失も大きくなります。スワップポイント（左ページ）と呼ばれる金利を目当てに、レバレッジなしで運用するやり方もあります。

金利の差が損益となる

FXの運用方法としては、通貨の売買による損益を得るほかに、通貨の金利差を利用して「スワップポイント」と呼ばれる金利を受け取る方法もあります。スワップポイントは毎日つくので、毎日の値動きに左右されるのではなく、長期的な値動きを見ながら、長く保有する運用に向いています。

A国　金利　0%

B国　金利　8%

この金利の差がスワップポイント

低金利の国の通貨を売り、高金利の国の通貨を買うことで「スワップポイント」がつく。高金利の国の通貨を売らない限りずっとつく。

スワップポイントの大きい通貨ペアを選ぶ

為替変動の影響がとても大きい

(例) A国の通貨を1万円分売ってB国の通貨を1万円分買ってスワップポイントが1年間変動しなかった場合

B国 8% − A国 0% ＝ 金利差8%

A国の通貨が1ドル100円として、100ドル売って1万円を買った場合、年間で

100ドル × 8% ＝ 800円利益

(P) ただし金利は変動するので、金利差が常にプラスになるとは限らない！マイナスになり、差額を支払う場合も

損失が大きくなると強制決済される

証拠金で大きな金額を動かせるFXでは、急な為替変動によって負債を抱える可能性もあります。それを防ぐために、損失額が大きくなると強制的に決済をして、損失を証拠金内に収める仕組みとなっています。

ロスカット　含み損（資産価値が購入時を下回った場合の差額）が大きくなると、自動的に決済して損失を確定する。株式でいう「損切り」を投資家の意思に関係なく自動的に行う仕組み

追証《おいしょう》　「追加保証金」の略で、証拠金を追加で入れなければならなくなること。FXの場合は証拠金が担保できなくなったときに投資家から追加徴収するお金

プラスα

短期の投機と考えよ

FXはレバレッジで元手以上のお金を動かすことができますが、常に為替の動きに注意していなければならず、他の金融商品に比べても価格変動リスクが高いといえます。企業や国といった組織の成長に期待してお金を投じる「投資」ではなく、「機」＝チャンスにお金を投じる「投機」に含まれます。将来を見据えての資産運用には向かない方法と考えましょう。

投資の番外編

大金を動かす不動産投資

現物の不動産を持つか不動産の投信か

保有する不動産を貸し出して、その賃料収入による利益を上げていくことを不動産投資といいます。ここでは現物の不動産による投資について説明します。

不動産投資では投資物件の購入に大きなお金が必要です。多くの場合、ローンで物件を購入し、返済しながら賃料収入との差額を得ていくということになります。不動産を売却することになった場合、築年数や立地条件によっては、なかなか売れなかったり、購入時より大きく値下がりするなど、損をすることも考えられます。物件の管理や税金など、維持コストも大きくなります。

不動産の賃貸料や売買益を得る

不動産投資は実際に物件を保有して運営していきます。立地、建物などに魅力がなければ、利益を上げられないため、最初の物件選びが非常に重要です。その判断は素人ではなかなか難しく、業者に任せることになります。

1棟購入

・大きな利益が見込める
・初期投資が大きい

ワンルーム購入

・小さな利益しか見込めない
・初期投資は比較的小さい

・月々の賃料が収入となる
・価値が上がれば、売却したときに利益が得られる

Q&A

Q　不動産投資の注意点は?

A　不動産投資は多くの場合ローンを組んで投資を始めます。そのため、入居者が見つからず家賃収入が思うように入らない、売却しようとしたときに価値が下がっているなどで借金が残ってしまうなどのリスクもあります。そのため、計画どおりの家賃収入が得られるのか、ローンを支払い続ける資本があるのかなど、慎重に検討する必要があります。2018年にはシェアハウス「かぼちゃの馬車」を経営していたスマートデイズが破たん、サブリースによる不動産投資にまつわる課題が浮き彫りになりました。この事件では、大手地銀が書類改ざんを行い、本来は審査に通らないはずのオーナーにも1億円という高額なローンを貸し付けるなど、悪質なサブリース業者の手法に加担していました。現状ではこうした場合に不動産オーナーを守る法律が整備されていないことも、事件を招いた背景となっています。

ローンを組む

物件を購入する際は多くの場合、ローンを組むことになります。ローンにはアパートローンとプロパーローンという2種類があり、さらに金利を3種類から選択します。プロパーローンは事業者向けの商品で、金融機関が独自の審査基準を設けており、金利も金融機関によって異なる点がアパートローンとの大きな違いです。

変動金利型

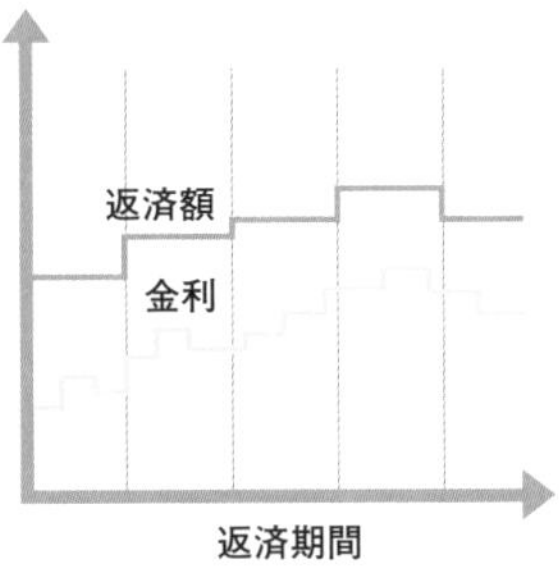

・半年ごとに金利の見直しがある
・毎月の返済額は5年ごとに見直す

固定金利選択型

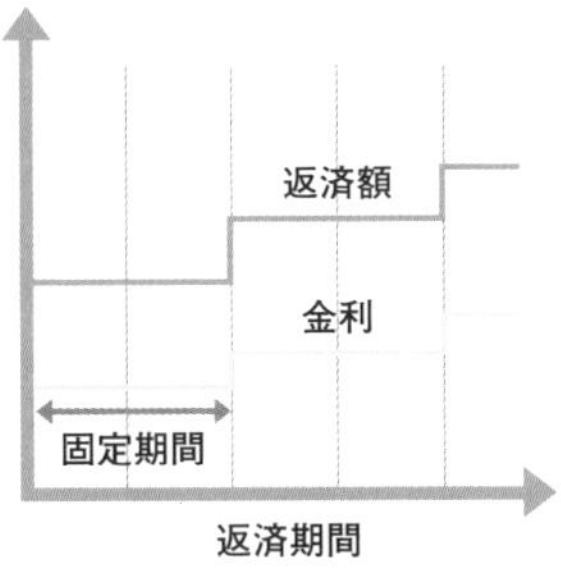

・最初の10年間など、一定期間を固定金利とし、その後固定か変動を選ぶ
・毎月の返済額は固定の期間が終了後見直し

固定金利型

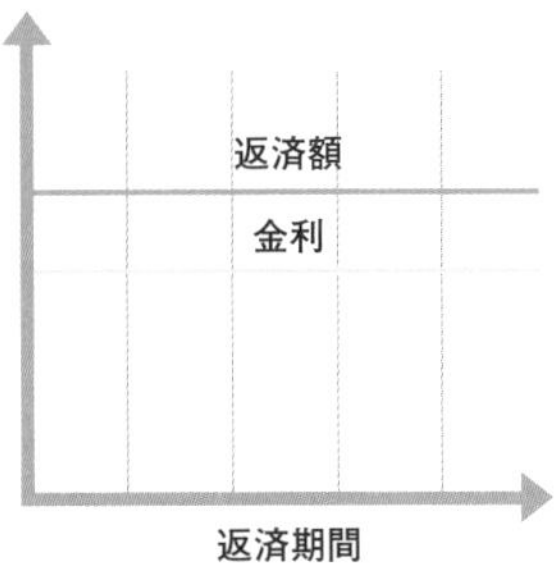

・借入時に決められた金利が変わらない
・毎月の返済額も借入時の取り決めのまま変わらない

不動産投資の特徴

どんな金融商品にもさまざまなリスクがあります。不動産投資ではそれに加えて、以下のような要素があります。

- 金利や景気の影響を受けやすい
- 地震・台風・火災などの影響を受けやすい
- 空室や家賃滞納のリスクがある
- 相続税対策になる
- 修繕費がかかる
- 固定資産税がかかる

プラスα

不動産を保有するときにかかる税金

現物の不動産で投資を行う際にかかるコストについて見ていきましょう。売買時に支払う手数料や右のような税金のほか、維持するための管理委託料、修繕費、物件の保険料などがあります。もちろん、不動産ローンを組めば、金利も月々払っていかねばなりません。このように不動産は保有するだけでもお金が必要になります。

・家賃収入による所得税、住民税
・固定資産税
・不動産取得税、登記の際の登録免許税、印紙税、消費税など売買時の税金
・都市計画税、個人事業税
・消費税（事業目的で貸し出す場合）

投資の番外編 3

価格変動はあるが価値ある「金」

現物保有するか 値動きに投資するか

投資は資産を守り、増やすために行いますが、中でも有事のときに強いといわれているのが金投資です。金は価値が安定しており、世界中でほぼ同じ価値で取引されています。金投資の方法としては、純金積立など、金の現物を保有するやり方と、金の値動きを利用した先物取引や投資信託などがあります。

景気などの影響を受けにくく、安全性が高い金投資ですが、一方でデメリットもあります。それは、保有しているだけでは利息などの利益が得られないこと。また、実際に金の延べ棒などの現物を持つ場合は盗難などのリスクに備えてセキュリティを高める必要があります。

初心者でも安心の積立

毎月お金を積み立てて「金」を購入するのが純金積立です。1000円単位から気軽に投資ができ、またさまざまなリスクの影響を受けにくいので、将来のための財産として保有するのに向いています。

定額積立
毎月1000円、1万円など、金額を決めて購入する

定量積立
毎月○グラムと数量を決めて購入する

定額積立なら月々の投資額が明確。ドル・コスト平均法で平均購入単価を下げられる

定量積立は毎月同じグラム数を購入するため高い値が続くほどリスクを生じる

金の所有権は誰にあるか

投資家

混蔵寄託（混合寄託）と呼ばれる。所有権は投資家にあるが、金利はつかない

※売却して利益が出た際は20.315%の所得税＋住民税がかかる

運営会社

消費寄託と呼ばれる。所有権は運営会社にあり、投資家は運用益の一部を受け取れる。ただし会社が破たんした場合は資産が目減りしたり返却されないことも

「金」は有事に強い

金はそのものに価値がある「実物資産」のため、株式や債券など、発行体が破たんすると価値がなくなる金融商品に比べて安全とされています。希少性が高く、品質が変わらないこと、世界中のどこでもほぼ同じ価値で換金できることも、金の安定性の要因といえます。

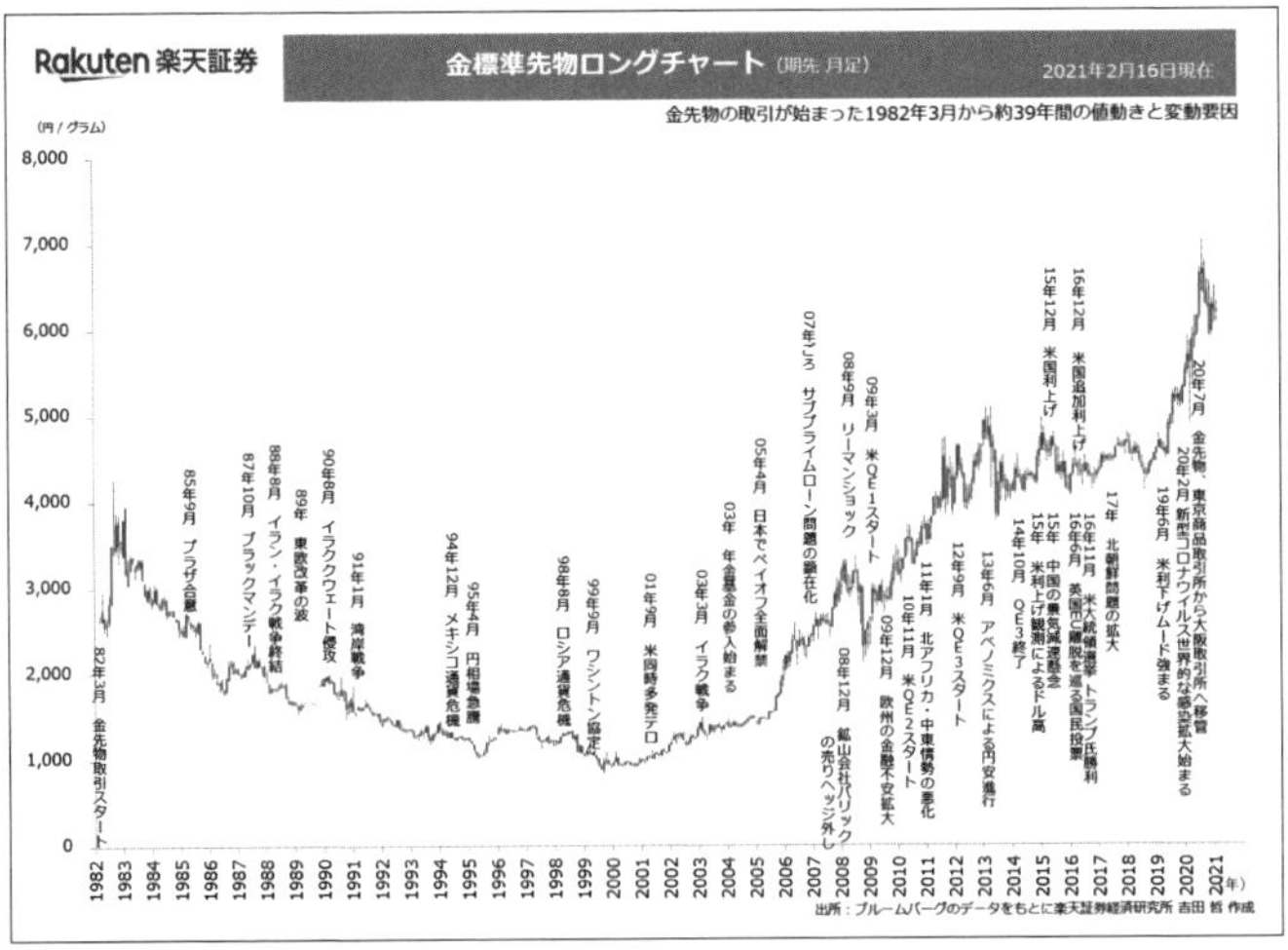

資料提供：楽天証券株式会社

「金」相場に連動した金ETFなど

金ETFは金を利用した上場投資信託（Exchange Traded Funds）です。金の値動きから損益を受けるもので、株式を売買するように金に投資することができます。金と交換できるものもありますが、現物を保有するわけではありません。

証券会社に口座があれば買える

株価が下がっても金が支えてくれる

配当がない

プラスα

宝飾店などで現物を買うこともできる

宝飾店や地金商、金属メーカーなどで金地金（きんじがね。金の延べ棒）や金貨を購入することもできます。盗難のリスクがあるので、銀行の貸し金庫に保管するなどの対策が必要になります。

Q&A

Q なぜコロナ禍で価値が上がったか？

A 有事に強いといわれる金ですが、コロナ禍では2020年8月7日、過去最高の1グラム7769円を記録しました。これは10年前の2倍以上です。背景には、世界的な不安から資産保有の意識が高まったこと、米ドルの価値が下がったことなどがあります。過去のリーマンショックなどの例を見ても、ドルが下がれば金は上がるというように、逆の動きをする傾向があります。

※金の世界的な指標はドル建てで、金の価値を示す際は、1トロイオンス（約31グラム）あたり〇ドルと表します。

4

投資の番外編

先物取引での運用

価格変動を運用益に生かす

先物取引とは、農作物などの商品を売買する際、価格変動にかかわらずあらかじめ決めた価格で売買する取引のことです。価格の変動を見越して売買し、損益を得ます。対象となるのは東京商品取引所に上場されている金や白金、原油、大豆などですが、実際に現物を売買するわけではありません。

　証拠金と呼ばれる保証金で数倍から数十倍の取引を行うため、元金以上の損が出てしまうこともあります。補てんできない損失を防ぐため、一定以上の水準に達したら自動的に決済される取引もあります。短期的な売買が主流で、ハイリスクのため、初心者向きとはいえません。

価格変動リスクを避けるため始まった取引

日本で先物取引が行われるようになったのは、江戸時代の大阪の米市場。当時、米は重要な食物であると同時に、基軸財貨としても使われていました。天候などによって米の出来高が変わり、価格が変動すると、経済も不安定になってしまいます。そこで、あらかじめ売買価格を決めておくために始まりました。

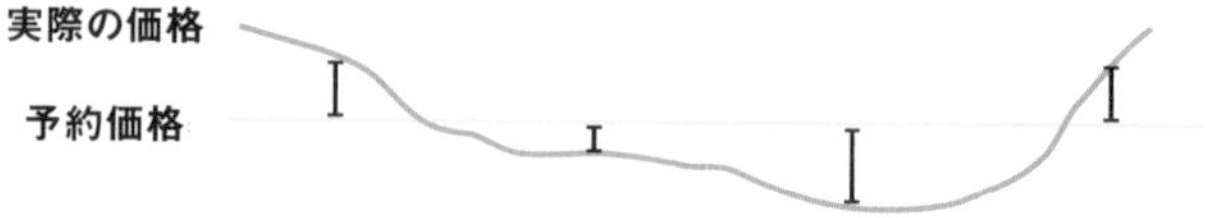

※利益に対して所得税＋住民税20.315％がかかる

実際より	購入	購入	購入	購入
売り手	安く売る	高く売る	高く売る	安く売る
買い手	安く買う	高く買う	高く買う	安く買う

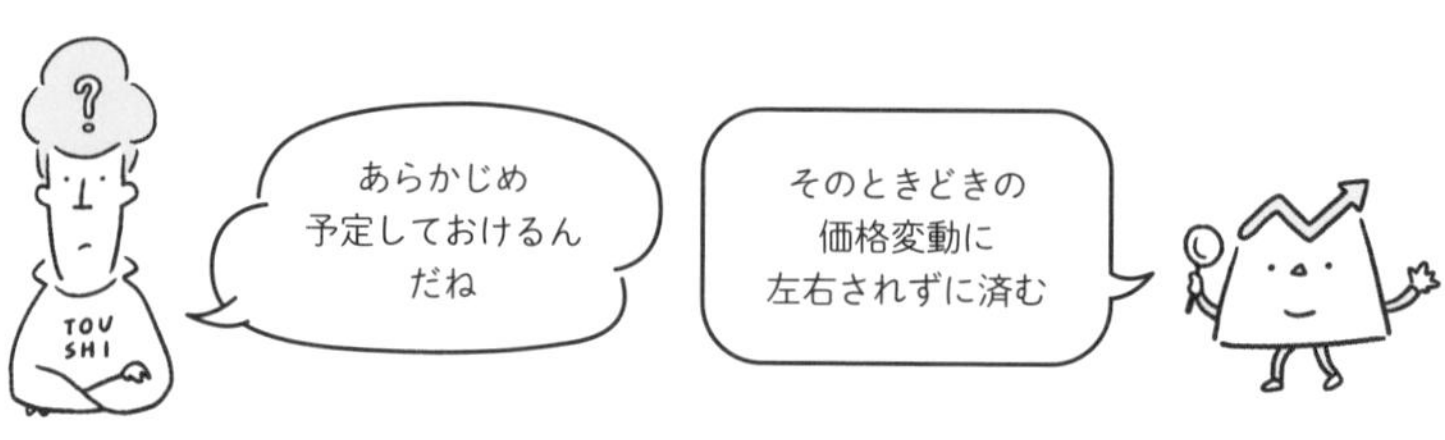

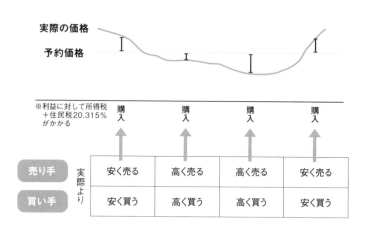

先物取引の売買差益で利益を得る

先物取引では、現物を売買するのではなく、買った価格と売った価格の差額を受け取ったり、支払ったりして決済を行います。これを「差金決済取引」といいます。

値上がりすると予想したら買って売る

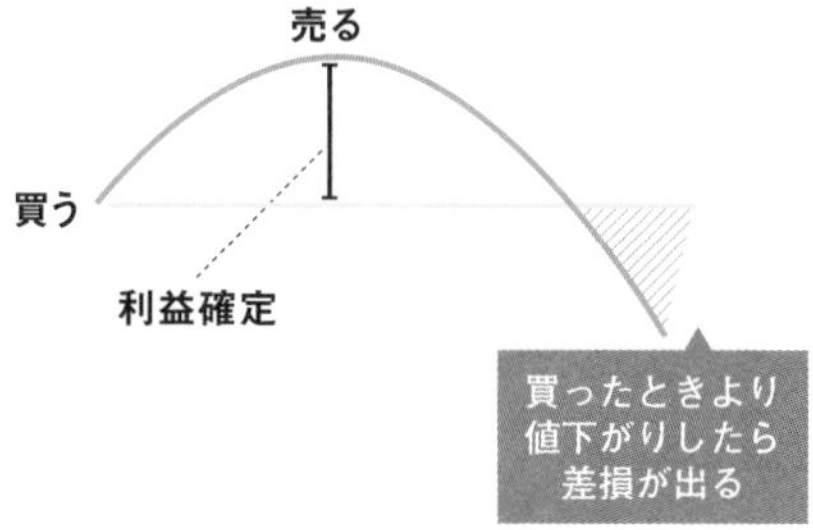

値下がりすると予想したら売って買う

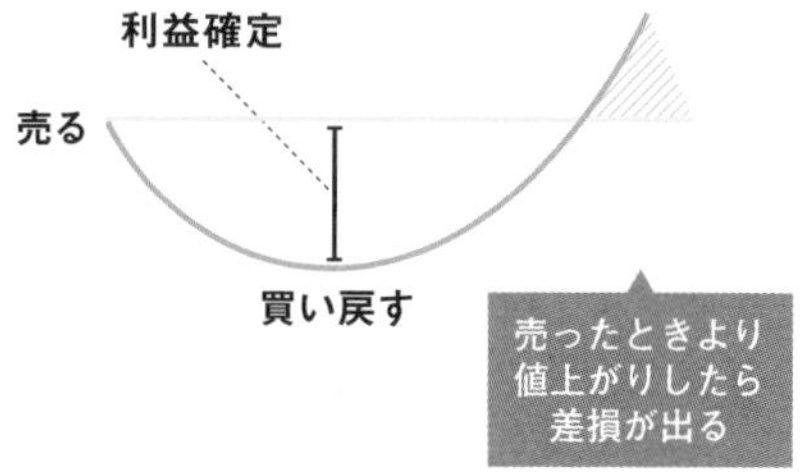

満期が来たら強制決済

証拠金を担保にしたレバレッジ取引

先物取引では証拠金を担保に、約10～50倍の金額の取引を行います。そのため、大きな利益が期待できる面もありますが、逆に損失も大きくなってしまう可能性もあります。

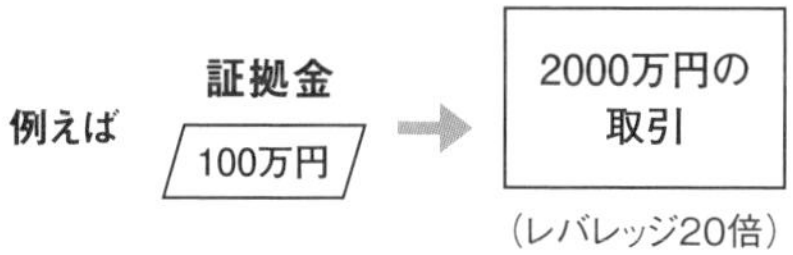

FX（P.178）と同様、ロスカットや追証がある

プラスα

投資対象はさまざま

先物取引の対象になるのは農産物や鉱工業材料等の商品。また、形のないモノに投資する先物取引もあります。その1つが日経225先物取引。国内の代表的な企業225社の平均株価である日経225を対象にした取引で、日経平均の上昇、下落を予想しながら売買を行います。

5

投資の番外編

暗号資産（仮想通貨）での運用

法定通貨ではない 価格変動も大きい

ビットコインなどの「暗号資産」は、ごく近年になって生まれた金融商品で、インターネット上でやりとりできる資産であることが特徴です。

電子マネーとの違いは、法定通貨であるか否かです。日本円や米ドルといった法定通貨は発行体である国や中央銀行が管理し、価値を保証しているのに対し、暗号資産には管理者が存在せず、価値も大きく変動し、急落することもままあります。法律も含め、変化が大きい金融商品です。

価格変動を利用した投資に使われることが多いのですが、トラブルも起きています。取引の際は、金融庁・財務局に登録された業者であることを必ず確認しましょう。

暗号資産の仕組み

暗号資産は「ブロックチェーン」という技術によって管理・取引されています。これは取引記録を鎖のようにつなげていく仕組みです。

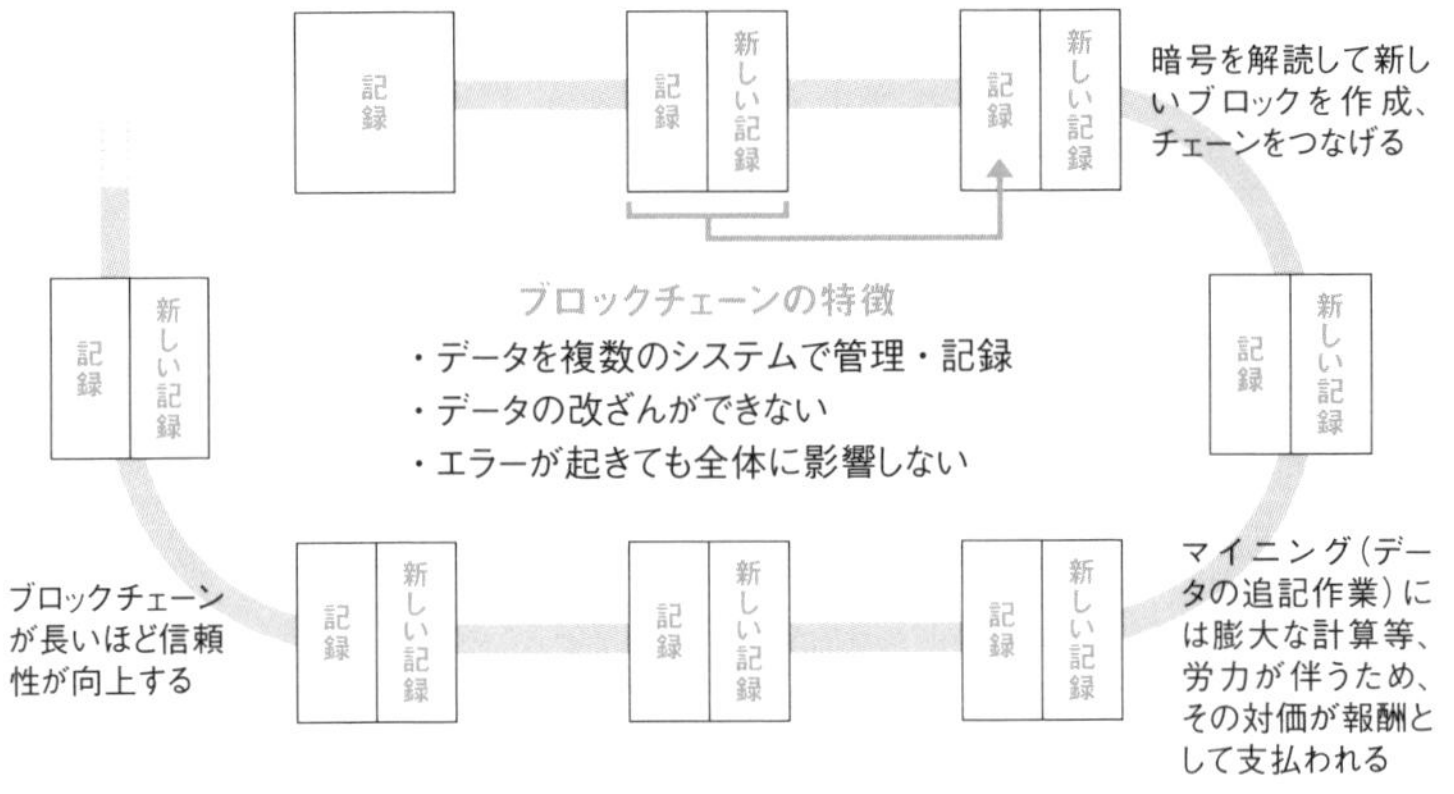

記録
記録
新しい記録
暗号を解読して新しいブロックを作成、チェーンをつなげる
ブロックチェーンの特徴
・データを複数のシステムで管理・記録
・データの改ざんができない
・エラーが起きても全体に影響しない
ブロックチェーンが長いほど信頼性が向上する
マイニング（データの追記作業）には膨大な計算等、労力が伴うため、その対価が報酬として支払われる

- 値動きが大きいので決済手段には向かない
- ハッキングのリスクがある
- 売買益はほかの所得などと合計し、所得税がかかる

暗号資産（仮想通貨）を購入する

暗号資産投資は、仕組みとしては為替取引と同じように、通貨同士の交換による損益を狙うものです。ただし、価格変動が大きいことや、データ流失のリスクがあることなど、マイナス要素も多くあります。

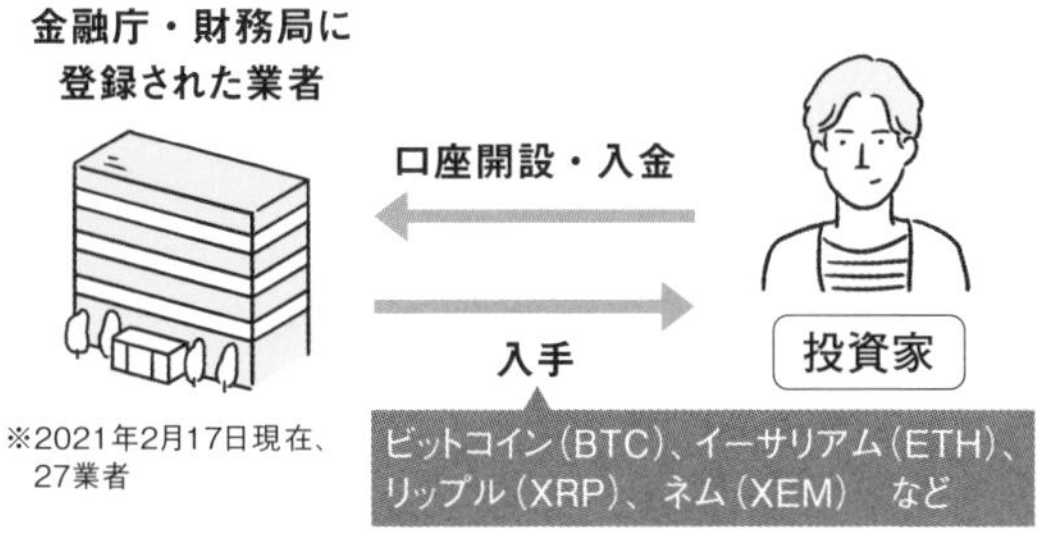

※2021年2月17日現在、
27業者

トラブルに注意

暗号資産（仮想通貨）への投資の勧誘や、勧誘を受けて入金したあと業者と連絡がつかなくなるなどのトラブルが増えています。取引の際には金融庁・財務局に登録された業者であることを確認しましょう。

決済に使える店はまだ少ない

暗号資産を実際に買い物などに使うことも可能。ただし、価値変動が大きく注意が必要です。

暗号資産での決済を
受け入れている人、店の間で使える

暗号資産の普及率

日本ではまだ、暗号資産の普及率や理解度は高いとはいえません。その理由の1つが、必要度の低さでしょう。世界的に見ると、政情不安や経済危機などのある国の普及率が高く、リスク分散用途で活用されていると考えられます。また暗号資産には国際送金のコストが低いなどのメリットはあるといえます。

理解度別運用実績

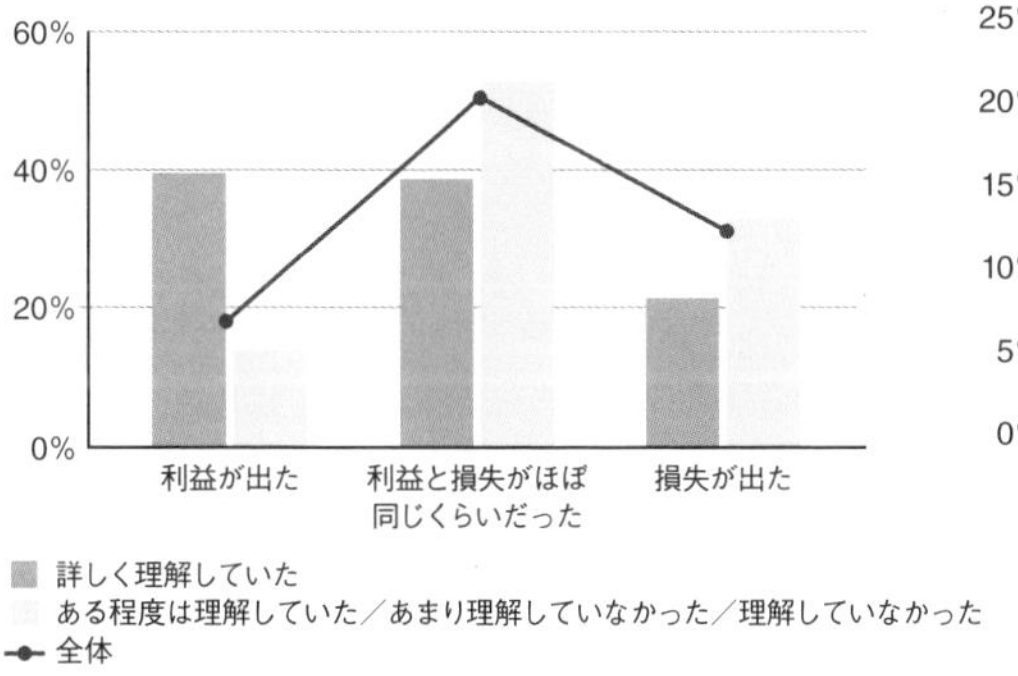

暗号資産保有経験者の年代別比率

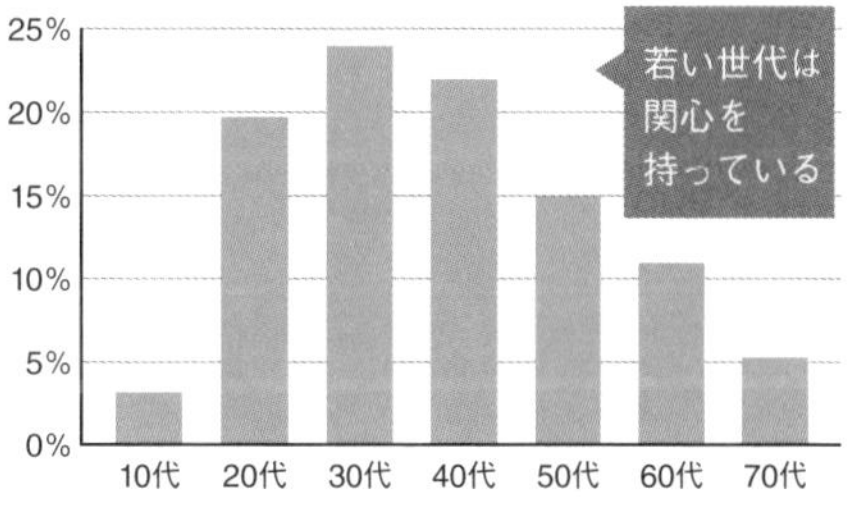

出典：日本銀行「金融リテラシー調査2019年」をもとに作成

索引

● 著者

泉美智子（いずみ　みちこ）

株式会社六次元（子どもの環境・経済教育研究室代表）。京都大学経済研究所東京分室、公立鳥取環境大学経営学部准教授を経て現職。四国学院大学で非常勤講師を務める傍ら、全国各地で「女性のためのコーヒータイムの経済学」や「エシカル・キッズ・ラボ」「親子経済教室」など講演活動、テレビ、ラジオ出演も。環境、経済絵本、児童書の著書多数。近著に『12歳の少女が見つけたお金のしくみ』（宝島社）、監修に『節約・貯蓄・投資の前に今さら聞けないお金の超基本』（朝日新聞出版）がある。日本FP学会会員、日本児童文学者協会会員。

● 監修者

奥村彰太郎（おくむら　しょうたろう）

ファイナンシャル・プランナー（CFP）、1級ファイナンシャル・プランニング技能士。米国CCE, Inc. 認定GCDF-Japanキャリアカウンセラー。ビューティフルエージング協会認定ライフデザイン・アドバイザー。株式会社リクルートに入社、進学や住宅など情報誌の営業や企画・人事・総務などの管理職を務め、1995年マネー情報誌『あるじゃん』を創刊、発行人を務めたのち、2004年 “キャリアとお金” のアドバイザーとして独立。企業研修の講師や個別相談などで活躍中。

● 協力

須藤臣（すどう　とみ）

プランDO代表。ファイナンシャル・プランナー、宅地建物取引士。北海道銀行、大手不動産会社を退職。その後独立系FPとして活動。

STAFF

イラスト／KOH BODY（RAYING STUDIO）

本文デザイン・DTP／加藤美保子

装丁／俵社（俵拓也）

執筆協力／圓岡志麻

編集協力／エディポック

校正／聚珍社　曽根 歩

［参考文献］

『オトナ女子のお金の貯め方増やし方』大竹紀子著（新星出版社）『ゼロからわかる！ お金の教科書』畠中雅子監修（Gakken）『資産運用の超入門書』湯之前敦（高橋書店）『一番やさしい株の教科書』竹内弘樹監修（西東社）『一番やさしい投資信託の教科書』竹内弘樹監修（西東社）『iDeCo ＆つみたてNISAで安心老後をつくろう』（日本経済新聞出版社）『一番使える！ はじめての確定拠出年金投資』大江英樹（東洋経済新報社）『節約・貯蓄・投資の前に 今さら聞けないお金の超基本』坂本綾子著（朝日新聞出版）

株・投資信託・iDeCo・NISAがわかる

今《いま》さら聞《き》けない

投《とう》資《し》の超《ちょう》基《き》本《ほん》

2021年 3 月30日　第 1 刷発行
2023年12月30日　第13刷発行

著　者　泉美智子
監修者　奥村彰太郎
発行者　片桐圭子
発行所　朝日新聞出版
〒104-8011
東京都中央区築地5-3-2
（問い合わせ）infojitsuyo@asahi.com
印刷所　図書印刷株式会社

Published in Japan by Asahi Shimbun Publications Inc.
ISBN　978-4-02-334012-1

わたしの投資メモ

※このような内容を記しておくと振り返りに便利です。

商品名 （銘柄）					
取得年月日					
取得時の基準価額 (株式は株価)					
課税・非課税					
取得口数 (株式は株数)					
取得金額 (購入時手数料を除く)					
購入時手数料					
分配金 （再投資・受取型）					
分配金や 配当金の額					
特記事項 分配金や配当金、株主優待、運用、目標、売買の理由、心境など自由に					